本书列入"十一五"国家重点图书出版规划
首届"三个一百"原创图书
广东省原创精品出版资金扶持项目

缅甸华侨史

姜帆 著

东南亚华侨史丛书

朱杰勤 主编

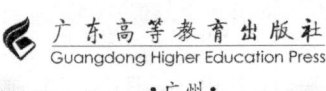

广东高等教育出版社
Guangdong Higher Education Press
·广州·

图书在版编目（CIP）数据

缅甸华侨史/姜帆著. —广州：广东高等教育出版社，2019.7
（东南亚华侨史丛书/朱杰勤主编）
ISBN 978-7-5361-6499-4

Ⅰ. ①缅… Ⅱ. ①姜… Ⅲ. ①华侨-历史-缅甸 Ⅳ. ①D634.333.7

中国版本图书馆 CIP 数据核字（2019）第 104280 号

出版发行	广东高等教育出版社出版发行
	地址：广州市天河区林和西横路
	邮政编码：510500　电话：(020) 87553335
印　刷	广东信源彩色印务有限公司
开　本	890 毫米×1240 毫米　1/32
印　张	11.125
字　数	300 千字
版　次	2019 年 7 月第 1 版
印　次	2019 年 7 月第 1 次印刷
定　价	78.00 元

"东南亚华侨史丛书"总序

朱杰勤

一

这部"东南亚华侨史丛书"策划于1982年，中经组织人力、进行研究、分科编写、征求意见、反复修订、定稿付印种种程序，至今天才能与读者相见。趁这套丛书出版的机会，我作为主编，受有关方面的委托，谨将我们编写这部丛书的原因、目的和经过敬告读者。

华侨史的研究和编写很有必要。华侨是中华民族移居海外的一部分，所谓"海外赤子"。我们研究和编写以各族人民为主体的本国史，就不能不涉及华侨史，编写中国通史和地方史都包括华侨。最近各省、市和自治区正在进行地方志的编纂工作，凡有本地人侨居海外者，都特辟华侨一栏以载，以备将来国史的采摘。可见华侨史既是地方志的重要内容，又可备修国史者参考。

华侨又是中华民族的优秀儿女。他们绝大多数是劳动人民出身。有些因反抗封建王朝，失败后流亡海外；有些饱受地主阶级的压迫和剥削，失去土地，无以为生，而移居异国；有些被西方殖民者欺骗掳掠，威逼利诱，而留在南洋各岛。他们具有刻苦耐劳的精神和坚强不屈的意志，未离开祖国前，已受尽旧社会的歧视和阻挠；出洋时，又历尽旅途风波的险恶；到外国后，又要

东南亚华侨史丛书

"披荆斩棘,以启山林",与疾病和猛兽做斗争,来创造生活条件,并协助当地居民共同开发资源,建设社会,进行经济交流和文化交流,对侨居地和祖国都做出了有益的贡献。我们对这些历史人物及其事迹就应加以宣扬,著于史册,传之久远。

华人侨居国的历史或地方志,如果作者毫无偏见,也会提到华侨。因为华人在东南亚国家全人口中占有相当大数目,而且他们早已和当地人民一同劳动,开拓资源,推动社会向前发展,共同创造历史,就应该在历史上占有恰如其分的地位。例如在新加坡的总人口中,华人人口约占75%。如果要写一部新加坡史,就不能不提及占人口过半的华人。

华侨史是中外关系史的重要部分,华侨是中外友好关系的媒介和当事人。中国的海外交通、国际贸易、文化交流等都有华侨参加,并发挥了积极作用。因此,研究中外交通史、中国国际关系史、中外经济和文化交流史、中国外交史等,都要涉及华侨史。我国制定和执行华侨政策的人,也必须掌握华侨历史知识和现状。所以华侨史研究是一门符合国家需要,有裨实用的学科,在今天执行的对外开放政策中,尤有现实意义。

海外华人不仅爱乡爱国,同时又具有国际主义精神。中国人侨居海外,一向同当地人民和睦相处,协助他们建设社会,甚至彼此通婚,在生活上打成一片。及至侨居国受到西方殖民者的侵略,并沦为殖民地前后,华人与当地人民同甘苦,共患难,投入反抗斗争。例如19世纪末菲律宾人民的革命战争和19、20世纪之交的抗美战争,多有华人参加。这就是国际主义精神的体现。华侨的爱国思想和行动更为突出。在旧民主主义革命时期,孙中山先生宣传革命,得到海外华侨大力支持。辛亥革命时,华侨汇款回国充军饷,仅东南亚地区就达数百万元。回国参加战斗的人也为数不少。自中华民国成立后,他们又支持各种革命运动,如反英帝的省港大罢工和抵制日货运动等。抗日战争时期,海外华侨热血沸腾，奔走呼号，不少人毁家纾难，捐输物资，并且回国参加实际斗争，不仅出力，而且献身。在祖国人民积极进行社会主义建设，向四个现代化进军的时候，海外华侨渴望祖国富强康乐，纷纷捐献物资，协助社会建设，还有不少人回国服务。他们高度的民族意识、爱国热情和具体事迹，值得大书特书，所以我们有了本部华侨史丛书的编纂。

最近有些人认为，自从1955年万隆会议以来，由于种种原因，海外华侨除一部分保持中国国籍外，其余越来越多地加入当地国籍。在这种情况下，华侨史的研究对象势必大减，华侨史研究恐怕没有多大发展前途了。我们认为，只要海外有华侨存在，我们都可以研究。中国移民海外，已有两千多年历史了。商周之际，华人从海路移入朝鲜。秦汉之际，华人成批移入日本。唐宋之际，华人移居海外就更多了。唐代求法印度的玄奘法师，"周游西宇，十有七年"（包括旅程）。义净在室利佛逝（印尼古国）著书译经，亦居留12年之久。有些中国法师还老死于该地。宋代朱彧的《萍洲可谈》卷二曾提到："北人（华人）过海外，是岁不归者谓之住蕃。"有的"住蕃虽十年不归"。这些十年不归的住蕃华人，当时无华侨之名，却有华侨之实。明清之际和近代，移居外国特别是东南亚各国的华人更为众多。如果我们把两千年来的海外华侨作为研究对象，就不愁没有材料可写。而且在第二次世界大战前的海外华人普遍具有双重国籍，因此，在第二次世界大战前，"华侨"与"华人"这两个概念是相同的，不须严格分开，即使在第二次世界大战后，近年来加入外国国籍的人，已不属华侨，但在他们尚未加入外籍时，仍然是华侨的一分子。因此编写华侨史绝对不能把这一大批"昨天的华侨"排除在外。何况一个人口众多的海外华人家庭，其成员有中国籍的，也有外国籍的。他们与父母子女同一血统，骨肉情深，不能把一家人拆开，分别对待。我们写他们的历史时，必须将其作为整体

东南亚华侨史丛书

来叙述。根据中国和西方传统的史传体裁，凡为某人立传，可以附带提及他的子孙后代，亦可上溯他的家世源流。我们为华侨人物立传，也不妨提及他的后裔和家族先辈事迹。

海外华人学者用华族史或华人史来代替华侨史，是根据当地的政治、社会等条件来拟定的。我们毫无异议。但由于我国和外国国情不同，在外国认为适当可行的，在我国反而窒碍难通。百年来，中国政府和民间沿用华侨这个名词，没有不便之处，一旦改称，反易使人产生误会。西人把华侨、华人或华族统称为"海外华人"，与华侨这个名词的含义基本相同。日本人至今还沿用华侨一词，可谓不谋而合。

二

中华民族素以勤劳、勇敢、智慧著称，有四方之志。华人的足迹遍布于全球，世界主要国家和地区都有华侨的存在。可是至今还没有一部观点正确，体例严谨，内容丰富，有独到之处的世界华侨通史出版。这不能不说是憾事。

1981年，我参加北京华侨历史学会成立大会，受代表们的委托，写了一份《关于编写华侨史的倡议书》，向大会提出，得到全体代表赞成。大会委托我召集到会的有关单位负责人，开会商讨协作编写世界华侨通史事宜。可惜时间限制，仅集会一次，还未就绪，而大会结束，代表云散，此事遂暂作罢论。这一件事使我感觉到，集体编写全面的、庞大的华侨通史在目前还有一定的困难。虽然国内有条件执笔的学者大有人在，但他们散处四方，各有工作单位和任务，一时难以集中起来，分工合作。除非在有关领导部门大力支持下，组织一个有代表性的编纂委员会领导起来，从全国各地抽调人力，给予编写人员以优厚待遇，提供各种便利条件，在可能范围内，还需争取海外侨胞的参加和外国学术团体的合作。我们相信，在坚强正确的领导下，群策群力，团结合作，在十年内，写出一部能够代表我国这方面学术水平的华侨通史，并非不可能。

为编写世界华侨通史准备条件，最好先多写一些国别华侨史，待五洲各国华侨史都写成出版后，我们进而编写庞大的世界华侨史就有比较牢固的基础。英国人珀塞尔先写了一部《马来亚华人》（1947年），又在这个基础上再写出一部《东南亚华人》（1951年），他就省力得多。这是循序渐进、从无到有、由小到大、从点到面的办法。

1981年华侨历史学会在北京成立时，廖承志同志到会讲话，希望我们尽快写出美国华侨史和东南亚华侨史，可谓"真知灼见，知所先务"了。自中美复交后，双方经济交流和文化交流日有发展。这是与美国华侨或华人的努力分不开的。我国执行对外开放政策，与美国讲信修睦，对中美关系的历史和现状，特别是对于美国华侨的历史和现状，都希望有所了解。故有编写美国华侨史的建议。又早在两千年前我国与东南亚各国就已建立政治和经济的关系。华人移入东南亚各国为时最早，为数最多。中国与越南和缅甸领土相接，唇齿相依，关系更为密切。印度尼西亚、马来西亚和新加坡是中西交通的要冲，在亚太地区占有重要地位。我国与东南亚各国同属第三世界，亦有互相了解、团结合作的必要。我们也很想知道东南亚华侨的历史和现状。廖承志同志希望我们赶快写出东南亚华侨史是有深意的。

由于对华侨史的重视，这几年来，各省和地区的华侨历史学会纷纷成立，有关华侨史的书刊出版也逐年成倍增多。1982年，广东华侨历史学会和广东历史学会共同委托我负责主持东南亚华侨史的编写工作。

东南亚华侨史丛书

三

我们的编写计划得到领导的支持后,就由暨南大学历史系东南亚史研究室、华侨研究所华侨史研究室和东南亚研究所吸收一些教师和研究人员参加编写工作。他们多数已具有20年以上的教学和科研经验,也懂得一门以上的外语(包括东南亚语种)。我们根据各人的专长和志愿,请他们分别担任撰写与本人专业对口的东南亚各国华侨史共六种,即越南、柬埔寨、老挝华侨史,缅甸华侨史,泰国华侨史,印度尼西亚华侨史,菲律宾华侨史,新加坡、马来西亚华侨史,每种15万~35万字。1986年全部完成,定名为"东南亚华侨史丛书",由广东高等教育出版社陆续出版。

这部丛书的公开出版在国内还算是一种尝试。但大辂椎轮,难免简陋,后来居上,理所当然。丛书的作者认识到华侨史的撰述和出版,是符合国家建设的需要和广大群众的要求,对华侨史工作者来说是一项不能旁贷的任务。于是他们惨淡经营,按时完稿,出版问世,以就正于专家学者,希望借此提高自己的学术水平,同时为华侨史研究提供木屑竹头之用。

我与丛书的作者长期共事,关系亦深,互相了解,合作无间。在漫长的写作过程中,我们曾多次集会,共同讨论丛书编写的指导思想和方法问题,大家各抒己见,互相启发,集思广益,结果往往形成一种合理的意见和可行的措施。我作为一个主编人,唯有小心翼翼,进行丛书的修订和定稿的工作而已。

丛书不设总的体例,各国华侨史的体例由作者自定。只有这样,一方面,可以贯彻百家争鸣的方针;另一方面,由于作者主攻方向并不一致,而东南亚各国的历史背景又各不相同,各国华人社会的历史发展,虽有一般规律可循,但仍有特殊之处,不能一概而论,还是由作者自定体例为宜。关于华侨史时期的划分亦同样由作者自己掌握。作者可以根据历史事实，由古到今，按顺序论述。一般要求写到第二次世界大战结束，或东南亚各国独立自主时期为止。至于东南亚各国独立后，华人社会性质的变化、华人处境及其前途，可由作者做简括适当的说明，或另作专书来论述。我们要求作者要实事求是地反映华侨历史情况，还要从我国对外的方针政策出发，既尊重以平等待我的民族，又团结第三世界的国家，不偏不激，立论得宜。

广东高等教育出版社请我任这部丛书的主编，并负责审定全部书稿。我在反复审阅和润饰书稿过程中，虽然付出相当多的时间和精力，但也从中吸取了很多专业知识，得到较大的好处，特别是这部丛书的出版，实现了我晚年的夙愿而有以自慰。我应该向作者和出版社表示感谢。

这部丛书从草创到出版过程中，都获得各方面的大力支持。厦门大学南洋研究所、中山大学东南亚历史研究所、北京大学南亚研究所、暨南大学东南亚研究所和华侨研究所、广东中山图书馆等都向我们提供了不少有参考价值的图书资料和有益的意见。广东省把它列为重点科研项目，补助我们一笔科研经费，使工作得以顺利进行。广东高等教育出版社热心文化事业，重视侨务工作，不计成败利钝，慨然承担这套丛书的出版任务，使它今天能与读者相见。如果没有上述机构的热情支持和协助，我们的工作必不能顺利开展，更谈不到"三年有成"了。我们于此表示由衷的感谢。

昔曹植（子建）说："世人之著述不能无病。"由于我和作者的学识经验还浅，参考资料不足，调查研究工作又做得不够，这部"东南亚华侨史丛书"一定有很多错误和不足之处。我们恳切希望广大读者和海外侨胞们批评指正。我们还希望这部丛书出版后，能有更多更好的同类著作出现，既可以满足读者对华侨史更高的要求，又可以尝到"倒啖蔗渐入佳境"的滋味。谨序。

前　言

本书是一本关于缅甸华侨的通史性著作。纵观中国近现代史、国际关系史或华侨华人史领域，缅甸华侨均属于研究相对薄弱的群体。自近代以来，国内外虽有从不同学科、不同视角观察或研究缅甸华侨的成果，但研究的深度和广度尚有待加强。这种现象，与近代缅甸华侨数量相对较少、经济实力相对较弱及第二次世界大战后缅甸政治局势紧张均有一定关系。然而，进入21世纪以来，随着缅甸民主化改革逐步展开，国内外学界对缅甸的研究方兴未艾；同时，随着"一带一路"建设不断推进，中国亟须对包括缅甸在内的世界各国国情和海外华侨华人加强基础性研究。因此，撰写一部全面、系统的缅甸华侨史可谓势在必行。

本书的写作时段始于汉代中缅海、陆交通线的贯通，终于20世纪50年代中叶新中国取消双重国籍、海外华侨社会向华人社会转型。全书以缅甸华侨社会起源、发展、变迁、转型的时间脉络为经，以缅甸华侨社会形态的横向剖面为纬，着重呈现缅甸华侨社会在不同历史阶段的结构特征、社团形态、经济实力、政治活动、文教事业等，并注重考察缅甸华侨社会演化的驱动因素，如中缅朝贡贸易关系、英国殖民扩张、清末民初的革命风潮和民族主义思想、两次世界大战期间的经济和政治形势、国民政府的侨务工作、国共两党的海外活动、新中国的国籍政策等。全书将"缅甸华侨"置于广阔的历史长河和国际背景下进行考察，力求再现全景式的缅甸华侨通史，借此推动缅甸华侨史研究向纵深发展，并为构建中缅友好关系、推进"一带一路"建设夯实

学术基础。

  本书的研究路径和写作方法首重历史学的文献分析法，通过对中国古籍、近代中外报刊、缅甸侨团资料、政府解密档案等不同类型的第一手史料进行考订和解读，来重塑缅甸华侨社会的历史风貌；同时，本书适当借鉴了人类学的田野考察方法，将笔者赴闽粤侨乡和缅甸唐人街实地考察的收获融入论述之中。另有一点需要说明的是，鉴于本书涉及的时空跨度较大，书中不可避免地出现不少缅甸和其他国家的人、地译名，其中对于一些不再常用或存在争议的旧式中文译名，为了便于读者阅读和理解，已尽量将其转换成当代通用译名，但个别历史名词和罕见偏僻地名等暂时无从对应转换，对此则遵从历史原貌，保留资料出处原文。

  本书属于朱杰勤先生主编的"东南亚华侨史丛书"之一。这套丛书最早诞生于20世纪80年代，由广东高等教育出版社出版，是华侨华人研究领域的经典必读书目。虽然朱杰勤先生已仙逝多年，但先生的高风亮节和开创之功，一直令吾等后辈高山仰止。当日未曾想到，自己也能有幸参与这套丛书的写作和出版工作。笔者2013年从中山大学历史学系博士毕业后，进入中共广州市委党校工作，不久听闻"东南亚华侨史丛书"计划新增一本《缅甸华侨史》，经中山大学历史学系牛军凯教授引荐，2014年斗胆承接了《缅甸华侨史》的写作任务。对于能否写好这样一部缅甸华侨通史，笔者并无十分把握，因此前虽对华侨华人研究有所涉猎，但博士学位论文是以英缅关系为主题，并非专注于缅甸华侨研究。幸而，中山大学历史学系余定邦教授、袁丁教授、牛军凯教授、安东强教授、朱祺博士等诸多师友在资料上或方法上给予颇多助益，笔者亦专程前往缅甸国家档案局、英国国家档案馆查阅资料，并通过国际学术研讨会等途径向国内外学者取经问道。然而，因本书内容涉猎广泛，笔者的工作只恐仍是挂一漏万，未尽之处，只能留待日后继续努力。

2016年春，本书初稿草成，交付暨南大学张应龙教授审读。其间，厦门大学范宏伟教授的大作《缅甸华侨华人史》已正式出版。该著作重点关注1948年缅甸独立之后的华侨华人发展历程，与本书聚焦1955年之前的缅甸华侨史不同，但因两本专著的研究对象和研究时段存在一定程度的重合，故即便是在范老师与笔者分别独立成书的情况下，两本专著的参考文献和论述内容仍然不可避免地存在部分交集，还望读者予以理解。2017年夏，笔者接到张应龙教授的审稿意见，对书稿部分章节进行了删减、增补或调整。2018年，笔者调至中山大学马克思主义学院工作后，又根据出版社的反馈意见，继续对书稿进行反复的修订和校对，直至书稿付梓。

本书倘侥幸偶有所得，当感谢中山大学历史学系诸位师长的多年培养，感谢中共广州市委党校、中山大学马克思主义学院提供良好的工作环境。《广东华侨史》编修工作领导小组办公室为笔者调研提供协助，暨南大学张应龙教授对书稿提出宝贵意见，广东高等教育出版社副总编王亚芳老师对书稿提供指导与支持，中山大学郭思成同学为笔者核查部分古籍提供协助，在此一并谨致谢忱。本书写作之时，小儿尚在笔者腹中，幸得母亲和先生给予许多理解和帮助。至于本书的疏漏或舛误之处，皆因笔者学识和精力有限所致，尚祈各位学界前辈、同侪不吝指正。

姜 帆

2019年7月

目　录

第一章　清代以前的缅甸华侨 …………………………… (1)
第一节　汉唐宋元时期的中缅交往与华侨起源 ………… (1)
第二节　明代缅甸华侨的显著发展 ……………………… (17)

第二章　清代初中期缅甸华侨社会的初步形成（1644—1824年）……………………………………………………… (33)
第一节　清代初中期的中缅关系背景 …………………… (33)
第二节　清代"桂家"与缅北矿工华侨 ………………… (34)
第三节　清代初中期缅甸华侨社会的初步形成 ………… (44)

第三章　英缅战争期间的缅甸华侨（1824—1886年）…… (55)
第一节　三次英缅战争的背景和影响 …………………… (55)
第二节　滇缅贸易由盛转衰 ……………………………… (56)
第三节　海上贸易继续发展 ……………………………… (64)
第四节　海路华侨对下缅甸的开发和影响 ……………… (67)
第五节　缅甸华侨的文化适应与政治地位 ……………… (73)
第六节　"潘泰人"群体的形成 ………………………… (79)

第四章　清末中缅变局与缅甸华侨的回应（1886—1912年）……………………………………………………… (89)
第一节　英国殖民统治与清缅宗藩关系的终结 ………… (89)
第二节　清朝护侨观念与仰光领事的设置 ……………… (95)
第三节　缅甸华侨与辛亥革命 …………………………… (102)

东南亚华侨史丛书

第五章　清末民初缅甸华侨社会的成型 …………… (119)
 第一节　缅甸华侨社会概览 ……………………… (119)
 第二节　缅甸华侨社团的涌现 …………………… (125)

第六章　太平洋战争前的缅甸华侨社会（1912—1941 年） ……………………………………………… (168)
 第一节　缅甸华侨的管理和统计 ………………… (168)
 第二节　缅甸华侨社会组织的发展 ……………… (181)
 第三节　缅甸华侨的经济状况 …………………… (195)
 第四节　缅甸华侨教育的发展 …………………… (206)
 第五节　缅甸华侨报业的情况 …………………… (218)
 第六节　缅甸华侨的参政现象 …………………… (221)

第七章　缅甸华侨的抗日活动和进步运动 ………… (232)
 第一节　缅甸华侨对中国抗战的支援 …………… (232)
 第二节　滇缅公路与南侨机工的贡献 …………… (239)
 第三节　缅甸华侨中共产党组织与华侨进步运动 … (244)

第八章　太平洋战争期间的缅甸华侨（1941—1945 年） ……………………………………………… (253)
 第一节　缅甸华侨的撤退工作 …………………… (253)
 第二节　缅甸华侨中共产党人与战工队的贡献 ……… (258)
 第三节　日本残暴统治下的缅甸华侨 …………… (261)
 第四节　中国远征军与缅甸华侨 ………………… (263)

第九章　战后复兴时期的缅甸华侨（1945—1948 年） ……………………………………………… (267)
 第一节　缅甸归侨遣返工作 ……………………… (268)
 第二节　缅甸华侨的经济复兴 …………………… (284)
 第三节　缅甸华侨社团的恢复 …………………… (287)

第四节　缅甸华侨文教事业的复兴 …………………（289）
第五节　缅甸华侨的政治运动 ………………………（294）

第十章　缅甸联邦初期的缅甸华侨（1948—1956 年）
…………………………………………………………（300）
第一节　缅甸独立与中缅外交 ………………………（300）
第二节　缅甸华侨的政治立场 ………………………（304）
第三节　缅甸华侨与新中国的交流 …………………（314）
第四节　缅甸华侨的入籍问题 ………………………（318）

参考文献 ……………………………………………（327）

第一章　清代以前的缅甸华侨

第一节　汉唐宋元时期的中缅交往与华侨起源

一、唐代以前的中缅交往

中缅之间的交通路线及商贸关系源远流长。据中国古籍记载，早在公元前2—前1世纪，即西汉时期，自中国经云南、四川一带到缅甸、印度的陆路交通路线已经形成。司马迁的《史记》中，留下了关于中印交通线的最早侧面记载：

> 及元狩元年，博望侯张骞使大夏来，言居大夏时见蜀布、邛竹杖，使问所从来，曰"从东南身毒国，可数千里，得蜀贾人市"。或闻邛西可二千里有身毒国。①

文中的"大夏"是中亚古国，故地在今阿富汗北部，"蜀布""邛竹杖"都是四川特产，"身毒国"即今印度。张骞在大夏见到转运到印度的四川特产，说明两地之间存在交通路线，而从地理方位上判断，印度与四川之间，正是今日的云南、缅甸一带。

虽然《史记》没有留下关于缅甸的直接记载，但根据以上

---

① 司马迁：《史记》，卷一百一十六《西南夷列传》第五十六，北京：中华书局，1959年版，第2995页。

记载推断,西汉时已经存在一条自四川经云南、缅甸北部进入印度的通道。

大约与此同时,中国经东南亚诸国抵达印度的海上交通线也初步形成。《汉书·地理志》对这条路线的最早记载,至今都是研究亚洲海洋史的重要资料:

> 自日南障塞、徐闻、合浦船行可五月,有都元国;又船行可四月,有邑卢没国;又船行可二十余日,有谌离国;步行可十余日,有夫甘都卢国。自夫甘都卢国船行可二月余,有黄支国,民俗略与珠崖相类。其州广大,户口多,多异物,自武帝以来皆献见。有译长,属黄门,与应募者俱入海市明珠、璧流离、奇石异物,赍黄金杂缯而往。所至国皆禀食为耦,蛮夷贾船,转送致之。亦利交易,剽杀人。又苦逢风波溺死,不者数年来还。大珠至围二寸以下。平帝元始中,王莽辅政,欲耀威德,厚遗黄支王,令遣使献生犀牛。自黄支船行可八月,到皮宗;船行可二月,到日南、象林界云。黄支之南,有已程不国,汉之译使自此还矣。①

文中的日南是西汉郡名,故地在今越南中部,徐闻、合浦都是汉置县名,故地分别在今广东徐闻和广西合浦一带,象林是日南郡下的一个县。这几个地方都迫近出海口,是汉代航海的始发地和登陆地。至于都元、邑卢没、谌离、夫甘都卢、黄支、皮宗、已程不等国,因年代久远且罕有记载,有关学者做过很多考证,具体意见难以统一。但是,学者们对一些基本问题的意见大体一致:黄支国故地在今印度南部,已程不国故地在今斯里兰卡,而其余各国的故地分别位于今中南半岛和马来半岛的泰国、缅甸、马来西亚等。

---

① 班固:《汉书》,卷二十八下《地理志》第八下,北京:中华书局,1962年版,第1671页。

在当时的航海条件和造船条件限制下，中国的船只自南方出海口出发后，并不能进行远洋航行，而是沿中南半岛和马来半岛的海岸线逐步南下，穿过马六甲海峡，沿途不断登陆补充淡水等物资给养，最终抵达印度南部和斯里兰卡，然后原路返回。

中缅之间陆路、海路交通线的开通，对中缅之间的交往具有决定性的前提意义。据以上记载可知，早在两千多年之前，中缅之间人口和物资流动的两大通道——陆路和海路，已经初步奠定雏形，并在日后的历史进程中，不断完善发展。

东汉时期，位于今缅甸一带的敦忍乙、掸国等早期政权，已遣使与汉朝往来。东汉在今云南一带设置了永昌郡，对永昌郡外今中国西南地区及缅甸境内的各部族多以"永昌徼外夷"称之。《后汉书》记载，永元六年（94年）春，永昌徼外的敦忍乙国王莫延"遣使译献犀牛、大象"；永元九年（97年）春，永昌徼外夷及掸国国王雍由调通过辗转翻译"奉国珍宝"，东汉和帝对掸国国王等元首进行赐封，"赐金印紫绶"，对其他首领也有赏赐，"小君长皆加印绶、钱帛"。[①] 永宁元年（120年），掸国再一次遣使贡献，并且献上音乐及来自古罗马的魔术师，为安帝与群臣表演，"能变化吐火，自支解，易牛马头"[②]。永建六年（131年），掸国又一次遣使贡献。[③]

魏晋南北朝时期，中缅交通继续发展，缅甸北部的骠人与南

[①] 范晔：《后汉书》，卷四《孝和孝殇帝纪》第四，北京：中华书局，1965年版，第117页；范晔：《后汉书》，卷八十六《南蛮西南夷列传》第七十六，北京：中华书局，1965年版，第2851页。

[②] 范晔：《后汉书》，卷五《孝安帝纪》第五，北京：中华书局，1965年版，第231页；范晔：《后汉书》，卷八十六《南蛮西南夷列传》第七十六，北京：中华书局，1965年版，第2851页。

[③] 范晔：《后汉书》，卷六《孝顺帝纪》第六，北京：中华书局，1965年版，第258页。

部的丹那沙林地区，开始进入中国的视野。

三国时，蜀国诸葛亮经略西南，招抚西南地区的少数民族，其中很可能包括今缅北一带。相传，诸葛亮想要攻占缅甸阿瓦地区，但因野人山阻隔未果，成为遗恨。诸葛亮的故事，后来在缅甸北部华侨社会中广泛流传，自永昌以南，缅北华侨曾建立多处诸葛祠。例如，清代缅甸华侨在八莫建有诸葛祠，祠中的诸葛像"露冕仗剑指南而立"①，表示诸葛亮向缅甸开拓疆土的雄心。

东晋时期，常璩所作《华阳国志》是西南地方史和西南少数民族史的重要资料，其中记载，永昌郡中，有"僄越""身毒"之民。②僄越人是缅甸的僄（骠）人，身毒人是印度人。永昌郡中住有缅甸的骠人和印度人，说明永昌与缅甸和印度之间，存在着陆路交通联系和人口的自然流动杂处。以此类推，亦不排除有中国西南地区的人口进入缅甸和印度居住。

北魏人杨衒之的《洛阳伽蓝记》记载了洛阳的佛寺兴衰故事，其中提到，有位来自今南亚、东南亚一带的僧人菩提拔陀抵达洛阳。菩提拔陀叙述自己的行程称：

> 北行一月，至勾稚国。北行十一日，至典孙国。从典孙国北行三十日，至扶南国，方五千里，南夷之国，最为强大。民户殷多，出明珠金玉及水精珍异，饶槟榔。从扶南国北行一月，至林邑国。出林邑，入萧衍国。③

据学者考证，勾稚国在今马来半岛南部；典孙又称顿逊，在

---

① 王芝：《海客日谭》，卷一，光绪丙子石城刊本，转引自余定邦、黄重言编：《中国古籍中有关缅甸资料汇编》（下册），北京：中华书局，2002年版，第1219～1220页。

② 常璩：《华阳国志》，卷四《南中志》，北京：商务印书馆，1958年版，第60页。

③ 杨衒之著，范祥雍校注：《洛阳伽蓝记校注》，卷四，上海：古典文学出版社，1958年版，第236页。

今缅甸的丹那沙林地区；扶南在今柬埔寨一带；林邑国在今越南中部；萧衍是南北朝时期南方梁朝政权的建立者，作者因而用萧衍国指代南梁。根据菩提拔陀的描述，他是沿马来半岛和中南半岛的海岸线一路北上，经过今日的缅甸丹那沙林地区、柬埔寨、越南，抵达中国南方。

对于顿逊，记载南梁历史的《梁书》有更详细的描述：

> 其南界三千余里有顿逊国，在海崎上，地方千里，城去海十里。有五王，并羁属扶南。顿逊之东界通交州，其西界接天竺、安息徼外诸国，往还交市。所以然者，顿逊回入海中千余里，涨海无崖岸，船舶未曾得径过也。其市，东西交会，日有万余人。珍物宝货，无所不有。①

结合地图可见，今缅甸丹那沙林地区呈南北走向，地势狭长，东临南海，西临印度洋。因此，当时的东西方商旅为图海上航行的安全与便利，选择了直接在丹那沙林进行贸易，地扼海路的丹那沙林成为东西方互通有无的重要贸易场所，其中不排除存在来自中国的商人。

二、唐宋时期缅甸华侨的起源

到了唐代，位于今缅甸境内的骠国强大起来，并主动与唐朝建立邦交关系。骠国是缅甸骠人建立的国家，早在公元3世纪时已经存在，强盛时的疆域包括伊洛瓦底江流域广大地区，首都位于室利差咀罗（Sriksetra），即今缅甸卑谬。公元9世纪初，骠国借助位于今云南一带的南诏国的中转作用，与唐朝建立了直接关系。据《新唐书》记载，唐德宗贞元年间，"南诏异牟寻遣使诣剑南西节度使韦皋，言欲献夷中歌曲，且令骠国进乐"。《唐

---

① 姚思廉：《梁书》，卷五十四《诸夷列传》第四十八《扶南》，北京：中华书局，1973年版，第787页。

会要》也记载骠国称:"今闻南诏异牟寻归附,心慕之,乃因南诏重译,遣子朝贡。"① 异牟寻是南诏的第六代国王,他与唐朝的交好,对骠国遣使访问长安发挥了直接的启发和协助作用。

贞元十七年(801年),骠国使团首先抵达成都,请镇守今四川一带的剑南西节度使韦皋修饰使团准备贡献的乐舞,"韦皋复谱次其声,又图其舞容、乐器以献"②。公元802年,即贞元十八年,骠国国王雍羌派遣王子舒难陀率领使团到达长安,"并献其国乐十二曲与乐工三十五人"③。骠国使团所献乐舞轰动一时,许多文人墨客纷纷赋诗记之,其中最著名的当属白居易的《骠国乐》和元稹的《骠国乐》等。白居易以"玉螺一吹椎髻耸,铜鼓千击文身踊。珠缨炫转星宿摇,花鬘斗薮龙蛇动"的诗句,生动描写了骠国乐舞的绚丽多姿,广为传颂。

大约与此同时,故地在今缅甸南部勃生一带的弥臣也与唐朝建立起朝贡关系。公元805年,即贞元二十一年,唐朝册封弥臣国嗣王道勿礼为弥臣国王。④

除了唐朝与今缅甸境内国家的交往外,南诏政权与骠国、弥臣等国的地理位置接近,交往更为密切,极大地推动了云南与缅甸之间的人口流动。公元862年,即唐懿宗咸通三年,任职于安南的樊绰奉命了解南诏情况。樊绰通过自身调查并搜集前人著作,写成《蛮书》。《蛮书》成为认识云南一带极有参考价值的

---

① 王溥:《唐会要》,卷一百《骠国》,北京:中华书局,1955年版,第1794页。

② 欧阳修、宋祁:《新唐书》,卷二十二《礼乐志》,北京:中华书局,1975年版,第480页。

③ 刘昫等:《旧唐书》,卷十三《德宗本纪》下,北京:中华书局,1975年版,第396页。

④ 刘昫等:《旧唐书》,卷十四《顺宗本纪》,北京:中华书局,1975年版,第407页。

资料，不仅记载了南诏与骠国、弥臣等国的关系，还记载了双方的战争导致了部分缅北政权的人口迁往南诏境内居住："弥诺国、弥臣国，皆边海国也。……在蛮永昌城西南六十日程。太和九年曾破其国，劫金银，掳其族三二千人，配丽水淘金。骠国在蛮永昌城南七十五日程，阁罗凤所通也。"① 南诏所辖丽水城在今腾冲，如果按现在的国境划分，弥臣人被掳至南诏，是战争造成的国际人口迁移现象。

唐代时，中国人对中缅之间的陆路交通线有了更具体详细的认知，《新唐书》中记载了两条不同的路线：

  自羊苴咩城西至永昌故郡三百里。又西渡怒江，至诸葛亮城二百里。又南至乐城二百里。又入骠国境，经万公等八部落，至悉利城七百里。又经突旻城至骠国千里。又自骠国西度黑山，至东天竺迦摩波国千六百里。……

  一路自诸葛亮城西去腾充城二百里。又西至弥城百里。又西过山，二百里至丽水城。乃西渡丽水、龙泉水，二百里至安西城。乃西渡弥诺江水，千里至大秦婆罗门国。又西渡大岭，三百里至东天竺北界个没卢国。②

即使不对其中提到的地名一一详加考证，今人也可通过部分比较熟悉的地名得知，以上史料描述的是从云南穿过缅甸，最后抵达东印度的两条陆路交通线，这是人们不断积累旅行经验的结果，从侧面反映当时已有越来越多的中国人从西南地区前往缅甸和印度。

唐代时，人们前往缅甸旅行的动力主要包括两方面：贸易和

---

① 樊绰著，向达校注：《蛮书校注》，卷十《南蛮疆界接连诸番夷国名》第十，北京：中华书局，1962年版，第231~239页。
② 欧阳修、宋祁：《新唐书》，卷四十三下《地理志》，北京：中华书局，1975年版，第1152页。

求法。唐代中国的社会经济发展水平,为中外贸易的繁盛打下了坚实基础。《蛮书》记载了当时滇缅边境贸易的情况:

> 高黎共山在永昌西,下临怒江。左右平川,谓之穹赕,汤浪加萌所居也。草木不枯,有瘴气。自永昌之越赕,途经此山,一驿在山之半,一驿在山之巅。朝济怒江登山,暮方到山顶。冬中山上积雪苦寒,秋夏又苦穹赕、汤浪毒暑酷热。河赕贾客在寻传羁离未还者,为之谣曰:"冬时欲归来,高黎共上雪。秋夏欲归来,无那穹赕热。春时欲归来,平中络赂绝。"①

研究者一般认为,文中的"河赕"即今大理洱海两岸,"寻传"则是今缅甸克钦邦北部及云南怒江傈僳族自治州的部分地区。当时的高黎共山的山腰及山顶设有驿站,可见商贾群体已达到一定规模,而因条件限制在缅北等地"羁离未还"的商贾,可谓最早因贸易因素而流寓缅北边境地带的华侨。

唐代的海上贸易也有所发展。唐代中国的造船技术大为提高,所造海船结构坚固、载货量大,"往来大船一只,可致千石"②。同时,唐代海船的航行速度大为提高,《新唐书》转载贞元年间宰相贾耽所记"广州通海夷道"显示,从广州起航,一路向西南航行至印度南部,用时五十余日。③ 相比于"汉使航程"用时长达约十二个月,唐代海上交通的便捷程度有极大提高。唐代航海条件的改善,为中外海上交流创造了条件。唐代仅

---

① 樊绰著,向达校注:《蛮书校注》,卷二《山川江源》第二,北京:中华书局,1962年版,第41页。
② 刘昫等:《旧唐书》,卷十九上《懿宗本纪》,北京:中华书局,1975年版,第652页。
③ 欧阳修、宋祁:《新唐书》,卷四三下《地理志》,北京:中华书局,1975年版,第1146页、1153~1154页。

广州一地侨居的外国客商就数以万计，政府因而在广州创设了市舶使，专门管理海外贸易，对后世产生了深远影响。

唐代也是中外佛教文化交流的高峰时期。唐代僧侣前往今南亚、东南亚地区学习佛教典籍时，可能会取道缅甸，前往印度等其他国家。其中，最著名的唐代僧侣玄奘和义净，都在著述中曾提到过今缅甸地区。玄奘的《大唐西域记》称："从此东北大海滨山谷中有室利差呾罗国。"① 义净的《南海寄归内法传》的描述更为详细："从那烂陀东行五百驿，皆名东裔。乃至尽穷，有大黑山，计当土（吐）蕃南畔，传云是蜀川西南行可一月余，便达斯岭。次此南畔，逼近海涯，有室利察呾罗国。"② 唐代中缅佛教文化交流的典故，在缅甸长期传为美谈。明代朱孟震多次记述了缅甸佛教圣地流传的唐僧典故，例如："淮古城江心一山，颇奇，上有金塔大寺，唐僧曾寄宿焉。""都鲁濮水关，有唐僧晒经台。""板古有河，名曰流沙，唐僧取经故道，贻记甚多。"③ 这些典故虽未必尽然可信，但反映了唐代中缅之间存在以佛教为纽带的人口流动现象。

公元11—12世纪，缅甸蒲甘王朝逐渐发展强盛，而当时统治今中国云南一带的是大理国。蒲甘、大理与宋朝的关系，类似当年的骠国、南诏与唐朝，即蒲甘除了通过大理国与宋朝交往外，还直接遣使抵达宋朝都城。公元1106年，即宋徽宗崇宁五年，蒲甘国王江喜陀在位期间，遣使与宋朝建立正式关系，宋朝

---

① 玄奘著，章巽点校：《大唐西域记》，卷第十《三摩呾吒国及以东六国》，上海：上海人民出版社，1977年版，第234页。

② 义净原著，王邦维校注：《南海寄归内法传校注》，卷一，北京：中华书局，1995年版，第12页。

③ 朱孟震：《西南夷风土记》，丛书集成初编本，转引自余定邦、黄重言编：《中国古籍中有关缅甸资料汇编》（上册），北京：中华书局，2002年版，第352~354页。

对蒲甘以大国之礼相待，不以小国视之。据《宋史》记载：

> 蒲甘国，崇宁五年，遣使入贡，诏礼秩视注辇。尚书省言："注辇役属三佛齐，故熙宁中敕书以大背纸，缄以匣襆，今蒲甘乃大国王，不可下视附庸小国。欲如大食、交阯诸国礼，凡制诏并书白背金花绫纸，贮以间金镀管籥，用锦绢夹襆缄封以往。"从之。①

宋人周去非的《岭外代答》和赵汝适的《诸番志》也都记载蒲甘于崇宁五年（1106年）入贡，《诸番志》还记载称："国有诸葛武侯庙。"② 此说是否准确，现已难以考证，但也从侧面反映了蒲甘与中国存在密切的政治、文化交往。如果蒲甘境内当时确实建有诸葛武侯庙，则有可能出自侨居当地的中国人之手。

蒲甘王朝除了直接派遣使节到宋朝外，与大理的关系更为密切。有时，蒲甘王朝的使节会与大理的使节一同前往宋朝进贡，如南宋绍兴六年（1136年）时，蒲甘就与大理一起"表贡方物"。③

宋代的中外海上交通和贸易进一步发展。随着经济重心持续南移，宋代统治者对海上贸易愈加重视，先后在广州、泉州、明州、杭州等地设立市舶司，作为管理海外贸易的常设机构，其中广州市舶司最为繁盛。宋初沿袭唐制，管理市舶司的官员称市舶使，后于宋神宗年间改称为提举市舶司。市舶司的设立，为外商来华和华商出洋提供了便利，促进了中外交流的进一步扩大。同

---

① 脱脱等：《宋史》，卷四百八十九《外国传五·蒲甘传》，北京：中华书局，1977年版，第14087页。

② 周去非著，杨武泉校注：《岭外代答校注》，北京：中华书局，1999年版，第84页；赵汝适著，冯承钧校注：《诸番志校注》，北京：中华书局，1956年版，第10~11页。

③ 徐松辑：《宋会要辑稿》，第一百九十九册《蕃夷七》，北京：中华书局，1957年版，第7862页。

时，宋代的造船技术和航海经验也比前代更胜一筹，据北宋朱彧所撰《萍洲可谈》记载："海舶大者数百人，小者百余人，以巨商为纲首，副纲首、杂事，市舶司给朱记……"在这种情况下，华侨大规模出洋日益成为可能。据朱彧记载：

> 北人过海外，是岁不还者，谓之"住蕃"。诸国人至广州，是岁不归者，谓之"住唐"。广人举债总一倍，约舶过回偿，住蕃虽十年不归，息亦不增。①

所谓"北人"出海后"住蕃"，是指出洋贸易的中国人居住在海外，这正是华侨的主要来源之一，而且宋代还出现广州人住蕃多年不归、举债利息不涨的现象，可见人们已对此司空见惯。这些出海住蕃的商旅，可谓最早因海上贸易因素形成的华侨。各方记载显示，宋代开始有大量中国人前往马来半岛侨居。

随着宋代海上贸易规模的不断扩大，宋代中国与缅甸南部顿逊的联络进一步密切。宋代不少官方和民间古籍如《太平御览》《太平广记》等都提到顿逊国，并且对顿逊物产、风俗的记载越来越详细，这说明中缅双方的人员交流日益密切，不排除有中国商人在顿逊"住蕃"的可能性。

三、元代缅甸华侨的增长

当元朝建立起对中国的统治时，缅甸的蒲甘王朝已经趋于衰落。元朝初期一度与蒲甘王朝发生战争，这与两个王朝之间的势力范围之争不无关系。元朝效仿之前的中国王朝，诏谕缅甸及中国西南地区各部族"内附"，即认元朝为宗主国。曾为一方霸主的蒲甘王朝不从，但蒲甘王朝无法掌控位于中缅之间的各个部族。在元朝的招徕下，一些西南地区的部族转而表示臣服元朝，导致元朝与蒲甘王朝的矛盾逐渐激化。1277 年，即元世祖至元

---

① 朱彧：《萍洲可谈》，卷二，北京：中华书局，1985 年版，第 19 页。

东南亚华侨史丛书

十四年,元朝与蒲甘王朝之间爆发战争。1287年,元军一度攻占蒲甘城,随后撤离,蒲甘王朝的国王憍苴开始对元朝"三年一贡"。

元缅战争促使蒲甘王朝进一步趋于瓦解,但蒲甘王朝名义上仍然是元朝认可的缅甸合法统治者,且之后的事态发展证明,元朝对蒲甘王朝既拥有册封的权力,也履行了保护的职责。元代大德三年(1299年),缅甸境内号称"掸人三兄弟"的阿散哥也等人推翻憍苴的统治,憍苴之子窟麻剌哥撒八逃亡到中国,向元朝求援。大德四年(1300年),元朝册封窟麻剌哥撒八为缅甸国王,并应其请求出兵干预,一度攻入缅甸。阿散哥也遣使向元朝承认了"杀主之罪",即承认杀害了原国王,元朝则"罢征缅兵",元缅之间的战争逐渐偃旗息鼓。① 大德七年(1303年),元朝撤销了征缅分省,并陆续撤回了征缅军队。② 自此之后,缅甸继续按惯例对元朝保持着大概"三年一贡"的朝贡关系。

元代初年几十年间,中国西南地区战事频繁,固然不利于中缅陆路商贸的发展,但是,从长远上来看,元朝与蒲甘王朝之间的冲突,不但没有妨碍后世的中缅交往,反而发挥了重要的推动作用。

第一,元军征缅和边民内附,促进了中缅之间的人口流动和融合。一方面,部分西南部族人民在元朝地方统治者和元军将领的招徕下,进入元朝统治范围内定居生活;另一方面,元军长期在中缅边境活动并一度攻入缅甸境内,部分伤病人员或散兵游勇

---

① 宋濂等:《元史》,卷二十《成宗本纪三》,北京:中华书局,1976年版,第425~423页;宋濂等:《元史》,卷二百一十《外夷列传三·缅国传》,北京:中华书局,1976年版,第4659~4660页。

② 宋濂等:《元史》,卷二十一《成宗本纪四》,北京:中华书局,1976年版,第447~450页。

从此滞留当地，参与缅甸的开发。因此，元代初年出现了西南各族人民自然融合、繁衍生息的一次小高峰。

第二，元缅战争结束后，元朝在今缅甸北部地区和中国西南边疆地区设置管辖机构，改善管理制度，对维持地方秩序、发展中缅关系发展具有积极影响。（后）至元四年（1338年），元朝设置了邦牙等处宣慰司都元帅府并总管府，管辖中心在今缅甸的邦牙。① 另外，元朝还设有云远路军民总管府、蒙光路军民总管府、木邦路军民总管府等，府治分别在今缅甸的孟养、孟拱和兴威等地。② 同时，元朝在各族群杂处的西南地区设金齿宣抚司，实施户籍和赋役制度，"皆赋役之，比于内地"。③ 这些措施，不仅强化了元朝对中国西南和缅甸北部地区的统治，也对这一地区的土地开发和农耕经济产生了深远影响。

第三，元代大规模地拓展了元缅之间的陆上交通线，并将驿站制度推广到云南和缅甸一带，极大便捷了中缅之间的沟通联络。元代时，云南成为元朝的一个行省，元军征缅时拓宽了滇缅商道，打破了中缅之间因山川阻隔、交通曲折而不便于大规模人员流动的局面，极大改善了中缅之间的陆路交通。元代疆域广阔，管理不便，故实行驿站制度。驿站用于传递公文，并供往来官员歇宿和换马。元军在占领云南之后，就陆续着手设立驿站。元缅战争期间，信息传递的迫切性促使元军在西南地区及缅甸境

---

① 宋濂等：《元史》，卷三十九《顺帝本纪二》，北京：中华书局，1976年版，第846页。

② 宋濂等：《元史》，卷十九《成宗本纪二》，北京：中华书局，1976年版，第401~408页；宋濂等：《元史》，卷六十一《地理志四》，北京：中华书局，1976年版，第1463页、1484页。

③ 宋濂等：《元史》，卷五十八《地理志一》，北京：中华书局，1976年版，第1346页；宋濂等：《元史》，卷一十《世祖本纪七》，北京：中华书局，1976年版，第213页。

东南亚华侨史丛书

内增设驿站,如至元十六年(1279年),元军统帅纳速剌丁"以军抵金齿、蒲、骠、曲蜡、缅国,招安夷寨三百,籍户十二万二百,定租赋,置邮传,立卫兵"①。元贞元年(1295年),云南行省平章因西南地区部族或尚未内附,或时常叛乱,"乞调兵六千镇抚金齿,置驿入缅",获准。②大德元年(1297年),蒙阳甸(今缅甸包德温附近)的部族首领缅吉遣使进贡,并要求把元朝的郡县制度和邮驿传递制度拓展到当地。为了强化元朝统治中心与西南地区和缅甸的联络,大德四年(1300年),元朝"增云南至缅国十五驿站"③。云南到缅甸的驿站和驿路,自大理经永昌(今保山)、腾冲进入缅甸,大大便利了滇缅之间的信息传递和人员往还。

在以上各种因素的推动下,元代的滇缅陆路商贸获得极大发展。相传,闻名于世的缅甸北部玉矿就是在13世纪由一个云南小商贩首先发现的。自元代起,缅甸北部的玉石开始通过滇缅商道运抵云南腾冲进行加工转运。缅甸翡翠逐渐传入内地,与新疆白玉分庭抗礼,影响了中国人的审美观念,成为中国玉石文化的重要组成部分。从此,滇缅之间的玉石贸易不断发展繁荣,延绵不绝。时至今日,玉石贸易仍是滇缅商贸关系的重要组成部分。滇缅陆路贸易范畴进一步扩大,促使缅北境内越来越多地出现滇籍商人和矿工的身影。

元代统治者延续和拓展了宋代重视海外贸易的传统。元初攻

---

① 宋濂等:《元史》,卷一百二十五《纳速剌丁列传》,北京:中华书局,1976年版,第3067页。

② 宋濂等:《元史》,卷十八《成宗本纪一》,北京:中华书局,1976年版,第391页。

③ 宋濂等:《元史》,卷二十《成宗本纪三》,北京:中华书局,1976年版,第431页。

打南宋时，便在泉州、庆元（今宁波）、上海、澉浦（今浙江海盐之南）设置4处市舶司，并积极与南海各国谋求贸易关系，后来又增设了温州、杭州、广州3处市舶司。虽然元代曾因政治、军事等原因对市舶司一度时兴时废，还一度实施海禁政策，但最终于至治三年（1323年）放弃了海禁政策，"听海商贸易，归征其税"①。总体而言，人们一般认为元代的海上交通和贸易比宋代更为繁盛。同时，据各方记载显示，元代的帆船制造和航海技术已居于世界领先地位。当时的大食人伊本·白图泰（Ibn Batutta）专门记载了只在中国泉州或广州建造的大船：

> 中国船只共分三类……每一大船役使千人：其中海员六百，战士四百，包括弓箭射手和持盾战士以及发射石油弹战士，随从每一大船有小船三艘，半大者，三分之一大者，四分之一大者……
>
> 这种船船桨大如桅杆，一桨旁聚集十至十五人，站着划船。船上造有甲板四层，内有房舱、官舱和商人舱。官舱内的住室附有厕所，并有门锁，旅客可携带妇女、女婢，闭门居住。②

元代江西人汪大渊曾在1330年和1337年两次随船出海，途经今东南亚诸多地区，回国后写成《岛夷志略》，其中描述了八都马、淡邈、乌爹等地的风土人情。据学者考证，八都马故地在今马达班，淡邈故地在今土瓦，乌爹故地在今勃固一带。最重要的是，《岛夷志略》对乌爹的记录，明确反映了华侨商人在缅甸的居留痕迹：

---

① 宋濂等：《元史》，卷九十四《食货志》，北京：中华书局，1976年版，第2403页。

② 伊本·白图泰著，马金鹏译：《伊本·白图泰游记》，银川：宁夏人民出版社，1985年版，第490~491页。

东南亚华侨史丛书

每个银钱重二钱八分,准中统钞一十两,易则子计一万一千五百二十有余,折钱使用。以二百五十则子籴一尖箩熟米,折官斗有一斗六升。每钱收则子可得四十六箩米,通计七十三斗六升,可供二人一岁之食有余。故贩其地者,十去九不还也。夫以外夷而得知务农重谷,使国无游民,故家给人足,岁无饥寒之忧。设知兴行礼让,教以诗书礼乐,则与中国之风无间然矣。孰谓蛮貊之邦而不可行者哉!①

这段资料,对研究古代中缅贸易和缅甸华侨具有重要意义。首先,它精确记载了乌爹当地银钱、元朝中统钞与云南则子这三种通货之间的兑换比率和乌爹尖箩与元朝官斗这两种粮食度量方式之间的折算比率,这说明元代中国商人与乌爹的贸易相当繁盛和稳定;其次,文中所谓的"贩其地者,十去九不还",说明元朝商人大规模居留于乌爹,他们很可能就是最早见于中国古籍记录的缅甸海路华侨商人。因此,可以推断,至少在14世纪30年代,中缅海路贸易的繁盛已经带动缅甸南部勃固一带出现华侨聚集的现象,他们大部分人应该来自福建、广东等沿海区域,也有少部分人可能是经云南进入缅甸,再一路南下抵达缅甸南部。

大概于同一时期,周致中的《异域志》也记载缅人"因知中国之制,颇效之"②,反映了中缅之间文化交流频繁。

总而言之,元代时,中缅之间的陆路和海路人口流动现象比之前任何朝代都更为显著。元代滞留缅甸境内繁衍生息的军事人员、跨越滇缅边境的商贩和矿工、漂洋过海常驻缅甸南部的海路商旅等,都构成了早期的缅甸华侨群体。研究者一般认为,自元

---

① 汪大渊著,苏继庼校释:《岛夷志略校释》,北京:中华书局,1981年版,第376页。

② 周致中著,陆峻岭校注:《异域志》,卷上,北京:中华书局,1981年版,第4页。

代始,缅甸境内的陆路和海路华侨开始呈现一定规模,缅甸华侨社会开始进入起源阶段。

第二节 明代缅甸华侨的显著发展

一、明代中缅关系背景

明代前期,正值缅甸在蒲甘王朝衰落后进入分裂时期,位于今缅甸境内的不同族群各自建立起独立政权,如中北部的阿瓦王朝、南部的勃固王朝、西部的阿拉干王朝、东南部的东吁王朝等。同时,明朝开拓时期的两位统治者——明太祖朱元璋和明成祖朱棣高度重视联络周边国家,主动宣示明王朝的宗主权,以各国向中国朝贡的体制构建国家关系,逐步形成中国历代王朝中最典型的朝贡体系。在朝贡体制下,中国周边实力强盛的国家也会以自己为中心,形成较小的朝贡圈,即卫星朝贡圈。① 其中,与明朝建立并长期保持朝贡关系的,主要是统治中心位于今缅甸曼德勒一带的阿瓦王朝。

明代初期,正是以中国为中心的朝贡体系进行拓展、成型的时代。例如,在明朝主动联络东南亚诸国之前,暹罗便是在一个小型朝贡圈中扮演宗主国的角色。可见,在近代以前,朝贡制度是今东亚、东南亚地区处理国家关系的通行惯例。

明太祖即位不久,便主动遣使联络缅甸阿瓦王朝。洪武六年(1373年),明太祖派田俨、程斗南、张伟、钱允恭等"赍诏往使"阿瓦。当时明朝还未占领云南地区,田俨等人遂取道安南(今越南北部),不幸滞留两年有余,无法继续前行,最后仅田

---

① 滨下武志著,朱荫贵等译:《近代中国的国际契机——朝贡贸易体系与近代亚洲经济圈》,北京:中国社会科学出版社,1999年版,第39页。

东南亚华侨史丛书

俨奉命返回,其余使节均卒于途中。洪武十五年(1382年),明军占领云南一带,设置云南布政司,强化了明朝在西南地区的影响力。不久,位于今泰国北部的八百媳妇国遣使入贡,明朝遂遣使转道八百媳妇国,"谕意"阿瓦入贡。洪武二十六年(1393年),接到明朝意向的缅甸阿瓦王朝派大臣板南速剌至明朝"进方物",明朝对板南速剌"赐绮帛有差",双方开始建立官方关系。次年,阿瓦王朝再次遣使入贡,随后,明朝以阿瓦为中心,设置了缅中宣慰司,任命阿瓦国王卜剌浪为宣慰使。① 从此,阿瓦王朝与明朝保持着密切的政治联系,"其朝贡自洪武至弘治时不绝"②。

除阿瓦王朝外,明朝同样对今中国云南边境至中南半岛的各部族和国家实施土司制度,设置了大量宣慰使司、宣抚司、安抚司、长官司、御夷府等,封当地统治者为土官,以标志当地对明朝的臣属关系。在这些机构中,创设于明朝初年的主要有南甸、干崖两个宣抚司,孟定、孟艮两个御夷府和麓川平缅、木邦、孟养、缅甸、八百、车里、老挝、大古喇、底马撒和底兀剌十个宣慰使司,其中位于今缅甸境内的宣慰使司、御夷府主要包括:

木邦军民宣慰使司。原为元代的木邦路。明洪武十五年(1382年)设为府,后废置;洪武三十五年(1402年)复置,永乐二年(1404年)改为军民宣慰使司。其地在今缅甸境内萨尔温江东部的掸邦地区,治所在兴威。

---

① 《明太祖实录》,卷八十六"洪武六年闰十一月乙酉"、卷一百四十三"洪武十五年三月己未"、卷二百二十六"洪武二十六年三月戊申"、卷二百三十一"洪武二十七年二月"、卷二百三十三"洪武二十七年六月甲申",台湾"中央研究院"历史语言研究所校印本,1962年版,第1534页、2246~2259页、3303页、3383页、3404页。

② 罗日絅著,余思黎点校:《咸宾录》,《南夷志》卷七《缅甸》,北京:中华书局,1983年版,第188页。

孟养军民宣慰使司。原为元代的云远路。明洪武十五年（1382年）设为府，洪武十七年（1384年）改为孟养府，后废置；洪武三十五年（1402年）复置，永乐二年（1404年）改为军民宣慰使司。其地在今缅甸北部伊洛瓦底江以西一带，治所在孟养。

缅甸军民宣慰使司。洪武二十七年（1394年）设为缅中宣慰司，不久废置；永乐元年（1403年）复置，更名军民宣慰使司。其地在今缅甸中部地区，治所在阿瓦，实即阿瓦王朝。

孟艮御夷府。永乐三年（1405年）设，初直属于云南都指挥司，后直属于云南布政司。其地在今缅甸掸邦东部地区，治所在景栋。

底兀剌军民宣慰使司。永乐二十二年（1424年）设。其地在今缅甸锡唐河流域的东吁一带。

大古剌军民宣慰使司。永乐四年（1406年）设。其地在今缅甸南部的勃固地区，临近暹罗。

底马撒军民宣慰使司。永乐四年（1406年）设。其地在今缅甸南部的丹那沙林地区，下辖小古剌长官司、茶山长官司、底板长官司、孟伦长官司、八家塔长官司等，均位于缅甸最南端。[①]

明朝设置的这些土司机构，后来不断发生分化、裁撤和归并。比如，位于缅甸南部的宣慰使司因路途遥远而逐渐消弭，麓

---

① 张廷玉等：《明史》，卷四十六《地理志七·云南》，北京：中华书局，1974年版，第1192~1197页；龙文彬纂：《明会要》，卷七十四《方域四·土司改置·云南》，北京：中华书局，1956年版，第1450页；李贤等：《大明一统志》，卷八七，明万寿堂刻本，转引自余定邦、黄重言编：《中国古籍中有关缅甸资料汇编》（上册），北京：中华书局，2002年版，第240~241页。

川平缅宣慰使司改设为陇川宣抚司。至15世纪中期，明代的西南边疆基本形成了"三宣六慰"的稳定结构："三宣"指南甸宣抚司、干崖宣抚司、陇川宣抚司，均位于今云南境内；"六慰"指木邦军民宣慰使司、孟养军民宣慰使司、缅甸军民宣慰使司、车里军民宣慰使司、八百大甸军民宣慰使司、老挝军民宣慰使司，其中车里军民宣慰使司位于今云南西双版纳和老挝境内，老挝军民宣慰使司位于今老挝境内，八百大甸军民宣慰使司位于今泰国境内，木邦宣慰使司、孟养军民宣慰使司、缅甸军民宣慰使司均基本位于今缅甸境内。

明朝在前期国力强盛时，对缅甸境内的各朝贡国承担起了宗主国的保护和调解职责。洪武二十八年（1395年）、二十九年（1396年），阿瓦国王卜剌浪因百夷首领思伦发侵夺其领土，向明朝求助。思伦发是元朝册封的麓川平缅宣慰使司首领，明代称其所处之地的族群为百夷。洪武十七年（1384年），思伦发遣使"入献方物"，交还元朝的印信，承认了明朝的宗主国地位。对于阿瓦与麓川之间的领土争端，明朝决定派遣使节前去调解。洪武二十九年（1396年），李思聪、钱古训奉诏出使麓川和阿瓦，对双方进行劝诫，于是双方"罢兵和好"。钱古训回国后著有《百夷传》，详细记述了缅甸当时的山川、人物、风俗、道路等。① 永乐四年（1406年），缅甸与孟养发生纠纷，缅甸宣慰使那罗塔袭击并杀死了孟养宣慰使刀木旦父子，明成祖遂派张洪出使缅甸，对那罗塔进行训诫。次年，那罗塔归还了孟养领土和物

---

① 《明太祖实录》，卷一百六十四"洪武十七年八月庚午"、卷二百四十二"洪武二十八年冬十月己未"、卷二百四十四"洪武二十九年二月庚寅"，台湾"中央研究院"历史语言研究所校印本，1962年版，第2534页、3524～3525页、3540～3541页；钱古训撰，江应梁校注：《百夷传校注》，昆明：云南人民出版社，1980年版，第127～134页。

资,并遣使至明朝"谢罪",明朝继续与之保持"三年一贡"的关系。张洪回国后著有《使缅录》,详细叙述了与那罗塔的交涉经过。①《使缅录》亦是了解明代中缅关系的珍贵资料。

缅甸阿瓦王朝及各政权不仅承认明朝为宗主国,而且确实也对明朝的一些军事行动给予了积极的配合和协助。正统年间,明朝平定麓川叛乱,木邦、缅甸宣慰使均出兵支援。正统十四年(1449年),明军攻打麓川,"木邦、缅甸两宣慰兵十余万亦列于沿江两岸,缅甸备舟二百余为浮梁济师,并力攻破其栅寨,得积谷四十万余石。军饱,锐气增倍"②。因缅甸宣慰使有功于麓川之役,明朝对其"加赏锦币、降敕褒奖"③。

不过,无论是缅甸各政权向明朝朝贡,还是明朝册封缅甸各政权首领为宣慰使,实际上都只是中缅统治者之间名义上的臣属关系,不影响缅甸各政权的独立性。明朝对朝贡国或土司实施羁縻之治,没有对其进行实际的军事驻守和内政管辖。所谓主管土司事务的云南布政使司、都指挥使司和按察使司这三司,囿于现实条件,对缅甸鞭长莫及,不可能真正左右缅甸内政。今缅甸境内各政权的首领拜认明朝为宗主国、接受明朝册封,主要是借助明朝的强大实力,在权力和领土争夺中寻求安全保障;明朝凭借自身的实力和威望,对缅甸各政权的争斗实施震慑和调解,有利于稳定中国西南边疆秩序。当时一些缅甸政权对明朝军事、政治行动的配合,往往是因为双方存在共同利益,而不是下级遵从上

---

① 《明太宗实录》,卷五十七"永乐四年闰七月己巳"、卷六十六"永乐五年夏四月丙戌",台湾"中央研究院"历史语言研究所校印本,1962年版,第838~839页、925页。

② 张廷玉等:《明史》,卷三百一十四《云南土司列传二·麓川列传》,北京:中华书局,1974年版,第8120页。

③ 张廷玉等:《明史》,卷三百一十五《云南土司列传三·缅甸二宣慰司列传》,北京:中华书局,1974年版,第8132页。

级命令。因此,明代初中期中缅关系的实质,仍是礼仪性的邦交关系。

16世纪30年代,缅甸东吁王朝崛起,同时明朝国力渐衰。东吁王朝经过二十年征伐,基本统一了今缅甸全境,又继续向周边地区扩张,侵夺处于明朝羁縻之下的缅北和云南。从16世纪50年代到17世纪初(明万历年间前后),缅甸东吁王朝与明朝之间的战争断断续续进行了数十年,明朝最终只保住了"三宣",而丢失了对"六慰"的控制。① 这一时期,中缅政治交往中断,边境贸易萎缩、民生凋敝,中缅关系陷入低谷。

二、明代滇缅贸易与陆路华侨

明代初中期,中缅之间密切的政治关系和稳定的边疆秩序,为民间交往提供了保障;滇缅之间江上和陆上交通的发展,便于中缅人口的频繁往返。中缅之间的交通条件和互通有无的需求,推动了中缅"棉盐贸易"的繁盛,带动了缅甸华侨数量明显增长。

明代中缅陆路贸易俗称"棉盐贸易"。早在万历之前,华侨商人就发现,缅甸的棉花为中国最需要的物品,而缅北最感奇缺的是中国云南的食盐与其他杂货。因此,食盐为当时最重要的中国输缅货物,而棉花则为缅甸输入中国最大宗的商品。除棉、盐之外,双方贸易物资还包括玉石珠宝、各类土产、杂货等。包括中缅贸易在内的西南边境贸易在明代取得长足发展,即使是在诸土司争战之中、万历年间中缅交战之时,民间边境贸易仍未完全断绝。据正统年间"三征麓川"的王骥奏报称:"近边牟利之徒,私载军器诸物,潜入木邦、缅甸、车里、八百、老挝诸处,

---

① 《明熹宗实录》,卷八十三"天启七年四月庚戌",台湾"中央研究院"历史语言研究所校印本,1962年版,第4034页。

结交土官人等，以易有无。"①

在中缅棉盐贸易的推动下，缅甸华侨数量增长，八莫作为商贸城市日趋繁荣。弘治十二年（1499年），云南巡抚谢朝宣向朝廷奏称，蛮莫（今缅甸八莫）等地"乃水陆会通之地，夷方器用，咸自此去，货利之盛，非他方比"，"江西、云南、大理逋逃之民多赴之"，"馈送互市"。② 缅甸方面需要的中国茶、盐、毛缨等，皆先由云南运至蛮莫，然后再"由蛮莫而后入也"。③ 在明代，除了传统的滇籍缅甸华侨外，其他籍贯的旅缅华侨也开始经过云南进入缅甸，或避难，或经商，反映了中国境内及中缅之间交通条件的极大拓展。

明代也是欧洲资本主义势力向东亚渗透的时期。荷兰在阿瓦设有荷兰东印度公司阿瓦分公司，英国则在八莫设有英国东印度公司八莫分公司。英国在八莫的土库遗址，直到1925年时仍可见到。这一时期，在八莫和阿瓦两地的华商，除了进行棉盐贸易之外，还将中国的铜币偷运出云南，供给在阿瓦的荷兰商人。后来，明末朱明皇室衰微，西南地区秩序动荡，永历帝逃入缅甸后，激怒了缅甸国王莽白（Pye Min），莽白遂禁止棉花输入中国，中缅贸易亦暂告停顿。阿瓦的华商境况似乎未受到严重影响，当时在缅甸宫廷内担任翻译职务的仍是一名大理人，但八莫

---

① 《明英宗实录》，卷一百一十七"正统九年六月癸未"，台湾"中央研究院"历史语言研究所校印本，1962年版，第2361页。

② 《明孝宗实录》，卷一百五十三"弘治十二年八月辛亥"，台湾"中央研究院"历史语言研究所校印本，1962年版，第2723页。

③ 《万历武功录》，《缅甸列传》（下），转引自孙来臣：《明清时期中缅贸易关系及其特点》，载《东南亚研究》，1989年第4期，第18页。

与阿瓦的英荷公司因无业可营,于1677年结束了在缅甸的商务。①

明代,缅甸宝石开采和贸易的规模进一步拓展,其稀有程度和利润空间,引起明朝官方和私人的高度关注。早在15世纪时,中国人已到缅甸摩谷(Mogok)采办宝石。明代史籍称摩谷为"猛告",即摩谷的译音,并常将云南、缅甸一带的宝石矿区泛称为"宝井"。明代摩谷的宝石,以红宝石为最贵重。除了摩谷的红蓝宝石之外,开采对象还有孟拱河谷的琥珀、孟拱的翠玉等。传说,孟拱的玉石是一个云南小贩无意中发现的。当时,凡在宝井开采宝石者,必先输官,然后得与商贾交易。② 万历年间,云南税监曾一度开采阿瓦、孟密的宝井,后明朝考虑到"云南宝井,干涉夷方军情,远人易乱难安",为规避引发当地矛盾方才罢采。③ 官方的罢采行为,并未妨碍民间宝石贸易的兴盛,大量中国人纷纷前往缅甸冒险尝试,寻求运气。《滇南新语》就记载了俗称"江右客"的江西人时常前去缅甸购买宝石:

> 井在阿哇国界,产玫瑰等宝石。去腾越州三十余日,惟江右客时裹粮以往。井深寒,蛮人服砒少许缒下,取石子满贮狗皮袋,负以上。既出,犹寒颤欲绝。每袋谓之一卟,索价甚昂。客买一袋,或碾得平常宝石十余块及一二块,或竟得映红、映青一块及数块者。亦有一袋之内,碾洗皆顽然

---

① 陈孺性:《〈缅甸华侨史略〉节录》,转引自德宏州志编委办公室编:《德宏史志资料》(第三集),1985年版,第84页。

② 陈孺性:《〈缅甸华侨史略〉节录》,转引自德宏州志编委办公室编:《德宏史志资料》(第三集),1985年版,第88页。

③ 《明神宗实录》,卷四百一十六"万历三十三年十二月乙卯",台湾"中央研究院"历史语言研究所校印本,1962年版,第7843页;张廷玉等:《明史》,卷二十一《神宗本纪二》,北京:中华书局,1974年版,第285页。

者，遇不遇，若有命焉，岂惟名哉。①

所谓缅甸翡翠，是以红色为翡，绿色为翠，上文中提到最珍贵的"映红""映青"，很可能就是指翡翠。不过，刚从地下开采出的原石无法以肉眼判断品质，因此原石买卖带有很大的风险性。从以上这段记载中，隐约可见后来滇缅一带的赌石、赌玉风尚。

永乐年间，明朝为适应各西南政权的朝贡和贸易需求，"设交趾云屯市舶提举司，接西南诸国朝贡者"②。宋元时期的市舶司均设于东南沿海地区。明朝首创设于西南内陆地区的市舶司，有助于接应经云南遣使入贡的西南使团，并管辖在云南进行的朝贡贸易，反映了明朝与各西南政权密切的政治经济关系。

随着中缅往来日益密切，明朝急需翻译人员，遂创办了中国最早的官办缅甸语文翻译机构。明代初年，政府在云南设立"缅字馆"，用于接待缅甸使节和商旅，培养缅语翻译人员，为滇缅商贸提供了极大便利。永乐五年（1407年），明朝苦于周边国家朝贡时言语文字不通，特在京城设置了"四夷馆"，其中就有"缅甸馆"。缅甸馆的教习人员，常有缅甸人或旅缅华侨。据曾任四夷馆提督的王宗载记载："弘治十七年，因本馆译学失传，敕云南行省镇巡官取人教习。缅甸宣慰司卜剌浪差酋陶孟恩完、通事李瓒等进贡，并送人孟香、的洒、香牛三名，留本馆教授，俱授序班职事。"据有关学者考证，先在缅甸担任翻译，后又入职四夷馆的李瓒是一名腾冲和顺籍的旅缅华侨。后来，明朝

---

① 张泓：《滇南新语》，丛书集成初编本，转引自余定邦、黄重言编：《中国古籍中有关缅甸资料汇编》（上册），北京：中华书局，2002年版，第356页。

② 张廷玉等：《明史》，卷八十一《食货志五·马市》，北京：中华书局，1974年版，第1980~1981页。

东南亚华侨史丛书

又一次招募翻译人员充实四夷馆。"敕云南陕西镇守官吏,访取精通鞑靼西番百夷语言文字兼通汉文之人,选送户部量授官职。腾越有寸文斌、寸玉、寸惜阴、寸肤养、寸应官、寸登云、寸秉东、贾武、刘国献等,先后授鸿胪寺序班,寸应官授四夷馆教授。"以上九人,均为腾冲和顺籍人士,其中以寸玉任职时间最长。明武宗为表彰寸玉的劳绩,赐予他"仕佐郎"之职。明武宗褒扬寸玉的敕书碑刻,至今仍立于云南腾冲和顺乡的寸玉墓前,是中缅交流史上的重要实物资料。①

明代对西南地区的用心经略,催生了号称"云南第一侨乡"的腾冲和顺乡。和顺乡的汉族居民,最早源自明初平定云南后的军屯措施。明洪武十五年(1382年),明太祖派遣"蓝玉、沐英克大理,分兵徇鹤庆、丽江、金齿,俱下"②。战事结束后,明朝为图边境安宁,命军队就地屯垦,军中原籍四川巴县的寸、李、尹、刘、贾等五姓人士遂在和顺乡定居下来,或由军入农,或亦官亦商。随着中缅关系的稳定发展和中缅贸易的日益昌盛,和顺人时常游走于中缅两地,经商规模不断扩大,且熟谙双边语言文化。加之和顺人与明朝的靖边策略有密切渊源,使其成为沟通中缅官方朝贡关系的理想中介。自明以降,不少和顺人效力于缅甸朝廷、使团或明朝的四夷馆,在中缅之间担任翻译、辅助外交,这种传统一直延续到清代。滇籍旅缅华侨分别在中缅朝中担任通事等职,既体现了统治者对华侨作用的重视,也反映了滇籍华侨群体的崛起。

和顺人在中缅政治经济交流中的地位和作用,是缅甸滇籍华

---

① 王宗载:《四夷馆考》,1924 年东方学会排印本;尹文和:《云南和顺侨乡史概述》,昆明:云南美术出版社,2003 年版,第 183~184 页。

② 张廷玉等:《明史》,卷三《太祖本纪三》,北京:中华书局,1974 年版,第 39 页。

侨崛起的缩影。明代末期，以和顺籍华侨为主的滇籍华侨在阿摩罗补罗至曼德勒之间兴修了"金多堰"（亦称金多眼、金都眼等），将其作为侨商长途贩运的中转地，并同时建立起土地祠。据1962年《瓦城金多堰土地祠重修碑记》称："瓦城金多堰之有土地祠也，乃滇侨先贤所建，至明末迄今，垂三百余年，为全缅最早古迹之一。"[1] 金多堰土地祠既便于华侨在贩运途中驻足休憩，又将华侨的民间信仰移植到了缅甸，是目前已知的缅甸华侨的最早建筑。缅甸华侨自主构建聚集地的标志性长期建筑，预示着缅甸华侨社会形成的开端。

三、明代海上贸易与海路华侨

明代海上贸易的发展，主要始于明成祖永乐年间（1403—1424年）。在明太祖洪武年间（1368—1398年），统治者虽然对朝贡国基本采取"厚往薄来"的怀柔态度，但对民间海上贸易厉行禁止，其目的在于消灭元朝残余势力，镇压东南沿海的反抗力量，切断敌对势力的海外经济来源，建立和稳定明朝的统治秩序。因此，明初一再实施海禁政策，洪武四年（1371年）下令"禁濒海民不得私自出海"，洪武十四年（1381年）又下令"禁濒海民私通海外诸国"，洪武二十三年（1390年）"申严交通外番之禁"，洪武二十七年（1394年）又下令"敢有私下诸番互市者，必置之重法"。[2] 同时，明太祖自洪武七年（1374年）

---

[1] 尹文和：《云南和顺侨乡史概述》，昆明：云南美术出版社，2003年版，第447~448页。

[2] 《明太祖实录》，卷七十"洪武四年二月丙戌"、卷一百三十九"洪武十四年冬十月己巳"、卷二百〇五"洪武二十三年冬十月乙酉"、卷二百三十一"洪武二十七年年春正月甲寅"，台湾"中央研究院"历史语言研究所校印本，1962年版，第1300页、2197页、3067页、3374页。

东南亚华侨史丛书

起,撤销了广州、泉州、宁波三处市舶司,还对朝贡贸易施加限制,只准"三年一贡",宣称"入贡既频,劳费太甚,朕不欲也"。① 种种限制,不仅导致了明初海上贸易的衰微,甚至造成了中国与周边国家的关系大为疏远,出现"诸番国使臣、客旅不通"② 的现象。

到明成祖永乐年间,明朝政权已经稳固,经济条件也获得恢复和发展,明成祖对海外关系和海上贸易的态度遂转为主动进取,以图"耀兵异域,示中国富强"③。永乐元年(1403年),明朝主动遣使出访周边多国,并恢复广州、泉州、宁波三处市舶司。永乐三年(1405年)又在市舶司分别增设"怀远馆""来远馆""安远馆"等驿馆,以便"怀柔远人",接待外来使节、商旅,扩大朝贡贸易规模。在明朝统治者的积极推动下,自永乐三年(1405年)至宣德八年(1433年),郑和率领船队"七下西洋",成为明朝扬威海外的壮举。郑和下西洋历时二十八年,船队规模庞大,途经今东南亚、南亚、阿拉伯半岛乃至非洲东岸三十余国,沿途积极宣示国威,拓展朝贡体系,极大提升了明朝在海外诸国的声望,为奠定明朝的国际关系体系、扩展中国对外贸易打下了坚实基础。

虽然目前尚无明确记载表示郑和下西洋曾在缅甸停留,但《郑和航海图》中绘有缅甸南部沿海城市八都马(今马达班)、打歪(今土瓦)、答那思里(今丹那沙林)等港口,可见明代的

---

① 《明太祖实录》,卷八十八"洪武七年三月癸巳",台湾"中央研究院"历史语言研究所校印本,1962年版,第1565页。
② 《明太祖实录》,卷二百五十四"洪武三十年八月丙午",台湾"中央研究院"历史语言研究所校印本,1962年版,第3617页。
③ 张廷玉等:《明史》,卷三百〇四《宦官列传一·郑和》,北京:中华书局,1974年版,第7766页。

中国人对缅甸南部沿海港口已相当熟悉,这种熟悉往往来自直接或间接与缅甸各港口发生的贸易接触。

丹那沙林、马达班、勃固是位于缅甸南端的入海口,也是明代时期缅甸最主要的海上贸易港口。继郑和下西洋后,中国商船经马六甲海峡到丹那沙林、马达班、白古(今勃固)等缅甸南部港口的数量增加。丹那沙林曾出土过明代永乐年间的铜钱和大量中国古代瓷器,瓷器年代上至唐、宋,下至明、清,但以明代的瓷器为最多。可见,从15世纪至18世纪末叶,丹那沙林是东西洋贸易的中心之一。马达班在元代即是与中国进行贸易的重要港口。从13世纪80年代到15世纪40年代,中国的青瓷由福建泉州港大量运往缅甸马达班湾的毛淡棉,然后再由此地运往其他地方。西方旅行者的记载也印证了这一过程。弗里德克和菲奇在其航行记载中都提到中国商船满载中国瓷器和其他货物从马六甲海峡来到马达班。中国的丝绸也大量通过海路运送到勃固及缅甸南部其他地区。1505—1506年曾游历缅甸的瓦塞马(Vartherma)提到白古和丹那沙林有大量丝绸。1632年,缅甸国王曾遣使在勃固领取中国丝绸24匹15捆,赐给阿拉干王。据中方史料记载,明代中国商船由福建到缅甸需要约60天,由广东到缅甸则需要约50天。[1]

从16世纪到18世纪,缅甸南部最主要的海路贸易港口一直是马达班、丹那沙林与勃固,当时的大光(Dagon,后更名Rangoon,即今天的仰光)还是一个莽草丛生、遍地沼泽的原野,尚未成为贸易区域。当时,葡萄牙人在东方扩张,来到缅甸南部,得到勃固孟族统治者的批准,在马达班、丹那沙林设立了商站。中国的香料与瓷器,是最吸引葡萄牙人的货物,此外还有各

---

[1] 孙来臣:《明清时期中缅贸易关系及其特点》,载《东南亚研究》,1989年第4期,第18页。

国人民喜爱的中国丝绸。孟族国王达摩悉提（Dahmmaceti）于1475年派遣僧人前往锡兰时，曾将中国出产的丝绸及其他物品献赠予锡兰国王。直至18世纪，英国人控制了马六甲海峡的交通要道，马达班、丹那沙林等地的贸易才逐渐衰退。①

四、明代缅甸华侨的特征

明代初中期，中缅政治关系的友善、海上交通技术的提高、互通有无的贸易需求，促使中缅海船贸易规模扩大。缅甸的闽、粤等籍贯的华侨数量增加，进一步推动了中缅文化交流。

首先，明代的中缅贸易进一步繁荣，出现海路贸易附带江路、陆路贸易的现象。明代朱孟震的《西南夷风土记》多处记载了中国人在缅甸的活动内容，反映了中缅之间密切的商贸关系和文化交流。书中记载称："江头城外有大明街，闽、广、江、蜀居货游艺者数万，而三宣、六慰被携者亦数万。""自摆古江船不可数，高者四五尺，长至二十丈，大桅巨缆，周围走廊。常载铜铁瓷器往来，亦闽广海船也欤。"据中缅研究者考证，江头城在今缅甸北部的八莫附近②，摆古则是今缅甸南部的勃固。根据以上记载可以推断，明代的闽粤商人不仅从事传统的海船贸易，而且开始拓展江船贸易或陆路贸易。他们乘海船抵达缅甸南部的港口后，可以转而通过内河航道北上，抵达缅甸北部的八莫一带。因此，明代的八莫不再只有滇籍华侨和西南土司居民，而是出现福建、广东、江西、四川等各地商人的身影，其数量多以万计，并形成了早期的缅甸唐人街——大明街。同时，内河航道的拓展，也促进了缅甸北部内陆地区与南部沿海地区的沟通。

---

① 陈孺性：《〈缅甸华侨史略〉节录》，转引自德宏州志编委办公室编：《德宏史志资料》（第三集），1985年版，第91页。

② 陈孺性：《江头城与牙嵩鉴》，载《南洋问题研究》，1991年第4期。

"岁时，三宣六慰皆奉天朝正朔。摆古无历，惟数甲子，今亦窃听于六慰，颇知旬朔矣。"① 由此可知，中国的历法通过缅北各部族人民逐渐向南传播，在明代已获得缅甸南部的勃固地区采用。

其次，海路交通对于中缅技术文化交流的意义日趋重要，中国的技艺、历法等可以通过海路传入缅甸。缅甸各城"尤善采漆画金，其工匠皆广人，与中国侔。漆器贮鲜肉数日不作臭，铜器贮水竟日不冷。江海舳舻，与中国同"。中国漆器、铜器、江海帆船的制作工艺，对于改善缅甸居民物质生活具有重要意义，而主要来自海路的广东工匠，成为在缅甸传播中国技艺的直接媒介。广东工匠在缅甸建筑、手工艺领域的垄断地位，后来一直延续到近代。

从整体上看，明代的缅甸华侨，开始呈现出与以往不同的特征：①华侨的活动区域扩大。从汉、唐到宋、元时期，中国入缅商人大抵以四川、云南（尤其是大理）人为主，其贸易对象多为中缅边境的民众，深入缅甸腹地的程度有限。到了明代，华侨商人才真正进入缅甸的八莫、阿瓦等城市从事贸易活动，他们不但与缅甸当地民族保持贸易往来，而且与阿瓦的欧洲商人发生了接触。②华侨籍贯趋于多元，各籍分布区域出现交融。缅甸境内的华侨，不再局限于北部的滇籍华侨和南部的闽粤华侨，而是出现云南、福建、广东、江西、四川各地华侨商人共处的局面。同时，缅甸北部有福建、广东华侨，缅甸南部有北方南下的江船和历法，这说明航运技术的进步和交通条件的拓展正在不断突破自然地理阻隔。③华侨开始从"行商"向"坐贾"转变。随着中

---

① 朱孟震：《西南夷风土记》，丛书集成初编本，转引自余定邦、黄重言：《中国古籍中有关缅甸资料汇编》（上册），北京：中华书局，2002年版，第353~354页。

缅商贸规模扩大，缅甸华侨（尤其是滇籍华侨）逐渐形成规模，并开始在缅甸兴建商贸据点。

明代的缅甸华侨群体估计多达数万人，虽然他们的居留状态尚不稳定，易随政治、经济需求往返迁徙，但是云南境内的侨乡、缅甸境内的华商聚集地和华商兴修的建筑陆续出现，皆表明缅甸华侨群体正在趋于规模化，预示着缅甸华侨社会正在逐渐形成。

第二章 清代初中期缅甸华侨社会的初步形成（1644—1824年）

第一节 清代初中期的中缅关系背景

总体而言，清代初中期①的中缅关系经历了从疏离、摩擦至稳定的发展过程。1644年，清军南下入关，攻占北京，明朝灭亡。清朝入主中原初期，忙于压服各地反对势力，追击南明政权，巩固统治地位，无暇顾及与缅甸的关系。经过康熙、雍正、乾隆三代统治者的持续努力，清朝平定三藩、收复台湾、整顿吏治，中央政权稳固，东南海疆安定，于是开始着手整治西南边境的土司。同时，缅甸东吁王朝衰败后，无力控制缅甸疆域，各地政权征伐不休。直至乾隆十七年（1752年）雍籍牙王朝（亦称

---

① 一般认为，清初期指顺治、康熙、雍正三朝，即1644—1735年；清中期指乾隆、嘉庆、道光三朝，即1736—1850年，清晚期指咸丰、同治、光绪、宣统四朝，即1851—1911年。但是，因缅甸自1824年开始遭受英国殖民入侵，缅甸华侨社会的发展从此增添了新的变量，故此处对清代初中期缅甸华侨社会的叙述以1824年为结点。

贡榜王朝①）建立后，缅甸才逐步完成统一。雍籍牙王朝随即开始对外扩张，频频侵扰滇南缅北的边境土司，索取俗称"花马礼"的高昂贡赋，造成滇缅边境纷争。在近代以前国家、边境、主权观念不明确的情况下，清朝与雍籍牙王朝对西南土司的争夺，最终诉诸武力。从乾隆二十七年至三十年（1762—1765年），清朝与缅甸雍籍牙王朝的冲突不断升级，发展为乾隆三十年至三十四年（1765—1769年）的大规模清缅战争。

1769年，清缅双方签订了《老官屯协议》，战争结束。但是，双方因对协议内容存在不同理解，并没有立刻建立正式关系。直到1788年，雍籍牙王朝的国王孟云才派使团到北京向清朝进贡。

1790年，即乾隆五十五年，孟云再次派出使团，请赐封、开关禁，清高宗正式赐封孟云为缅甸国王，并定"十年一贡"，清朝从此与雍籍牙王朝建立起朝贡关系。同年，滇缅边境重新开关贸易，中缅关系全面恢复，中缅官方和私人贸易进一步兴盛。

第二节 清代"桂家"与缅北矿工华侨

明亡后，各地抗清斗争风起云涌。这些抗清力量在遭到镇压后，往往隐匿到清朝统治力量薄弱的地方。其中，南明政权的遗部大量流散至滇缅边境地区，并进入缅甸境内长期生存，成为缅

---

① 因缅人首领雍籍牙（缅名 Alaungphaya，音译阿郎帕耶）最初建政于贡榜（即今瑞冒），故名雍籍牙王朝、贡榜王朝等。雍籍牙王朝1765年迁都于今曼德勒西南的东吁王朝旧都阿瓦，1783年迁都于今曼德勒西南、阿瓦以北的阿摩罗补罗，中心位于洞缪，1821年又将都城迁回阿瓦，1842年再度迁都阿摩罗补罗，1858年才迁都于今曼德勒，中心位于北部的渺缪。因雍籍牙王朝首都反复在阿瓦、阿摩罗补罗、曼德勒之间迁徙，且几地相距不远，故华侨一般统称其为"瓦城"。

第二章　清代初中期缅甸华侨社会的初步形成（1644—1824年）

甸北部华侨社会的一大来源。

　　1646年，明朝桂王朱由榔于广东称帝，改元"永历"，建立起历时十余年的南明小朝廷。南明的势力范围大致在两广至云贵一带。1659年，因南明将领白文选、李定国先后战败，永历帝经永昌、腾冲遁入缅甸避难。永历帝及随从者千余人进入缅甸后，放弃了武装，被安置在阿瓦附近，"结草为庐，编竹为城"。缅甸统治者起初对永历帝"执礼甚恭"，并利用永历帝的威令"以为缓急自救之策"。然而，随着永历帝一行回天乏力，缅甸统治者的态度不免前恭后倨，永历帝一行寄人篱下，"声闻不通"，形同困囚。

　　从1659年至1660年，南明将领李定国、白文选等先后数次率大军入缅"迎驾"，但他们不知道永历帝的具体位置，迎驾不果，反而屡屡与缅军开战，双方互有胜败。南明溃军在缅甸境内大肆杀伐，"焚掠劫杀，十里相望"，缅甸百姓"罹兵火之厄，死者几半"，这导致缅甸官员对永历帝君臣日益不满。

　　1661年，缅甸东吁王朝发生政变，国王平达格力被杀，其弟莽白登位。同时，吴三桂、爱星阿等奉命征缅，两路进兵，会师木邦，李定国、白文选等节节败退，白文选率部降清，李定国退守缅甸孟艮。莽白决意摆脱永历帝，并以此向镇守云南、缅北的吴三桂示好。莽白先是邀请永历帝的臣僚过江盟誓，同饮"咒水"，借机杀死南明宗室及随行官员数十人，造成"咒水之难"，削弱了永历帝的力量。1662年初，吴三桂率大军抵达阿瓦城外，索取永历帝，莽白将永历帝及其亲眷一并送交清军。1662年5月，永历帝在昆明被吴三桂缢死，其他宗室成员也一并被

杀，南明灭亡。不久，李定国死于孟艮。①

南明政权灭亡后，其遗臣、溃军等有数千至上万人流落在缅甸北部和滇缅边境一带，他们逐渐融入当地，通婚繁衍，从事手工业、商贸、矿业等，并在战乱中扩充势力，操戈自保。有记载称："桂家者，江宁人，故永明入缅所遗种也。""自缅役之兴，滇人争传桂家、敏家，故永明入缅所遗种也。"② 研究者一般认为，南明遗民团体，是缅北华侨集团"桂家"和"敏家"的主要起源。③

吴三桂擒获永历帝后撤军回滇，形成藩镇割据势力，并不要求缅甸进贡。清初中央朝廷忙于削平反清势力、稳定中原统治，一时无暇兼顾西南土司。从 17 世纪下半期至 18 世纪中期，清朝与缅甸没有建立稳定的官方关系，且清缅双方均对滇缅边境地区缺乏有效管辖。因此，这一时期，华侨在缅甸的活动呈现高度自发形态，矿区尤其如此。

---

① 客溪樵隐：《求野录》，明季稗史本，转引自余定邦、黄重言编：《中国古籍中有关缅甸资料汇编》（上册），北京：中华书局，2002 年版，第 357～363 页；《清实录》第四册《圣祖仁皇帝实录（一）》，卷六"康熙六年五月癸未"，北京：中华书局，1985 年版，第 112～113 页。

② 师范：《滇系》，典故，第四册，光绪丁亥重刻本；曹树翘：《滇南杂志》，卷一七，申报馆排印本。均转引自余定邦、黄重言编：《中国古籍中有关缅甸资料汇编》（下册），北京：中华书局，2002 年版，第 1049 页、1096 页。

③ 桂家亦称贵家、鬼家等，中国、缅甸、日本等多国研究者一般认同桂家是华人移民集团，但此观点存在争议，如杨煜达的《桂家事迹新考》（载《云南社会科学》，2003 年第 4 期）提出，当时的官方记载多次将桂家称为"夷""土夷"等，因此桂家不是华人移民集团。笔者认为，目前关于桂家身份的其他论据尚不足以推翻成论，故仍沿用桂家是华人移民集团的叙述。

第二章 清代初中期缅甸华侨社会的初步形成（1644—1824年）

缅北山区富含银矿，但"彼地人不习烹炼法，故听中国人往采，彼特设官收税而已"①。在缅甸当地政权的招徕下，华侨纷纷赴缅开办银矿，滇缅一带的矿业获得突飞猛进的发展。其中，茂隆银厂和波龙银厂规模庞大，人丁众多，自治自卫，且被卷入清前期的边境冲突和中缅交往中，在中缅关系史上留下了浓墨重彩的一笔。

波龙银厂（亦称波竜银厂、波隆银厂等）据说系"桂家"主办，清初盛极一时，后因雍籍牙王朝进攻和滇缅边境不宁而衰败。清缅战争时担任傅恒幕僚的赵翼记载称："贵家者，随永明入缅之官族也。其子孙沦于缅，自相署曰贵家，据波竜厂采银，向有岁币输缅。"清缅战争期间，赵翼"过波竜老厂、新厂，贵家所采银家处，民居遗址径数里，计当日厂丁不下数万，已俱为贼冲散尽，愀然者久之"②。赵翼还追述波龙银厂的规模称："老厂、新厂两处民居遗址，各长数里，皆旧时江、楚人所居。采银者，岁常有四万人。人岁获利三四十金，则岁常有一百余万赍回内地。当缅酋攻厂时，各厂丁曾驰禀滇督，谓只须遣官兵三千，来助声势，则厂丁四万自能御敌。时滇督恐启封疆衅，遂不果。"③另据周裕在《从征缅甸日记》中记载："大山一名波竜山，……前为波竜厂，有银矿。往时内地贫民至彼采矿者以万计，商贾云集，比屋列肆，俨一大镇。自边地不宁，商民尽散，

---

①③ 赵翼：《檐曝杂记》，卷四《缅甸安南出银》，北京：中华书局，1982年版，第73页。

② 赵翼：《皇朝武功纪盛》，卷三《平定缅甸述略》，《瓯北全集》本，转引自余定邦、黄重言编：《中国古籍中有关缅甸资料汇编》（下册），北京：中华书局，2002年版，第1150～1152页。

山麓下败址颓垣，弥望皆是。"① 清缅战争中随阿桂征缅的王昶也在《征缅纪闻》中记载："波竜山者产银，是以江西、湖广及云南大理、永昌人出边商贩者甚众，且屯聚波竜以开银矿为生，常不下千、万人。"②

据此可见，波龙银厂应系缅北桂家华侨开办，矿工大多来自云南大理、永昌及江西、湖广等地，其人数没有精确统计，一般估计多达数万。这些矿工平日居住在波龙矿区，形成以业缘为纽带的华侨聚居区。波龙银厂在面临入侵时积极抗敌自卫，可惜没有得到云南当局支援，最终在战事中衰败。

"桂家"见于史册的另一重大活动，是首领宫里雁率众反抗雍籍牙王朝的统治。宫里雁据说是波龙银厂的另一名首领（一说是东吁王朝旧臣），研究者一般认为，他也属于桂家华侨集团。据称，波龙银厂因不愿向雍籍牙王朝交纳"岁币"而被击溃后，"贵酋宫里雁犹纠合余众以拒"③。宫里雁率领桂家部众，联合木邦力量对抗雍籍牙王朝，后战败投奔孟连土司刀派春。刀派春趁机勒索桂家财物，结果被宫里雁之妻等人放火杀死。事发后，宫里雁等人被云贵总督吴达善捕获。吴达善认为："查孟连土司剥削降酋，以致鬼匪起意焚害，原非外夷擅入边疆劫杀。然宫里雁在缅甸构衅多年，今复流毒孟连，该酋一日不除，恐滋事

---

① 周裕：《从征缅甸日记》，借月山房汇钞本，第七集，转引自余定邦、黄重言编：《中国古籍中有关缅甸资料汇编》（下册），北京：中华书局，2002年版，第1100页。

② 王昶：《征缅纪略》，录自《昭代丛书》辛集，转引自余定邦、黄重言编：《中国古籍中有关缅甸资料汇编》（下册），北京：中华书局，2002年版，第1103~1104页。

③ 赵翼：《皇朝武功纪盛》，卷三《平定缅甸述略》，《瓯北全集》本，转引自余定邦、黄重言编：《中国古籍中有关缅甸资料汇编》（下册），北京：中华书局，2002年版，第1150页。

端。"因此,尽管宫里雁对刀派春之死"实不知情",吴达善仍将其斩杀。①

种种迹象显示,波龙银厂的衰败与雍籍牙王朝的侵扰有直接关系,但清朝云南当局的不作为也负有一定责任。清朝当时并无护侨观念,云南当局更是唯恐"启封疆衅",只求息事宁人,因而既对波龙银厂的求援无动于衷,又将宫里雁等人简单视作匪类,致使缅北华侨陷入孤立无援的境地。民间相传,宫里雁被杀后,其妻返回缅甸,于清缅战争期间"忽出截缅",解救了被缅军追击的清军,并怒斥:"若使汉不害我夫,何至小夷跳梁若此?"② 该类传闻故事虽不可信,但反映了云南民间对清朝处置宫里雁的不满情绪。

除了波龙银厂外,茂隆银厂不仅规模庞大,而且一度得到清朝地方统治者的默许和利用。茂隆银厂由云南石屏人吴尚贤开办。清朝将茂隆山所处地区称作"卡瓦"或"葫芦国",当地首领信任华侨开矿,使茂隆银厂不断发展壮大,矿工多达数万人。茂隆银厂的组织方式,颇有自治会社色彩:

> 至乾隆十一年而吴尚贤出。吴尚贤者,石屏州民也。家贫走厂,抵徼外之葫芦国。其酋长大山王蜂筑信任之,与开茂隆厂,厂大赢。厂例无尊卑,皆以兄弟称。大爷主厂,二爷统众,三爷出兵。时尚贤为厂主,三爷则黄耀祖也。
>
> 厂既旺,聚众至数十万。一有警,则兄弟全出。尚贤身

---

① 《清实录》第一七册《高宗实录(九)》,卷六六七"乾隆二十七年七月庚寅"、卷六七二"乾隆二十七年十月壬辰",北京:中华书局,1986年版,第463页、509页。

② 曹树翘:《滇南杂志》,卷一七,申报馆排印本,转引自余定邦、黄重言编:《中国古籍中有关缅甸资料汇编》(下册),北京:中华书局,2002年版,第1096页。

材小,然临阵辄先。须虽少,皆擢起,见者如遇矮脚虎,无不惊走。厂徒多才力,数百斤炮可手挽而发之。凡在夷方开厂者,互相联络。有夷众憎某厂,欲攻之,而惮茂隆阻,用重币假道,尚贤阳许之而阴告某厂,厂备之。夷大败回,过茂隆截之,无一脱者,所获不可胜计。①

据此可见,茂隆银厂不仅聚众开矿,而且自主练兵护矿,平时生产、遇警出兵,以对抗各派势力对银矿的争夺。茂隆银厂既是生产组织,亦兼自治会社和民兵团练性质,具有高度的组织性、自治性和自卫性,这种组织方式当时广泛见于缅北矿区。除茂隆银厂外,缅北其他华侨开办的矿厂之间也相互联络,患难相助。因此,清初的缅北华侨矿区以波龙银厂和茂隆银厂为首,构成了享有一定自治空间的华侨社会。

茂隆银厂之所以如此昌盛,得益于当时云南主政者的默许和利用态度。该银厂每年交给当地酋长的课税高达一万多两白银,酋长为求清朝保护,上奏表示愿将税银上贡,这引起了清朝对茂隆银厂的关注。按照清朝律例,百姓不得私自出境开矿,因此茂隆银厂原本例数违规。对于应该如何处理茂隆银厂,云贵总督张允随奏称:

> 滇省山多田少,民鲜恒产。惟地产五金,不但滇民以为生计,即江、广、黔各省民人,亦多来滇开采。至外夷虽产矿硐,不谙煎炼,多系汉人赴彼开采,食力谋生,安静无事,夷人亦乐享其利。查定例止禁内地民人潜越开矿,而各土司及徼外诸夷,一切食用货物,或由内地贩往,或自外地贩来,不无彼此相需,是以向来商贾贸易,不在禁例,惟查

---

① 师范:《滇系》,典故,第四册,转引自余定邦、黄重言编:《中国古籍中有关缅甸资料汇编》(下册),北京:中华书局,2002年版,第1048页。

第二章 清代初中期缅甸华侨社会的初步形成（1644—1824年）

无违禁之物，即便放行。贸易民人，或遇赀耗，欲归无计，不得不觅矿谋生。今在彼打糟开矿及走厂贸易者，不下二三万人，其平常出入，莫不带有货物，故厂民与商贾无异，若概行禁止，此二三万人生计攸关。况内外各厂，百余年来，从无不靖。以夷境之有余，补内地之不足，亦属有益。今生蛮卡瓦葫芦酋长蚌筑，虽化外未通职贡，其献纳实出诚悃，请照孟连土司输纳募乃厂课减半赏收之例，准其减半报纳，仍将所收，以一半解纳，一半赏给该酋长。①

张允随的奏折，充分说明了缅北华侨银厂存在的合理性：①缅人不善治矿，中国人赴缅开矿是双方的共同需求；②滇缅双方彼此依赖物资交换，矿工往来亦贩运货物，带有商贸性质，事关大量百姓的生计，不便禁止；③矿厂不影响统治秩序，且可用缅甸物产补给国内民生；④茂隆银厂上交的课税，可与当地酋长平分，将一半税银收归清朝。中缅双方对银矿的现实需求和银矿带给清朝的实际物质利益，驱使清廷采取了变通态度，批准了张允随的建议。因此，张允随不但没有简单查禁茂隆银厂，反而任命吴尚贤为银厂课长，使茂隆银厂带有一定的官方色彩，这进一步促进了茂隆银厂的发展壮大。

当茂隆银厂处于全盛时，吴尚贤还在清缅关系中发挥了中介作用。乾隆十四年（1749年），吴尚贤率领厂练进入缅甸，先是介入桂家与缅甸本土势力的争端，又说服东吁王朝末代国王莽达喇向清廷朝贡。乾隆十五年（1750年）四月，缅甸使臣一行抵达滇缅边境，住在茂隆银厂，由吴尚贤协助使团准备贡品，并转达云南巡抚图尔炳阿，向清廷奏请允许缅甸"初次奉表称臣纳贡"。乾隆十六年（1751年）六月，吴尚贤随同缅甸使团抵达北

---

① 《清实录》第一二册《高宗实录（四）》，卷二六九"乾隆十一年六月甲午"，北京：中华书局，1985年版，第505~506页。

京,乾隆帝在太和殿接受了缅甸使臣朝贺。① 吴尚贤主动说服并协助缅甸东吁王朝入贡,这一举动固然有对自身势力及茂隆银厂利益的考虑,但其直接促成了清朝与东吁王朝建立官方友好关系,从这个意义上说,吴尚贤可谓有功于国。遗憾的是,东吁王朝刚刚遣使朝贡后,同年即遭灭亡,缅甸雍籍牙王朝取而代之,与清朝进行了数十年的对峙。

然而,东吁王朝入贡一事,暴露了吴尚贤势力庞大且介入边务的问题,这引起了清朝的猜忌和警惕。同时,原云贵总督张允随离任后,新任云贵总督硕色对吴尚贤和茂隆银厂的态度截然不同。乾隆十四年(1749年),茂隆银厂发生矿工纠纷,云南当局奉命前往逮捕,而吴尚贤也带领厂练前往擒拿,这被云贵总督硕色视作"孟浪胆大"之举,担心他"久居域外,终恐生事"。吴尚贤一手促成缅甸入贡后,清廷更担心吴尚贤借机抬高自己的威望,在滇缅一带扩张势力,"明示缅夷,以伊为天朝所信用","将来回滇,更有声势,可以肆行其志"。另外,由于获利巨大的茂隆银厂一直掌握在私人手中,硕色对此颇有意见,称"查吴尚贤无籍细民,交通夷众,断不可令为课长。若其子接办,是厂务竟成世业"。因此,硕色在清廷的首肯下,决定铲除吴尚贤。1751年,缅甸东吁王朝使团返国,硕色便将吴尚贤拘禁,"查封家产,革职严审",另选新课长掌管茂隆银厂,并按期更换。从此,华侨自发创建的茂隆银厂被云南官府接管。吴尚贤很

---

① 赵尔巽等:《清史稿》第三册,卷十一《高宗本纪(二)》,北京:中华书局,1976年版,第402~414页;《清实录》第一三册《高宗实录(五)》,卷三六九"乾隆十五年七月乙丑",北京:中华书局,1986年版,第107页;昭梿:《啸亭杂录》,卷五,中华书局,1980年版,转引自余定邦、黄重言编:《中国古籍中有关缅甸资料汇编》(下册),北京:中华书局,2002年版,第1163页。

快死于狱中，其亲信亦被排挤，茂隆银厂元气大伤，华侨矿业受挫，有记载称"尚贤死而厂徒散，群蛮自是轻汉人矣"①。

波龙银厂和茂隆银厂横亘滇南、缅北之间，聚合了庞大的华侨势力，本是清缅边境上的有力屏障。缅甸当时各派势力割据自立，桂家的波龙银厂和宫里雁、茂隆银厂的吴尚贤及敏家等几股力量不免卷入其中，相互交错，既有合作亦有冲突。对此，清朝既不能及时加以疏导、团结，亦不知联合华侨力量以巩固边防，反而屡屡加以镇压，以致后来雍籍牙王朝侵扰滇缅边境时更加肆无忌惮。对此后人有议论称："滇人每言，吴尚贤、宫里雁若在，岂有边祸？其说虽未必尽然，然足以见边地之情形。能保厂者，即防边也。宫里雁与木邦相依倚，既死，木邦遂降缅扰边……"②

清代前期缅北的桂家、敏家华侨团体及庞大的华侨矿工群体，一时形成了特殊的华侨自治社会。但是，桂家等华侨团体长期与中国脱离联系，逐渐融入当地，呈现高度本土化特征，以致清朝多以"夷"视之；矿工华侨群体缺乏家庭、宗族等维系纽带，季节流动性强，受边境政治、军事形势影响大，变数多，不稳定，因而缺乏完整、持续的华侨社会形态。相比之下，经中缅

---

① 《清实录》第一三册《高宗实录（五）》，卷三七五"乾隆十五年十月壬辰"，北京：中华书局，1986年版，第1141页；《清实录》第一四册《高宗实录（六）》卷三八七"乾隆十六年四月丁亥"、卷三九三"乾隆十六年六月丁巳"、卷四〇〇"乾隆十六年十月乙未"，北京：中华书局，1986年版，第84页、159页、262页；师范：《滇系》，典故，第四册，转引自余定邦、黄重言编：《中国古籍中有关缅甸资料汇编》（下册），北京：中华书局，2002年版，第1049页。

② 师范：《滇系》，典故，第四册，转引自余定邦、黄重言编：《中国古籍中有关缅甸资料汇编》（下册），北京：中华书局，2002年版，第1050页。

商贸往来等经济活动促成的华侨聚居地更具有发展的持续性和稳定性。

第三节 清代初中期缅甸华侨社会的初步形成

一、滇缅贸易与陆路华侨

清初,滇缅边境地带虽时有动荡冲突,但中缅民间贸易并未断绝,双方商旅依然频繁往来。不少来自江西、湖广等地的商人前往缅甸从事长途贩运,他们与滇籍商旅和南明遗民一道,开发了缅甸的自然资源,促进了双边的物资流通。

清缅战争时期,滇缅贸易首当其冲,商旅断绝,民生凋敝。据奏报:"自新街、蛮暮一带经兵火后,已成废墟,近亦无人到彼。惟缅夷地界荒裔,或通海洋,或通西藏,番夷贸易,自必尚有市肆。但内地货贩,久经断绝。缅夷必不能不形缺乏。"① 清缅战争本身也造成了人口的被动迁徙,部分军事人员羁留缅甸,成为华侨的来源之一。据哈威记载,清缅战争后,中国战俘凡两千五百名仍羁缅京,或从事种植,或从事手工业,并娶缅妇为妻。②

清缅战争结束后,随着双方关系改善,边境逐渐恢复和平,滇缅贸易逐渐恢复和发展,并在清代中晚期日趋鼎盛。从1790年清缅重建朝贡关系,到1824年英缅战争爆发之前,西方商旅、殖民者开始进入缅甸活动,但暂未直接干扰中缅关系和缅甸王朝

---

① 《清实录》第一八册《高宗实录(一〇)》,卷八〇八"乾隆三十三年四月丁卯",北京:中华书局,1986年版,第920页。
② 哈威著,姚梓良译:《缅甸史》,北京:商务印书馆,1973年版,第453~454页。

政治。纵观整个清代中前期,中缅贸易稳步发展,华侨规模不断扩大,缅甸华侨社会逐渐形成。

清代中缅贸易的特征,逐渐从俗称的"棉盐贸易"发展成为"丝棉贸易",以棉、盐、丝等为大宗。自18世纪以来,缅甸所需要的不再是中国的食盐,而是缅甸丝织业最重要的原料——生丝,而直至19世纪中叶,中国最需要的缅甸货物,还是缅甸中部出产的棉花。因此,中缅两国之间的贸易,就以丝、棉为大宗。缅甸故都阿摩罗补罗(Amarapura)观音寺碑文有"继以两国修睦,商人渐进,丝棉往来,裕国通商"等语,足见当时丝棉贸易的盛况。

清代缅甸从中国进口的物品,除了以大宗的生丝供应阿摩罗补罗的织造业之外,还有黄铜、雄黄、水银、朱砂、铁锅、铜器、锡、铅、明矾、金、银、丝绸、天鹅绒、酒精、铜青、果干、纸张、扇子、鞋子、衣服及药材等。中国从缅甸进口的物品,除了以棉花为大宗外,还输入象牙、燕窝、鹿茸、翠玉、欢拍、红蓝宝石、名贵的蛇纹石等,至缅甸南部被英国吞并时,又从仰光输入少量的英国毛织品。当时,缅甸贸易并无钱币,缅甸国王敏同(Mindon)直到1861年才开始铸造钱币。在此以前,以金与银为交易媒介的买卖每次都必须称量金银的重量。①

清初中国商旅不但大量进口缅甸的棉花,而且开始投资缅甸境内的棉花种植业,并雇佣边民耕种。在清缅战争之前,据云贵总督张允随奏称:"木邦土性宜棉,而地广人少,皆系沿边内地民人受雇前往,代为种植。至收成时,客商贩回内地售卖,岁以

---

① 陈孺性:《〈缅甸华侨史略〉节录》,转引自德宏州志编委办公室编:《德宏史志资料》(第三集),1985年版,第86~87页。

东南亚华侨史丛书

为常。"① 据此可知，清初缅北棉花种植业中已有大量中国劳动者的身影。

许多早期抵达东南亚的欧洲外交和神职人员都见证了清代中缅"丝棉贸易"的繁盛。1782 年，意大利神父圣伽曼诺抵达缅甸，他撰写的《缅甸帝国》(A Description of the Burmese Empire) 一书中称："缅甸的对外贸易，不单以一个国家为对象，云南的中国商人，由老官屯循阿瓦大江（按：即'伊江'），乘坐巨舟，到达缅都阿瓦，带来了他们家乡的土产，如丝绸、纸张、茶叶、各种果子以及各种杂货，而将缅甸出厂的棉花、盐、雀羽和一种黑漆运载回云南。这种黑漆，是从一种树取出来的，经过提炼之后，便成为著名的中国漆了。"②

1795 年，英国东印度公司总督派遣迈克尔·西姆斯 (Michael Symes) 访问缅甸。西姆斯访问结束后，著书记下了他在缅甸的所见所闻，其中就包括中缅贸易和缅甸华侨的情况。西姆斯称，缅甸首都与中国云南之间存在广泛的贸易，阿瓦出口的首要商品是棉花，这些棉花以大船沿伊洛瓦底江北上，一直运到八莫的集市与中国商人交易，然后中国商人再从陆路和水路将棉花运回中国。除棉花外，阿瓦出口的商品还包括琥珀、象牙、宝石、燕窝等，而中国出口到缅甸的商品则包括生丝、熟丝、天鹅绒、金叶、蜜饯、纸张、五金制品等。③

中缅贸易规模的不断扩大，促使越来越多的中国商人常居缅

---

① 《张允随奏稿》，方国瑜主编：《云南史料丛刊》（第八卷），昆明：云南大学出版社，2001 年版，第 683 页。

② 陈孺性：《〈缅甸华侨史略〉节录》，转引自德宏州志编委办公室编：《德宏史志资料》（第三集），1985 年版，第 86 页。

③ Michael Symes, An Account of an Embassy to the Kingdom of Ava: Sent by the Governor-general of India, in the Year 1795. London: W. Bulmer & Co., 1800, p. 325.

甸，形成华侨聚集地。到19世纪初时，中国陆路商人已经将上缅甸的八莫、阿瓦、阿摩罗补罗、实阶、景栋等地作为主要的贸易根据地。江边的一个小地方"眉地"（Minde‐i‐Kin，当时英国人称其为Me‐de等），亦是华侨商人聚集的地方。①

八莫最早成为缅北最主要的华侨商旅集散地，也是滇籍华侨的重点聚居地之一。缅北八莫一带水运、陆路皆通，中缅双方居民遂在每年秋冬瘴消时聚集在八莫附近的老官屯、新街进行贸易，至二月瘴发时各自散回。②大约在嘉庆年间，八莫已建起一座关帝庙。

位于今缅甸中部的曼德勒省的阿摩罗补罗、阿瓦一带是雍籍牙王朝的都城所在地，也是滇籍华侨入缅贸易的重要中转地。中国的马队商人通常于每年阳历十二月初即到阿瓦，有的从八莫乘船南下，有的取道木邦（兴威）旱路而来。乾隆三十八年（1773年）左右，滇籍华侨在阿摩罗补罗修筑了观音寺，这说明常住当地的滇籍华侨达到相当数量，这些华侨既有维持传统信仰、维系族群关系的需求，也拥有修建庙宇的经济实力。1795年，西姆斯在阿摩罗补罗见到不少中国人，他们号称来自北京，但西姆斯认为他们很可能来自西南地区的云南省。西姆斯通过一名懂缅语的穆斯林和一名懂汉语的缅甸人进行双重翻译，与这些中国人进行了交谈。③

除阿瓦外，仰光和阿瓦之间交通便利的地方，也有华侨聚居

---

① 陈孺性：《〈缅甸华侨史略〉节录》，转引自德宏州志编委办公室编：《德宏史志资料》（第三集），1985年版，第86~87页。

② 余定邦：《中缅关系史》，北京：光明日报出版社，2000年版，第169页。

③ Michael Symes, An Account of an Embassy to the Kingdom of Ava: Sent by the Governor-general of India, in the Year 1795. London: W. Bulmer & Co., 1800, pp. 285, 295.

地。西姆斯从仰光前往阿瓦时，沿伊洛瓦底江一路北上，途中至少在江边见过两处"德由谬"，即缅语所指的"中国城"。① 这说明，清代华侨已开始散布到一些缅甸中、小城镇甚至乡村地区。

中缅之间的玉石贸易在清代获得进一步发展。据清缅战争时期的奏报称："缅地物产，棉花颇多，次则碧霞环、翡翠玉。近年以来，彼处玉石等物，云南、广东二省售卖颇多，皆由内地每差土人摆夷出关侦探，兵役因见官差要务，于随身行李搜检未严，夹带势所不免。"② 道光初年，中国玉石商人已在孟拱建起了一座关帝庙，每年阳历四五月间，玉石商云集孟拱，交易全在关帝庙内举行。云南商贾将尚未琢磨的玉石，由陆路运入昆明脱售，顾客多为广州人。③ 这种缅甸出产、云南转运、广州加工的模式，至今仍在延续，如今，广州仍是缅甸翡翠最主要的加工销售中心，而这种贸易链条，至迟在清代就已经形成稳定的模式。

缅甸华侨籍贯的多元化现象、南北海路和陆路华侨的融汇现象始于明代，至清代更为明显。清代缅甸华侨除来自云南、广东、福建外，也有来自江西等地者。乾隆三十四年（1769 年），王昶随征缅甸时"过太平街，有居民十数家，间市米肉。询之云，江西抚州府人侨此"④。可见当时缅甸北部已有江西人活动的踪迹。

---

① Michael Symes, An Account of an Embassy to the Kingdom of Ava: Sent by the Governor-general of India, in the Year 1795. London: W. Bulmer & Co., 1800, pp. 234, 274.

② 《清实录》第二一册《高宗实录（一三）》，卷一〇三一"乾隆四十二年四月戊午"，北京：中华书局，1986 年版，第 819 页。

③ 陈孺性：《〈缅甸华侨史略〉节录》，转引自德宏州志编委办公室编：《德宏史志资料》（第三集），1985 年版，第 88 页。

④ 王昶：《征缅纪闻》，《古今说部丛书》第四集，转引自余定邦、黄重言编：《中国古籍中有关缅甸资料汇编》（下册），北京：中华书局，2002 年版，第 1127 页。

二、海上贸易与海路华侨

清前期缅北边境动荡，或是清军追击南明势力，或是土司争斗不止，或是清缅战争阻断贸易。但是，这一时期的缅甸南部沿海未受过多干扰，中缅海上贸易继续发展。据清缅战争时期的奏报称："至棉花一项，臣在粤省时，见近年外洋脚船进口，全载棉花，频为行商之累。因与监督德魁严行饬禁，嗣后倘再混装棉花入口，不许交易，定将原船押逐。初不知缅地多产棉花。今到滇后，闻缅匪之宴共、羊翁（按：即今仰光）等处，为洋船收泊交易之所。是缅地棉花悉从海道带运，似滇省闭关禁市有名无实……"① 据此可见，清缅战争时大量缅甸棉花转从海路输入中国，在一段时间内弥补了滇缅贸易的不足。

中缅海上贸易的发展，促使缅甸南部沿海的闽粤华侨因之兴盛，今仰光、土瓦等地均有华侨聚居。作于18世纪末的《滇系》记载称："西洋货物聚于漾贡（按：即今仰光），闽广皆通。""其地有汉人街，则择汉人为街长。"② 另外，广东嘉应人谢清高在18世纪末游历缅甸等南洋各处，后口述《海录》刊印，其中记载缅甸南部的佗歪（即Tavoy，今土瓦），"广州人有客于此者"③。

大约至迟在清代乾隆年间，今仰光西部的唐人街一带已成为华侨聚集地。1755年，缅族人建立的雍籍牙王朝将孟族人逐出

---

① 《清实录》第二一册《高宗实录（一三）》，卷一〇三一"乾隆四十二年四月戊午"，北京：中华书局，1986年版，第819页。

② 师范：《滇系》，典故，第四册，转引自余定邦、黄重言编：《中国古籍中有关缅甸资料汇编》（下册），北京：中华书局，2002年版，第1054页。

③ 谢清高述，冯承钧注：《海录注》，卷上，北京：中华书局，1955年版，第20页。

东南亚华侨史丛书

大光（Dagon），并将此地改名"仰光"（Rankun，后来英国人拼作 Rangoon）。缅族与孟族之间的冲突，不可避免地波及部分华侨，华侨或被卷入其中，或避祸出逃，但因华侨本身并非战争对象，故这种影响尚未直接妨碍中缅海上贸易。据悉当时的华侨已在仰光唐人街附近的河岸建起了自己的码头，用于往返于缅甸和南洋各国的闽广海船停泊。

中国人最初对"仰光"这个地名有多种译法，有译作"晏共""羊翁"的，有时会将这两种译名误为两个地名。《滇系》中作"漾贡"，谢清高的《海录》作"营工"。在咸丰、同治年间，粤籍华侨多将其译作"漾贡"等，闽籍华侨则作"仰冈""仰光"等。大约自光绪初年起，闽粤两省华侨才一致称其为"仰光"。例如，光绪七年（1881年）仰光陈氏馆（按：即"陈家馆"）的创建碑文云："……四方原多作客，云仍日盛，千里不少经商，迄今来往仰光，年盛一年，虽至一郡一邑，俱有堂构，以崇梓里……"从此，仰光这个译名逐渐固定下来。

早期的仰光华侨，除了船户、海商之外，还有人从事种菜、养猪等农副业。意大利神父圣伽曼奴称，在乾隆末嘉庆初，"缅甸都城阿摩罗补罗与仰光的华侨养了许多的猪"，并说"华侨都是吃新鲜的猪肉，缅甸人亦很嗜好猪肉，认为它是最好的食物"。当时，缅甸国王"禁止其臣民养猪或宰猪"，但在仰光与阿摩罗补罗市场内，有猪肉摆出来卖。

1824年，英国发动第一次英缅战争，从仰光登陆，发现仰光已存在"中国码头"（China wharf）和"华人坟场"。他们在1824年绘制的仰光地图上，清晰标注了这两个地方。华人坟场原在今日大金塔路与昂山路的转角处，即今日圣三一大教堂（Holy Trinity Cathedral）所矗立的地方。传说建筑该教堂时，曾掘出很多棺木。在缅甸王朝时代，仰光还没有"广东坟场""福

第二章 清代初中期缅甸华侨社会的初步形成（1644—1824 年）

建坟场"之分。①

大约与仰光同时，缅甸南部的丹老、土瓦、勃生等地也出现了华侨的身影。丹老的发展始自 18 世纪左右。原缅甸南部最主要的港口丹那沙林因河道淤塞，导致外来船舶不能驶入。于是，缅甸与外国的贸易，开始在离丹那沙林西北约四十五英里②的河口进行，位于河口的新城，暹罗人称之为 Marit，意思是"系马柱"，缅文也拼写作 Marit，而欧洲人称作 Mergui。18 世纪流离于此地的华人，多聚居于这座新城，常将其称作 Tanau，后来的华侨又将 Tanau 译音作"丹老"。③

据此可见，18 世纪末 19 世纪初，缅甸南部的闽粤华侨已形成一定规模，尤其是在仰光，华侨建立起当地公认的聚居地"汉人街"和安葬同胞的坟场，有自己的华侨领袖，建立自己的码头以便利频繁的海上贸易，这说明仰光华侨不仅从事中国、缅甸和南洋其他国家之间的往返贸易，而且越来越多地定居在仰光，并对华侨内部事务开展自治。

除海路华侨外，清前期滇缅边境的战事对缅北华侨影响甚大，缅甸中部及南部沿海相对平静，促使少数滇籍华侨及桂家华侨集团南迁至沿海地区。据《海录》记载，缅甸南部的勃固出现了滇籍华侨聚居的现象："备姑乡中有孔明城，周围皆女墙，参伍错综，莫知其数，相传为武侯南征时所筑，入者往往迷路，不知所出云。北境与云南缅甸接壤，云南人多在此贸易。"④ 成

---

① 陈孺性：《〈缅甸华侨史略〉节录》，转引自德宏州志编委办公室编：《德宏史志资料》（第三集），1985 年版，第 94 页。

② 1 英里约等于 1.61 千米。

③ 陈孺性：《〈缅甸华侨史略〉节录》，德宏州志编委办公室编：《德宏史志资料》（第三集），1985 年版，第 91 页。

④ 谢清高述，冯承钧注：《海录注》，卷上，北京：中华书局，1955 年版，第 20 页。

书于嘉庆年间的《滇南杂志》亦称：

> 近时滇人贾缅，有至其地者，则颇多村居。见滇客则惊喜，曰吾老家人也，延至其家饮食之。村中闻有老家人至，各相招具馔，黄发垂发争以得见老家人为乐。问其何以至此，则曰："传之故老，皆曰吾辈数千人从桂家至此，见地旷无居人，分散居之。此间乐，不复思老家。"然见老家人来，辄相爱留数日始听客去，他客至，亦如是，滇人因知白古（按：即勃固）有桂家。①

勃固位于缅甸南部，靠近入海口。滇籍华侨南下至勃固定居，说明缅甸境内陆路交通和内河航运的贯通，促进了滇籍华侨商贸范围的扩大。

三、清代初中期缅甸华侨的发展特点

清代中期缅甸华侨的整体分布格局，仍然延续着前代传统：①缅甸北部、中部以滇籍华侨为主，南部以闽、粤籍华侨为主；②缅甸南北各地均间有少量其他各籍华侨；③在各籍华侨中，仍属滇籍华侨规模最大，影响力最强。在这种格局下，缅甸最早出现的华侨寺庙位于缅甸中部、北部，均为滇籍华侨所建，其中代表性建筑首推瓦城观音寺和八莫关帝庙。

瓦城观音寺位于当时缅甸都城所在地阿摩罗补罗小镇洞缪，故亦称"洞缪观音寺"，据说建于乾隆末年，确凿的建筑年代已不可考。寺内存有一方道光十六年（1836年）的木碑，碑文称："瓦城观音寺者，溯自乾隆三十八九年汉兵奏凯后，继以两国修睦，商人渐进，丝棉往来，裕国通商。伊时地广人稀，建立斯

---

① 曹树翘：《滇南杂志》，卷一七，申报馆排印本，转引自余定邦、黄重言编：《中国古籍中有关缅甸资料汇编》（下册），北京：中华书局，2002年版，第1096页。

寺，已觉室小殿窄，只供石胎佛像菩萨一尊。越数年，商人鱼贯而入，客货渐次宏通……"所以，有学者认为，将瓦城观音寺视作乾隆末年创建，较为稳妥。① 碑文内容明确显示，观音寺的兴建，主要获益于清代滇缅丝棉贸易的兴盛。该寺初为木质建筑，在嘉庆十五年（1810年）、道光九年（1829年）、道光十八年（1838年）曾三次失火而三次重建，其中前两次损失比较轻，最后一次则"一焚如洗"。据现存碑文记载，如今的瓦城观音寺在道光十八年（1838年）开始重修，至道光二十六年（1846年）才告竣工。

　　彼时地狭人稀，屋宇简略。自道光十八年以来，商业日盛，遂由吾滇先辈侨贤倡议扩建，筹募基金，抽收当地丝棉公帮及由新街抽收骡马驮捐，首向缅王要得寺后空地扩充范围，继由国内雇请木石塑画匠役，乃鸠工庀材，于道光十八年兴工重建，至道光廿年庚子三月竖观音殿，同年仲秋竖关圣殿，至道光廿六年（公元1846）全寺竣工，历时八载有余，耗资（二元改银）九百零七砒六元一甲七分，定名曰观音寺，实则为滇商集会之云南同乡会所也。②

据碑文记载可见，瓦城观音寺是滇籍华侨群策群力的结果，其重修资金来源于滇籍华侨的丝棉业和马队商业，工匠与建材也来自国内，寺庙用地则得到了缅甸统治者的首肯。观音寺内不仅有观音殿，而且有关圣殿，这两位神祇是滇籍华侨的主要崇拜对象。更重要的是，瓦城观音寺不仅仅是一座寺庙，更是滇籍侨商的集会场所，发挥了类似于后来同乡会馆的作用。

---

　　① 陈孺性：《〈缅甸华侨史略〉节录》，转引自德宏州志编委办公室编：《德宏史志资料》（第三集），1985年版，第88页。
　　② 《洞缪观音寺修葺始末记》，《广东华侨史》编修工程缅甸调研团队录自缅甸曼德勒，2013年。

东南亚华侨史丛书

八莫关帝庙的外景与阿摩罗补罗的观音寺相差不多,约始建于嘉庆十一年(1806年)。据说,在1806年至1850年间,只完成了关圣殿与观音殿,其余如火神殿、二郎神殿、朱衣阁、武侯阁等,均为咸丰至光绪二十四年(1898年)所建筑。当时,中缅边境的华侨商贩以忠义为团结的信条,一切交易皆在关帝庙举行。庙内还曾设有私塾。遗憾的是,这座关帝庙在第二次世界大战期间盟军反攻时毁于炮火,后来又重建,但历史建筑已化为灰烬。重建该庙时,在瓦砾中挖掘一大块匾额,上题"浩气常伸"四字,为道光二十五年(1845年)松柏山信义会所敬奉,这大概是现存唯一的原八莫关帝庙文物。

瓦城观音寺和八莫关帝庙均是滇籍华侨的庙宇。另外,上缅甸还曾经有过两座滇籍华侨的重要建筑:一为孟拱的关帝庙,一为原瓦城云南会馆。可惜二者均于战时被毁,孟拱关帝庙今已重建。① 清中期滇籍华侨庙宇的先后出现,充分反映了当时滇籍华侨在缅甸北部和中部政治中心的贸易规模之大、经济力量之盛,这些庙宇也承担起了华侨会馆的功能,发挥着联络侨胞、同舟共济的作用。

总体而言,清代中前期的政治、经济因素促使缅甸华侨数量迅速增长,缅甸北部八莫、中部曼德勒、南部仰光和土瓦等地均形成华侨聚居地。这些缅甸华侨聚居地呈现出一些明确的特点:①同一聚居地的华侨来源以同一籍贯为主;②华侨职业以从事商贸活动为主;③华侨在生活上与缅甸当地女性通婚、繁衍;④华侨日常事务常推举侨领自治;⑤华侨开始集体修建宗教崇拜场所。这些特征标志着以血缘、地缘、业缘、神缘等多重纽带维系的缅甸华侨社会正在初步形成。

---

① 陈孺性:《〈缅甸华侨史略〉节录》,转引自德宏州志编委办公室编:《德宏史志资料》(第三集),1985年版,第88~89页。

第三章　英缅战争期间的
缅甸华侨（1824—1886 年）

第一节　三次英缅战争的背景和影响

18 世纪末 19 世纪初，英国在印度、槟榔屿和新加坡巩固殖民统治后，开始积极与法国竞争中南半岛的势力范围。缅甸自然资源丰富，且地扼中国、印度、中南半岛相交之处，战略价值突出。对于英国来说，占领缅甸，还可以将英属印度和马来亚的殖民地相连，强化英国在东南亚的影响力。从 1824 年到 1886 年，英国先后发动了三次英缅战争，逐步蚕食缅甸，最终将其变为英属殖民地。

第一次英缅战争结束后，双方于 1826 年 2 月签订《杨达波条约》，英国侵占了印缅边境的阿萨姆、曼尼普尔地区，使英属印度领土向东推进，与缅甸相接，同时侵占了缅甸西南部的阿拉干地区和东南端的丹那沙林地区。1852 年，英国发动第二次英缅战争，强行占领了包括仰光、卑谬等地的勃固地区。从此，缅甸形成两个对峙的政治实体：一个是以仰光为首府的英国殖民地政权，即"下缅甸"；另一个是以曼德勒为京城的缅甸雍籍牙王朝，即"上缅甸"。上、下缅甸之间的分界线，即大致位于阿拉干北部经德耶谬和东吁稍北一带。"上缅甸""下缅甸"自此逐渐成为缅甸的一种地理区域划分方法。1885 年，英国又发动第

三次英缅战争，迅速占领缅甸都城曼德勒，废黜雍籍牙王朝的末代统治者锡袍王。1886年1月，英国宣布对整个缅甸进行统治，将其变成英属印度的一个省。

在三次英缅战争的半个多世纪间，清缅朝贡关系尚未断绝，传统的中缅民间贸易模式除遭受过一些短暂冲击外，整体上还在继续向前发展。同时，英国的殖民政策刺激着缅甸对商业利润和劳动力的需求，给缅甸华侨经济增添了新的变量，并迅速促进了下缅甸沿海地区的开发。政治和经济多重因素的作用，促使缅甸华侨社会日趋扩大和成熟。

自1824年第一次英缅战争后，英国东印度公司多次派遣使节访问缅甸。这些英国使节或是向缅甸宫廷谈判索取商业利益，或是考察缅甸风土民情，甚或窥探缅甸北部和中国西南地区的情报。其中，不少英国使节都注意到缅甸境内的华侨贸易活动。同时，随着英国势力不断向缅甸北部扩张，威胁中国西南地区，清朝的一些有识之士也开始观察缅甸形势，思考滇缅防务，留下了关于中缅关系和缅甸华侨的直观记录。

英国在亚洲进行殖民侵略的首要动力，是追求商业利润。中缅之间的贸易规模和利润空间，引起了英国的关注。英国所追求的，不仅是利用华侨发展缅甸经济，更是希望直接插手和接管中缅贸易，牟取利润最大化。1886年，《中英缅甸条约》签订后，英国的目的终于得以实现。自19世纪晚期起，以互通有无为主要特征的传统贩运贸易逐渐盛极而衰，缅甸的华侨经济开始被卷入近代资本主义的经济体系。

第二节　滇缅贸易由盛转衰

在19世纪初，即第一次英缅战争前后，滇缅之间的边境贸易以八莫为中心持续发展，正处于史上最兴盛的阶段。在滇缅贸易的带动下，位于缅甸中部曼德勒附近的都城阿摩罗补罗、阿瓦一带吸引了大量滇籍侨商和其他各籍华侨涌入。然而，自19世纪中期起，中缅政局的变动和英国资本的入侵，使滇缅贸易开始受到影响。

清代华侨习惯上称八莫为蛮幕、新街等。道光年间任职于腾越的彭崧毓记载称："蛮幕即新街，为中外互市之处，距腾越边界最近"①。同治十年（1871年），曾在腾越效力的王芝经缅甸前往英国首都伦敦，用日记形式记述沿途经历，写成《海客日谭》一书，其中尤其对缅甸情形详加访查，"以补职方风土所未备"。王芝记载，新街"今为滇缅商贾所聚"。王芝抵达新街时，下榻于"关汉寿行台"，即关帝庙，并有腾越人送酒款待。据王芝观察，新街已形成明显的滇籍华侨聚居地，且有关汉寿行台和诸葛祠两处信仰场所，兼具滇籍华侨会馆功能：

> 新街有汉人街，屋制略如中国，瓦屋亦间有之。滇人居此者约千余，腾越人居其九，以关汉寿行台为会馆。楼台廊阁壮丽，如中国制。其余缅人之居，则皆竹寮板屋，似楼非楼，空其下三尺许，殊草草不成观也。
>
> 新街有诸葛祠，壮丽少亚关汉寿行台。祠象露冕仗剑指南而立，相传武乡侯欲取阿瓦而阻于野人山，是以遗恨。露冕仗剑者，营中南顾象也，自永昌以南，象武乡侯皆如是。关汉寿行台后堂祠武乡侯亦如是，相传者或亦有征与。②

---

① 彭崧毓：《缅述》，《丛书集成》初编本，转引自余定邦、黄重言编：《中国古籍中有关缅甸资料汇编》（下册），北京：中华书局，2002年版，第1184页。

② 王芝：《海客日谭》，卷一，光绪丙子石城刊本，转引自余定邦、黄重言编：《中国古籍中有关缅甸资料汇编》（下册），北京：中华书局，2002年版，第1219～1220页。

东南亚华侨史丛书

光绪四年（1878年），江西贡生黄懋材受四川总督丁宝桢派遣，游历印度，途经缅甸。黄懋材自北向南，水陆兼程，一路上考察缅甸政治经济和风土民情，并不断看到华侨的聚居地。黄懋材对八莫的记载，与王芝相似。黄懋材抵达八莫外围时，见"河干有汉人街，二三十家，俱腾越人为寄屯货物之所"。在新街，黄懋材宿于关庙，见当地"水陆交通，商货云集"，有缅甸官员及英国领事，亦有华侨商人。"惟汉人街颇有瓦屋，滇人居此者四五十家，而往来商旅常有数百人，建关神庙为会馆。回廊戏台，规模宏敞。"①

1827年，约翰·克劳福德奉英属东印度公司派遣出使阿瓦，其日志中也多次记录缅甸华侨的活动。克劳福德称，八莫是中缅边境地带的主要贸易城市，其常住居民中有很多来自云南的中国人。这里的贸易主要掌控在中国人手里，由居住在缅甸境内的中国人跟他们在中国境内的合伙人共同完成。滇缅贸易最盛大的集市设于八莫，少数商人长途跋涉前往阿瓦。②

八莫毗邻云南腾越，很多云南商人频繁穿梭于滇缅边境两侧，并不需要长期定居于八莫来开展双边贸易，因此八莫的华侨数量不算很多。按照王芝和黄懋材估算，19世纪下半期的八莫滇籍华侨数量有千人左右。

除八莫外，云南商队进入缅甸进行长途贩运贸易，主要以缅甸首都阿瓦一带为集散地。据克劳福德观察，云南与缅甸之间的贸易规模可观，其主要市场是在八莫及缅甸都城一带，更精确地

---

① 黄懋材：《西辅日记》，《小方壶斋舆地丛钞》第十帙，转引自余定邦、黄重言编：《中国古籍中有关缅甸资料汇编》（下册），北京：中华书局，2002年版，第1198~1199页。

② John Crawfurd, Journal of an Embassy from the Governor-general of India to the Court of Ava, in the Year 1827, London, 1829, pp. 436, 462.

第三章 英缅战争期间的缅甸华侨（1824—1886 年）

说是阿瓦东北六英里处一个叫"眉地"的地方。这里的贸易比起中俄之间的边境贸易所受限制较少，但也不是全年持续，而是一年一度。中国的商队完全由中国人构成，通常在十二月初抵达阿瓦，据说从云南到阿瓦要走六个星期。商队的行程之所以存在这样的阶段性特点，是因为他们必须在十月中旬雨季结束后，才能从中国动身。商队的行程无须走水路，货物也不需要用车辆运输，而是全靠马、驴和骡子。

克劳福德见到，从云南运到阿瓦的货物以生丝为最大宗，另外还包括铜、雌黄、水银、朱砂、铁锅、铜线、锡、铅、明矾、银、金、陶器、漆、地毯、大黄、茶叶、蜂蜜、天鹅绒及其他绸缎、酒精、麝香、铜绿、干果、纸张、扇子、雨伞、鞋、服装，还有少数动物。铜是缅甸进口的主要金属冶炼物，尽管有时需要再次冶炼，因为中国法律禁止出口未经冶炼的金属。雌黄据说产自云南矿场，品质一流，一部分将再从仰光出口到加尔各答，然后转销到西亚和欧洲。茶叶大致产于云南一带，是一种粗糙的红茶，品质不低，做成蛋糕的形状，居住在缅甸的中国人和有足够消费能力的缅甸人都喝这种茶。生丝是缅甸最大宗的进口物品，生丝织造成的布匹，被广泛使用于缅甸各个阶层。这种生丝质量粗糙，并因长途运输有所损坏。据称，缅甸每年进口生丝 27 000 包，每包售价 30 铢（tical），这一总价相当于 81 000 英镑。商队进口到中国的物品包括棉花、装饰用的羽毛、燕窝、象牙、犀角、鹿角、蓝宝石、蛇纹石和少量英国的毛纺品。原棉是最大宗的输入品，数量据说最少有 20 000 包，每包 100 非斯（viss）①，即每包 359 磅②，共 7 180 000 磅，最多有 57 000 包，即 20 463 000 磅，平均数量大概是 13 821 500 磅。这些原棉的质

---

① 非斯（viss），缅甸质量单位，1 非斯约等于 1.63 千克。
② 1 磅约等于 0.45 千克。

量分为三四等，据中国商人说，平均价格是每千非斯 400 铢，那这些棉花将价值约 228 000 英镑。据说滇缅进出口贸易的总额为 400 万～700 万铢，即 400 000～700 000 英镑，其中，据估计，丝、棉两大宗贸易占了其中 309 000 英镑。①

1830 年到 1832 年，亨利·伯尼奉英属东印度公司派遣出使阿瓦。1831 年 1 月，伯尼听说有中国商队抵达，便在一个广东人的陪同下前往商队驻所察看。商队停在距阿瓦约 13 英里的一个叫"眉地"的村庄，伯尼乘船前往，途中见到有大货船将棉花分装到小船后运输到该村庄，还有很多商队在缅甸海关清理货物。商队首领告诉伯尼，商队拥有 1 000 匹马和驴，从云南的腾越用了十二天来到此地。首领会讲缅语，队中还有个中国人记录下所有销售情况。伯尼看到商队贩运了多种商品来到缅甸，有铅、鸦片、火腿、蜂蜜、珍珠、橘子罐头、荔枝、核桃、板栗和其他干果，而贩回中国的主要是大量棉花。伯尼认为，应该可以吸引这些腾越的中国商人前往毛淡棉。②

曼德勒地区距离云南较远，滇缅贸易在阿摩罗补罗、阿瓦一带的兴盛，带动了此地滇籍华侨聚居地的形成。彭崧毓称"内地之商于彼者，自成聚落，曰汉人街"③。王芝抵达曼德勒时，有腾越人黄柱臣等迎接。王芝先在滇籍华侨修葺的金多眼财神祠驻足，随"中华人士"赏花，又在滇籍华侨建造的观音寺接受

---

① John Crawfurd, Journal of an Embassy from the Governor-general of India to the Court of Ava, in the Year 1827, London, 1829, pp. 436～438.

② Henry Burney, The Journal of Henry Burney in the Capital of Burma, 1830 - 1832, The University of Auckland, New Zealand Asian Institute, 1995, pp. 90～91.

③ 彭崧毓：《缅述》，《丛书集成》初编本，转引自余定邦、黄重言编：《中国古籍中有关缅甸资料汇编》（下册），北京：中华书局，2002 年版，第 1185 页。

腾越人士的公宴，然后才进入阿摩罗补罗，住在和顺玉行。据王芝观察，金多眼是"商船丛泊处"，观音寺"寺制宏丽壮雅逾他种，循汉制也"，阿摩罗补罗城"在金多眼东三十里，滇人居此者四千余家"。其中，云南腾越和顺乡李氏不仅在缅甸经营和顺玉行，还回云南组织团练，"常运玉及棉花归资团练"，即以商养军，以军护商，带有一定自给自治性质。因此王芝指出："和顺玉行，关系腾越甚重。"① 黄懋材也记载，阿瓦"又东数里曰安拉普那城，滇人居此者三千余家"②。克劳福德听说，居住在缅甸都城的中国人数量大概是 3 200 人，其中阿摩罗补罗有 3 000 人，实皆和阿瓦一带有 200 人。他们绝大部分来自云南省，都是商人，阿瓦的云南人中没有一人是劳工或工匠。③

按照王芝、黄懋材估算，阿摩罗补罗的滇籍华侨有三四千家，如果按一家四口人计算，则华侨总数应该有万余人。但是，考虑到缅甸华侨多娶当地女性为妻，如果不考虑土生华侨，则定居在阿摩罗补罗的滇籍华侨应该是三四千人，这与克劳福德的记载基本吻合。

清代缅甸华侨的分布格局，延续着明代出现的南北绝对集中、各地相对分散的特点，即缅北以滇籍华侨为主，缅南以闽粤籍华侨为主，同时各地散居着不同籍贯的华侨。除了八莫、曼德勒、仰光等主要华侨聚居地外，克劳福德指出，缅甸境内其他开

---

① 王芝：《海客日谭》，卷二，光绪丙子石城刊本，转引自余定邦、黄重言编：《中国古籍中有关缅甸资料汇编》（下册），北京：中华书局，2002 年版，第 1226~1228 页。

② 黄懋材：《西輶日记》，《小方壶斋舆地丛钞》第十帙，转引自余定邦、黄重言编：《中国古籍中有关缅甸资料汇编》（下册），北京：中华书局，2002 年版，第 1202 页。

③ John Crawfurd, Journal of an Embassy from the Governor-general of India to the Court of Ava, in the Year 1827, London, 1829, pp. 471~472.

东南亚华侨史丛书

展贸易的城镇中,也会有少量中国人,还有一些中国人在阿瓦一带从事银矿工作。① 1826年,克劳福德沿伊洛瓦底江航行时,在勃固边境的东侧江岸发现"德由缪",即中国城,在接近伊洛瓦底江与钦敦江汇合点时,又发现距东岸两英里处有"德由缪"。②

  位于缅甸中部的阿瓦、阿摩罗补罗一带,集中反映了华侨借助陆路和江路在缅甸境内南北之间流动的现象。王芝在阿摩罗补罗见到的华侨除以滇人为主外,还有"闽、广人百余家,川人才五家"③,即阿摩罗补罗的闽粤华侨有数百人,四川华侨有数十人。克劳福德和伯尼均记载阿瓦有广东人活动。克劳福德记载,缅甸首都有一些来自广东省的中国人,他们借道仰光,随欧洲人来到这里。这些广东人是工匠,技艺高超,其中一个木工一个月能在首都挣15铢,而缅甸人只能勉强挣到三分之一的金额,即大概5铢。④ 1826年10月,克劳福德经水路从仰光抵达阿瓦,当天傍晚就有两名广州籍的中国人上船找他,表示愿意做他的供应商和中介人。这两名广州人能说英语,曾多次航行到英格兰、英国在印度的主要殖民地和欧洲人在马来群岛的港口。克劳福德接受了他们的服务。对于这种现象,克劳福德指出,东方到处都有这些勤劳的人,只要有他们施展劳动价值的空间,他们就比当

---

  ① John Crawfurd, Journal of an Embassy from the Governor-general of India to the Court of Ava, in the Year 1827, London, 1829, p. 471.

  ② John Crawfurd, "Journal of the 1826 – 1827 Embassy", SOAS Bulletin of Burma Research, Vol. 3, No. 2, Autumn 2005, pp. 662, 702, 928. 这是英国远东学院整理的克劳福德出使记录中的所有日记。

  ③ 王芝:《海客日谭》,卷二,光绪丙子石城刊本,转引自余定邦、黄重言编:《中国古籍中有关缅甸资料汇编》(下册),北京:中华书局,2002年版,第1227页。

  ④ John Crawfurd, Journal of an Embassy from the Governor-general of India to the Court of Ava, in the Year 1827, London, 1829, p. 472.

第三章 英缅战争期间的缅甸华侨（1824—1886 年）

地人表现得更出色，首都阿瓦中就住着不少这种人，其中有些来自中国的某些地方。①

1854 年，缅甸宫廷宣布，实施棉花专卖政策。在此之前，经营棉花的华商，时常在棉花尚未收获之前，贷款给缅甸棉农，他们则以实物偿还贷款。棉花专卖政策颁布后，贷款完全由缅甸宫廷发放。缅甸宫廷从棉农处购进棉花的价格，每一百缅斤②为二十铍③银，但以每一百缅斤四十五至五十五铍银的价格转售与华商，每担④净赚二十五至三十五铍银（一铍约等于 5.84 盎司⑤）。华商从缅甸棉农收购价格究竟是多少，则无记录可查。缅甸宫廷实施棉花专卖政策，对经营棉花的华商产生了负面影响。1855 年，奉命出使上缅甸的英国人亨利·玉尔上尉在其撰写的《出使阿瓦记》中称："棉花专卖政策实施后，中国商人受到极大的损失。"但是，缅甸宫廷的这个专卖法令在掸邦各地无法实施，所以华商仍可在掸邦收购价格比较低廉的棉花。

比起棉花专卖政策，对华商影响更大的是 1855 年开始的云南大理杜文秀起义。大理的战事，直接妨碍了滇缅商业通道，来自仰光的广东杂货、英国洋货等乘虚而入。例如，几个世纪以来一直从云南输入缅甸的针线，此时亦来自下缅甸的英国商业公司，英国的针、线、棉质手帕、丝质手帕与布匹等，开始充斥于上缅甸市场。这一时期，下缅甸的闽粤华侨随着英国的鼓励政策

---

① John Crawfurd, "Journal of the 1826–1827 Embassy", SOAS Bulletin of Burma Research, Vol. 3, No. 2, Autumn 2005, p. 717.
② 缅斤，缅甸质量单位，1 缅斤约等于 1.6 千克。
③ 铍，史料原文如此。
④ 担，市制质量单位，1 担等于 50 千克。
⑤ 盎司，既是质量单位，又是容量单位。

日趋增加,其中不少人逐渐向上缅甸扩散。① 可见,在英国资本正在全球扩张的时代,缅甸的棉花专卖政策和云南的杜文秀起事,打击了传统的中缅陆路商队贸易,使英国资本有机可乘,扩大了对上缅甸市场的占有率。

在海港贸易日趋兴盛的时代,中缅之间的玉石贸易也开始呈现新面貌。传统的中缅玉石贸易者基本是经云南的陆路往返。大约自1861年以后,玉石商人开始改换路线,直接经海路抵达仰光,再北上曼德勒,将玉石运回广州琢磨。粤帮玉石商人在曼德勒(瓦城)建有一所会馆,会馆中堂有镌刻"会馆"两个大字的石碑。该馆后于战时被炸毁,遗留下来的地产,据说被捐赠给了瓦城华侨中学。②

第三节 海上贸易继续发展

正当英国积极在缅甸扩张势力范围时,闽粤籍华侨主导的海上帆船继续在中国、缅甸和其他南洋国家之间穿梭贸易,并在一定时期内受到下缅甸英国资本主义经济的刺激,成为英国商品的扩散销售载体。

中国帆船从中国或海峡殖民地运载到缅甸的物品包括中国的丝绸、细布、瓷器、茶叶等,有时还从中国、马来亚运载少量的金,或从马来亚、印尼各港口购入槟榔及其他土产。帆船返回中国或海峡殖民地等地时,则运载虫胶、儿茶、鱼胶、燕窝等物品,后来还运载大米至马来亚和中国。

---

① 陈孺性:《〈缅甸华侨史略〉节录》,转引自德宏州志编委办公室编:《德宏史志资料》(第三集),1985年版,第87页。

② 陈孺性:《〈缅甸华侨史略〉节录》,转引自德宏州志编委办公室编:《德宏史志资料》(第三集),1985年版,第88页。

清代粤帮的帆船大都冠有"广"字，如咸丰、同治年间的知名商船有广悦兴船、广和兴船、广悦和船、广衡昌船、广连昌船、广源船等，此外尚有二合公司船、万利兴船、永义成船、陈振顺船、义合源丰船、万财利船、万兴利船、来锦船、利源船、沈义合船、万万船、成丰船等。闽帮的帆船，则多冠有"金"字。按惯例，闽帮帆船的船头多漆为青色，粤帮帆船的船头则多漆为红色，所以又有"青头船""红头船"的称呼，这两个称呼，也成为闽粤籍华侨扬帆海外、开拓进取的代名词。

据缅甸华裔学者陈孺性统计，在咸丰、同治年间，常有下列中国帆船停泊于仰光江面：

呷舟：许永占、金棉瑞、金振成。（"呷"指"马六甲"。）

厦舟：叶文澜。（"厦"指"厦门"。）

屿舟：金荣源、丰胜船、翼丰船、绵顺利、金和发、颜元成、振丰船、金衣啰、怡发船、金利捷、金德盛、鼎丰船、金德顺、金源发、金协成、勿力颂芝。（"屿"指"槟榔屿"。）

叻舟：陈金星、陈金钟、杨广昌、蔡福元、蔡福美、洋顺船、金协德、金裕盛、金福泰、金长发、美利船、道利船、振成船、谁立船、金丰发、金庆瑞、杨广源、金源隆。（"叻"指"石叻"，即"新加坡"。）

旧舟：隆源西弼。（"旧"指"旧港"。）

垄舟：金顺成、金成兴、金绵盛。（"垄"指"三宝垄"。）

吧舟：金庆隆。（"吧"指"吧城"。）

仰舟：金万发。（"仰"指"仰光"。）

土舟：金顺发、金广发、金福盛、金福发、金德源。（"土"指"土瓦"。）

棉舟：合丰船、金福盛。（"棉"指"毛淡棉"。）

东南亚华侨史丛书

咾舟：金顺发、金和顺。("咾"指"丹老"。)

启航地未能查证的帆船：和发利、金德胜、翼丰船、金振德、金荣利、金振利、金德兴、长茂号舟、顺美号舟、金源泰、金义成、金瑞兴等。

在咸丰十一年（1861年），停泊在仰光江岸的中国帆船，往往行驶于仰光与下列港口之间：

（一）厦门（Amoy）；

（二）香港（Hong Kong）；

（三）澳门（Macao）；

（四）马六甲（Malacca）；

（五）槟榔屿（Penang）；

（六）新加坡（Singapore）；

（七）旧港（巨港）（Palempang）；

（八）三宝垄（Samarang）；

（九）吧城（Batavia）；

（十）毛淡棉（Moulmein）；

（十一）土瓦（Tavoy）；

（十二）丹老（Mergui）。

清代中国帆船的吨位大多在五十吨以下。按照当时的缅甸海港条例，这些帆船都受到豁免各项赋税的优待，这就鼓励了更多的华侨帆船来缅。为此，英国东印度公司在1826年派遣克劳福德与缅甸签订条约时，也要求英国商船享受同等待遇，这一要求获得缅方允准，写入了1826年的英缅条约。

在19世纪末，南洋华侨帆船业仍然非常发达，仰光广东观音古庙和福建庆福宫的修建，有赖当时船户的支持，如庆福宫的创建碑文有云："招集坡长义士及四方船户赞勷。"可见当时船户在仰光华侨社会所占的地位。后来在英国殖民时期担任考古调查局局长的缅甸土生华侨杜成浩，其父杜成孙（音译）就是经营帆船业的知名华侨之一。①

清代华侨的帆船贸易,对于促进中缅物资流通和文化交流、开发下缅甸港口做出了巨大贡献。到19世纪末,欧洲的蒸汽轮船业逐渐兴起,其远洋航行能力、安全运载能力,均较传统的帆船更胜一筹。因此,中国帆船在客运、货运方面逐渐丧失优势,东亚、东南亚的运输业在20世纪逐渐归于欧洲轮船主导。

第四节　海路华侨对下缅甸的开发和影响

自第一次英缅战争之后,英国殖民者即在占领区采取移民优惠政策,以吸引中国、印度、欧洲等地的外来人口,加速缅甸的经济开发。1827年1月,克劳福德观察下缅甸入海口一带,发现这里土地肥沃,但人烟稀少。克劳福德认为,这里在被割让给英国之前只是一块不毛之地,但这里有木材、航道和市场的优势,只要给予欧洲和中国的拓殖者补助金、永租权等优惠条件,他们很快会把这里开发成繁荣地带。②

历史发展很快印证了克劳福德的观点。三次英缅战争期间,大量闽粤籍华侨商人、工匠等涌入下缅甸,他们或是直接从家乡乘船南下,或是从英属海峡殖民地北上,下缅甸的华侨规模急剧扩张。与传统中缅帆船贸易不同的是,这一时期,大量华侨工匠开始移居缅甸,他们筚路蓝缕、白手起家,对仰光等各个下缅甸城市的开垦和建设发挥了重要作用。

仰光华侨起源自中缅之间的帆船贸易,并随英国殖民统治迅

---

① 陈孺性:《〈缅甸华侨史略〉节录》,转引自德宏州志编委办公室编:《德宏史志资料》(第三集),1985年版,第92~93页。

② John Crawfurd, "Journal of the 1826 - 1827 Embassy", SOAS Bulletin of Burma Research, Vol. 3, No. 2, Autumn 2005, p. 957.

东南亚华侨史丛书

速增长。在19世纪初，仰光华侨最初以粤籍居多。早在道光年间，粤籍华侨已建有一座木质的观音庙。咸丰二年（1852年），粤籍华侨在缅甸最早的洪门团体——义兴馆（又称义兴公司）成立。第二次英缅战争爆发时，英军从海峡殖民地招募了不少粤籍华侨木工，随军前往仰光，从事营造工作，其中以广府、四邑人居多。第二次英缅战争结束后，英国殖民者开始建设仰光市，并分派土地令华侨坟场迁葬。粤籍华侨于1859年获得八英亩①多的墓地，即今"广东山场"，闽籍华侨于1885年获得一块6.6英亩的墓地。1871年，王芝泊于漾贡（即仰光），见其贸易繁盛："广东、福建通商者数万人，浙江、云南商人亦间有之。"其中，英国在仰光实行烟酒专卖制度，让广东人承包烟廊、酒廊，然后坐收渔利："漾贡有和兴烟廊，总榷雅片烟之利，凡吸烟者，必沽之廊，否则厚罚之。廊烟以数十种计。又有酒廊榷酒利。二廊皆英吉利设，广东人承领之，而岁归廊纲二十四万。"②黄懋材在仰光也见到闽粤华侨众多，兼有少量滇籍华侨："此处闽广之人虽多，然鸠舌难通，犹幸腾越之人可以翻话。""闽、粤两省商于此者不下万人，滇人仅有十余家。然未见中土女人，皆纳缅妇为室也。"③ 可见，第二次英缅战争后，仰光侨商估计已过万人，并常在当地通婚成家。英国殖民者招徕华商、华工，本意只在于攫取利润而已，但客观上促进了下缅甸的开发。

仰光的闽籍华侨中，有相当一部分来自英属海峡殖民地。在

---

① 1英亩约等于4 047平方米。

② 王芝：《海客日谭》，卷三，光绪丙子石城刊本，转引自余定邦、黄重言编：《中国古籍中有关缅甸资料汇编》（下册），北京：中华书局，2002年版，第1245~1247页。

③ 黄懋材：《西輶日记》，《小方壶斋舆地丛钞》第十帙，转引自余定邦、黄重言编：《中国古籍中有关缅甸资料汇编》（下册），北京：中华书局，2002年版，第1206页。

第三章 英缅战争期间的缅甸华侨（1824—1886年）

第一次英缅战争时期，英军占领仰光后给养匮乏，停滞不前达六个月之久。于是，槟榔屿的华侨用帆船运载面包、茶叶、白糖、猪肉、鸡鸭、蔬菜等物源源不断地供应。其中猪肉及腊肠的需求最多，猪肉市场尤见兴旺。第二次英缅战争后，勃固区、阿拉干及丹那沙林均已成为英国殖民地，更多的华侨遂从英属海峡殖民地移入。至19世纪末，因闽籍华侨不断自英属海峡殖民地转赴仰光，遂在数量上逐渐反超粤籍华侨。1864年，闽籍华侨在仰光建立起庆福宫。仰光尤其接近槟榔屿，故一些闽粤籍华侨社团，如广东公司（前称"广东籍汀州会馆"）、义兴公司、建德堂等，均与槟榔屿有一定渊源关系。①

除仰光之外，英国还着力发展毗邻马达班湾的丹那沙林地区。在19世纪中期，丹那沙林地区各地外来人口统计结果如表3-1所示。

表3-1 1855—1856年丹那沙林地区主要城市外来人口统计表

单位：人

外来人口	毛淡棉及附近地区	土瓦	丹老（墨吉）	总计
欧洲人	28	61	195	284
中国人	539	1 204	955	2 518
马来人	1 592	76	1 340	3 008
印度人	4	680	1 699	2 383

资料来源：Christopher Thachell Winter, Six Months in British Burmah; or, India beyond the Ganges in 1857. London: R. Bentley, 1858, p. 37. 转引自肖彩雅：《19世纪初至20世纪初缅甸华侨社会的变迁》，厦门大学硕士学位论文，2009年，第65页。注：表中"中国人"行个别数据存疑，本书遵照原文引用。

---

① 陈孺性：《〈缅甸华侨史略〉节录》，转引自德宏州志编委办公室编：《德宏史志资料》（第三集），1985年版，第94~95页。

东南亚华侨史丛书

据表3-1可见,在第二次英缅战争刚结束时,丹那沙林地区的华侨人口总量与马来人、印度人总量相去不远,华侨数量仅在土瓦占有一定优势。在英国建立起殖民统治后,毛淡棉的华侨数量相应增长,尤以粤侨为主。1836年,毛淡棉约有华侨500人,到1856年也仍是这个规模,至1872年则显著增长到1 484人。毛淡棉最早的华侨社团"广东公司"创建于同治十二年(1873年)。黄懋材在毛淡棉也见到了华侨的增长和传教士在华侨中的活动:"其海口通商之地曰摸儿缅(按:即毛淡棉),亦繁庶之区,多闽广人居此。""并有教士数人,或能通华文、华语,或兼谙野人之话,往往单骑往来于群山万壑之中,其用意可想矣。"①

丹老、土瓦也在英国殖民者到来后迅速发展。丹老有一座天后宫,据推测建于1838年。19世纪丹老和土瓦的锡矿矿工几乎都是粤籍华侨,且多为广东香山人,闽籍华侨则多经营帆船业。丹老曾建有广肇会馆,可知此地广府与肇庆府的华侨众多。

勃生华侨的出现时间大约与仰光华侨同时。英缅战争期间,英军曾征募勃生的华侨赶制弹药。第二次英缅战争结束后,包括勃生在内的勃固区成为英属缅甸殖民地,大批华工因建设的需要抵达勃生。最初勃生的华侨亦以粤籍华侨占多数,咸丰五年(1855年)粤籍华侨率先在勃生河岸创建了一所"三圣宫"。在咸丰、同治年间,粤籍华侨将勃生称作"北都",当时勃生以梅姓人丁最盛,所以有"北部梅"之称。

自从英国占领仰光之后,海路华侨大都先乘船抵达仰光,然后转赴缅南各地。在1862年,兴实塔(兴实达)与第一谬(德

---

① 黄懋材:《西辖日记》,《小方壶斋舆地丛钞》第十帙,转引自余定邦、黄重言编:《中国古籍中有关缅甸资料汇编》(下册),北京:中华书局,2002年版,第1207页。

耶谬）已有粤侨木工，而第一谬在1885年时仍为英属缅甸殖民地与缅甸王国交界之处，可见英缅战争时期的海路华侨分布范围之广。除闽粤籍华侨之外，其他各籍华侨也陆续从缅甸王国南下到仰光一带。①

除了缅甸南部的沿海地区外，缅甸西南部的阿拉干地区也有华侨参与贸易，据黄懋材在1878年记载，若开和吉大港"有陆路可通孟加拉，二埠俱有华人在此贸易。二十年来，英人广为招徕，建造洋楼，渐见繁盛"②。

自19世纪中期起，英国殖民者开始大力开发下缅甸，其统治政策不断吸引闽、粤华侨大规模移居下缅甸，这直接改变了千百年来传统缅甸的经济发展模式和缅甸华侨的基本分布格局。

首先，缅甸的经济重心开始南移。在19世纪中期以前，虽然中缅海上贸易也在不断发展，但整体而言，缅甸王朝统治的重心主要位于阿瓦、阿摩罗补罗等上缅甸地带，滇缅陆路贸易的规模更大、影响更深，上缅甸的八莫、阿摩罗补罗是缅甸的最主要的商贸中心。相比之下，下缅甸仰光等地的繁荣程度难以望其项背。但是，自从19世纪中期以后，英国殖民者着力将以仰光为核心的下缅甸地区打造成缅甸殖民统治的政治和商贸中心，积极招徕华商、华工及其他外籍人口，这一方面促使中国与缅甸等东南亚各地的帆船贸易规模持续增长，另一方面促使海路华侨越来越多地定居和开垦下缅甸，下缅甸的仰光、毛淡棉等港口和商埠迅速崛起，其政治地位和贸易规模逐渐赶超上缅甸，缅甸的经济

---

① 陈孺性：《〈缅甸华侨史略〉节录》，转引自德宏州志编委办公室编：《德宏史志资料》（第三集），1985年版，第96页。

② 黄懋材：《西輶日记》，《小方壶斋舆地丛钞》第十帙，转引自余定邦、黄重言主编：《中国古籍中有关缅甸资料汇编》（下册），北京：中华书局，2002年版，第1207页。

东南亚华侨史丛书

重心随之南移。

其次,缅甸华侨的分布格局和经济实力发生改变。移民路径海陆兼备、以陆为主,是传统缅甸华侨与马来半岛、印尼群岛华侨之间的显著区别。在19世纪中期以前,由于滇缅之间彼此毗邻,交通相对便捷,而中缅海上交通距离更远、风险更大,故中缅陆路贸易长盛不衰,海上贸易的规模一直不及滇缅陆路贸易。在这种形势下,主导中缅陆路贸易的滇籍缅甸华侨不仅在数量上占有绝对优势,而且常与缅甸宫廷和中国官方发生接触,政治地位优越。在19世纪中期以后,随着蒸汽轮船航海技术的发展、英国殖民者的大力招徕,经海路前往下缅甸的闽、粤籍华商和华工迅速增长,闽、粤籍华侨的经济实力持续上升,其规模和影响力逐渐与上缅甸滇籍华商分庭抗礼。因此,彭崧毓记载称:"蛮幕、漾贡,为南北两大都会。蛮幕滨江,多滇商。漾贡滨海,多粤商。皆设官,榷其税。"① 后来姚文栋也指出:"缅甸海口之埠凡三处,而仰光扼其要;沿江之埠二十二处,小者二十九处,而阿瓦与新街扼其要。海口商务,闽商主之;沿江商务,滇商主之。"② 进入20世纪以后,随着时代演进,下缅甸闽、粤籍华侨在近代资本主义经济和中缅政治运动中日益占据优势,其影响力最终反超了滇籍华侨。

再次,缅甸成为东南亚华侨第二次移民的目的地。缅甸是英国在南亚、东南亚最晚形成的殖民地。英国对缅甸的开发使英属海峡殖民地的华侨看到新的发展机遇,不少人转而移民缅甸。这

---

① 彭崧毓:《缅述》,《丛书集成》初编本,转引自余定邦、黄重言编:《中国古籍中有关缅甸资料汇编》(下册),北京:中华书局,2002年版,第1185页。

② 薛福成:《出使日记续刻》,卷一,长沙:岳麓书社,1985年版,第375页。

一历史过程,使下缅甸华侨社会不仅具有移植家乡社会、适应英国统治的特征,而且与槟榔屿等海峡殖民地的华侨社会有千丝万缕的渊源关系。

第五节 缅甸华侨的文化适应与政治地位

三次英缅战争期间,亦即清代中晚期,缅甸华侨社会恰逢从王朝时代向英国殖民统治时代过渡的阶段。此时,缅甸华侨社会在传统中缅贸易和英国殖民政策的双重刺激下,继续向前发展,逐渐趋于成熟,具有承上启下的性质。这一阶段的缅甸华侨既延续着中缅民族文化交融的传统,享有朝贡体系下华侨在缅甸的优渥待遇,又能把握住英国殖民开发的机遇,通过参与殖民者主导的贸易和建设,在英属缅甸殖民社会赢得一席之地。

清代缅甸华侨在文化上的表现,兼具传承与同化的特点。清初,个别因战乱流入缅甸的文人士绅具有明确的维系族群、传承文化的自觉性。例如,"携家避寇"进入缅甸的王朝典"自教其孙读书",即使定居缅甸,家中陈列仍然"一觞二簋间杂列瓶花水石",且收藏了不少山水帧册。[①] 然而,像王朝典这种具有文化自觉性的华侨毕竟只是极少数。在清代,绝大多数缅甸华侨以经商或务工为业,他们基本来自中国社会下层,不具备传承中华文化的自觉性。因此,缅甸华侨的文化形态,更多地呈现中缅交融特征,这种特征有利于华侨与当地人和谐共处,长期生活。

根据现存史料记载,清代缅甸华侨开始出现"两头家"现象。自古以来,赴南洋谋生的华侨多为青壮年男子,而南洋各地

---

① 王芝:《海客日谭》,卷二,光绪丙子石城刊本,转引自余定邦、黄重言编:《中国古籍中有关缅甸资料汇编》(下册),北京:中华书局,2002年版,第1229页。

从事贸易者常为女性,因此,生活和生意的双重考虑,促使南洋华侨纷纷与当地女性通婚生活,形成了国内有家、国外也有家的"两头家"现象,缅甸亦不例外。清代,缅甸华侨与缅甸本土女性通婚已成常态。黄懋材在新街看到:"贸易经营,俱妇人为之。故汉人居此者,多纳缅妇为室焉。"在仰光的华侨聚居地,黄懋材同样发现"未见中土女人,皆纳缅妇为室也"①。至迟在道光、咸丰年间,下缅甸的海路华侨就开始与当地的缅族或孟族的妇女通婚。当时,华侨常称这些外族妇女为"番氏",与"华妇"相区别。有的人的妻子是"番氏",妾是"华妇",有的人的妻子是"华妇",妾是"番氏"。也有一些华侨分不清孟族人来历,将《三国演义》内的孟获误认为缅甸人,将孟族人甚至缅族人视作孟获的后裔,所以也将当地妇女称作"孟氏"。然而,中国传统文化难以接受这些"夷妇""番婆",对此,缅甸华侨逐渐发展出一套处理家庭关系的惯例:"汉人娶缅妇,不同归。归之日,妇弃其夫去。生男归父,女归母。"② 这种子女归属处理办法,迎合了汉族文化对男性子嗣的重视,有效避免了华缅通婚家庭的纠纷。

缅甸华侨长期在当地通婚、定居,必然带来中缅风俗文化的交融现象,这既包括华侨促进中华文化的传播,也包括华侨接受缅甸习俗的熏陶。在同治、光绪年间,缅甸发迹的华侨富户,几乎全都与缅甸妇女通婚成家。其家中摆设往往是中国传统风格,

---

① 黄懋材:《西輶日记》,《小方壶斋舆地丛钞》第十帙,转引自余定邦、黄重言编:《中国古籍中有关缅甸资料汇编》(下册),北京:中华书局,2002年版,第1200页、1206页。

② 彭崧毓:《缅述》,《丛书集成》初编本,转引自余定邦、黄重言编:《中国古籍中有关缅甸资料汇编》(下册),北京:中华书局,2002年版,第1192页。

第三章 英缅战争期间的缅甸华侨（1824—1886 年）

堂中供奉祖先神龛，摆设香案，使用瓷器与茶具，逢年过节依照中国风俗习惯庆祝。同时，华侨与缅甸的宗教习惯差异不大，缅人信奉佛教，华侨大多随缅甸妻子信奉佛教，经常举行布施斋僧。于是，华缅习俗并行不悖，故华侨与缅人能和平共处，友谊深厚。① 例如，滇籍华侨商人兼云南团练首领李珍国之母是缅甸人，王芝在缅甸会见李母时，见她"虽短衣顶髻，无异缅人，而举动殊大方，以其习处于中国人久，祛涤其夷气者过半矣"。相比于李母受中国习气影响，王芝也发现不少缅甸华侨入乡随俗，接受缅甸服饰："滇人商于缅者，皆短衣跣足，且有顶髻作缅甸装束者矣。""赫赫中华人，亦竟有被其发，文其身，衣海纪，围捌叟，履起脸，其混同于缅人者。"②

清代缅甸华侨与当地族人和谐共处最明显的标志，莫过于缅甸对华侨流行的"胞波"称谓。通常认为，缅甸华侨的"胞波"称谓大约始自 18 世纪末。自从乾隆年间的清缅战争结束之后，部分清朝士兵羁留在缅甸，从事种植或其他工艺，并与当地人通婚繁衍。同时，清朝与雍籍牙王朝建立起朝贡关系，双方时常派遣使节互访，中缅官方和私人贸易日趋兴盛，常居缅甸的华侨数量不断增长。道光三年（1823 年），清朝派遣使节访问缅甸，缅甸举行了盛大的欢迎仪式，缅甸文学家为此撰写了一首有六十二节的长篇叙事诗，题为"华使莅缅记"，以志其盛。③ 从此之后，缅甸华侨与缅甸当地各民族之间的感情日趋融洽，因此，缅甸当

---

① 《华侨志》编纂委员会：《缅甸华侨志》，台北，1967 年版，第 212 页。

② 王芝：《海客日谭》，卷二，光绪丙子石城刊本，转引自余定邦、黄重言编：《中国古籍中有关缅甸资料汇编》（下册），北京：中华书局，2002 年版，第 1220 页、1235 页。

③ 陈孺性：《〈缅甸华侨史略〉节录》，转引自德宏州志编委办公室编：《德宏史志资料》（第三集），1985 年版，第 86 页。

东南亚华侨史丛书

地人不将华侨与来自欧洲等国的外国人同等看待,而是亲切地将华侨称为"胞波"(Pauk-Paw),即"同胞"之意。这个称谓浓缩体现了古代中缅之间的友好关系。直至数百年后,新中国在发展中缅外交关系时,还时常提到"胞波"情谊,陈毅副总理所作《赠缅甸友人》称:"我住江之头,君住江之尾。彼此情无限,共饮一江水。……彼此是胞波,语言多同汇。团结而互助,和平力量伟。"

按照传统的朝贡体制,清朝是缅甸的宗主国,缅甸受清朝保护,这种制度对华侨在缅甸的待遇有一定积极影响。到了清代中晚期,缅甸华侨的贸易规模不断扩大,有些华侨时常出入缅甸宫廷,服务于缅甸王室和官方贸易,因此,华侨在缅甸明显享有较高的经济和政治地位。1826年,克劳福德在访问缅甸王子的宫殿时发现,殿中尽是缅甸首领、富豪和重要的穆斯林商人及中国商人。[1] 克劳福德还提到,王后的兄长征收中国人贸易总额百分之一的税,王后也从中分取税收,因而王后及其兄长拥有不菲的收入。[2] 1871年,王芝抵达缅甸首都,受到缅甸国王和王室成员的隆重款待。王芝发现,缅甸国王有一花园名为"德由午阴",是汉人工匠所建造的花园,缅甸官员中也有"德由蕴岛",即专门负责管理中国商民事务的官员。[3] 这都反映了华侨对缅甸王室的影响和缅甸对华侨事务的重视。

种种迹象表明,缅甸华侨在司法上也享有不同于当地民众的

---

[1] John Crawfurd, "Journal of the 1826 – 1827 Embassy", SOAS Bulletin of Burma Research, Vol. 3, No. 2, Autumn 2005, p. 773.

[2] John Crawfurd, "Journal of the 1826 – 1827 Embassy", SOAS Bulletin of Burma Research, Vol. 3, No. 2, Autumn 2005, p. 780.

[3] 王芝:《海客日谭》,卷二,光绪丙子石城刊本,转引自余定邦、黄重言编:《中国古籍中有关缅甸资料汇编》(下册),北京:中华书局,2002年版,第1228页。

优待。王芝在缅甸时,听一名叫猛普高的缅甸人叙述称:"其国禁洋烟与酒亦甚,中国人在其国者不禁。但禁不得私售与缅人。苟犯之,则执以归于腾越之有司,不敢擅加刑于中国人也。而缅人有犯烟酒禁者,则刑之至死,其执中国犯禁人归腾越也,每于中道私释之。缅王知之,亦不究。"① 道光年间任职于云南的彭崧毓也记述:"汉人与夷人讼,必与客长共听之。汉人直,则治夷人以罪;夷人直,则罚汉人以银。罚有不从,则解送内地治罪,无敢擅刑。"② 据此可知,华侨在缅甸触犯禁令或与当地人产生纠纷时,享有一定的豁免权,华侨或是受到较轻的处罚,或是被遣送回中国处置,即使在缅甸诉讼,也必须有"客长"即华侨自治首领参与处置,这类似于近代西方在中国享有的"领事裁判权",说明清朝在与缅甸等周边国家的关系中处于优势地位。③ 至于缅甸人时常私自释放被遣返的华侨,也从侧面反映了华侨在缅甸的实力、地位和华侨与缅甸人的关系融洽程度。

三次英缅战争期间,中缅贸易和华侨的整体增长趋势虽未受干扰,但居住在下缅甸的部分华侨个体不免遭受英缅战事波及,并同时被卷入建立雍籍牙王朝的缅人与下缅甸孟人之间的矛盾冲突中。1826年9月,克劳福德在勃生得知,一些早已定居当地的穆斯林商人和华侨商人欲乘船逃离英军占领,结果被英军逮

---

① 王芝:《海客日谭》,卷一,光绪丙子石城刊本,转引自余定邦、黄重言编:《中国古籍中有关缅甸资料汇编》(下册),北京:中华书局,2002年版,第1220页。

② 彭崧毓:《缅述》,《丛书集成》初编本,转引自余定邦、黄重言编:《中国古籍中有关缅甸资料汇编》(下册),北京:中华书局,2002年版,第1192页。

③ 传统观点一般认为"领事裁判权"是近代西方侵略中国的特权表现,而近年日本年轻学人川口瞳的研究显示,类似现象同样存在于晚清中国与周边国家的关系中,例如日本。

捕,后在英国专员的坚持下获得释放。① 除此之外,虽然雍籍牙王朝早已于18世纪中期将孟人逐出仰光,但缅孟之间的战争并未终结。1827年1月,即第一次英缅战争结束后不久,孟人又一次进攻仰光城,结果被击退。克劳福德恰好当时正前往仰光,他在沿伊洛瓦底江航行时,遇到一支船队,其中有不少中国人,他们看起来是去进攻孟人。克劳福德抵达仰光后,见到一些战俘,其中除了孟人外,也有一些中国人,他们被俘获者竞价拍卖。这些中国人并没有参与孟人的进攻,也没有拿起武器,他们只是因为没有从自己居住的仰光郊区随缅人撤离至仰光城内,因而被视作行径可疑。克劳福德离开仰光后,在前往勃生途中遇到一支孟人船队,他们占据了整段河流两岸。不久,克劳福德遇到一艘满载华侨及其家人的船,他们满怀忧伤,试图逃离交战的缅孟双方。这些华侨乞求克劳福德带他们前往英军占领区,得到了许可。② 对于追求稳定生活、希冀挣钱养家的华侨来说,无论英缅战争还是缅孟冲突都是一场灾难,他们难以置身事外,或被动卷入其中,或冒险选择逃离。唯一值得庆幸的是,英缅战争和缅孟冲突的延续时间不算长,交战规模也不算大,下缅甸逐渐在英国殖民者进驻后恢复平静。

英国殖民者在步步侵占缅甸的过程中,既需要仰仗华侨的物资供应、建筑技艺,也需要借助华侨的贸易网络介入市场,牟取经济利润。因此,英国殖民者对部分华侨委以经营之权。例如,通过包税制,令粤籍华侨经营烟酒业。同时,为了便于管理不同族群,英国殖民者借鉴以往经验,在占领区延续"以华治华"

---

① John Crawfurd, "Journal of the 1826–1827 Embassy", SOAS Bulletin of Burma Research, Vol. 3, No. 2, Autumn 2005, p. 653.

② John Crawfurd, "Journal of the 1826–1827 Embassy", SOAS Bulletin of Burma Research, Vol. 3, No. 2, Autumn 2005, pp. 942, 945, 951.

原则。这些措施奠定了华侨在英国殖民统治时期的商业机遇和自治空间,进一步推动了缅甸华侨社会的持续发展。

第六节 "潘泰人" 群体的形成

一、潘泰人的起源

"潘泰"(Panthay)是一个缅语词,指移居缅甸的华人穆斯林,他们大多来自云南。云南境内的穆斯林本身并不用"潘泰"来称呼自己,而是用常见的"回族""回回"等。"潘泰"一词的语源至今仍有争议,其中一种观点认为,"潘泰"与古缅语中意为穆斯林的"巴迪"(Pathi)有某种程度的联系。缅语中的"巴迪"是"帕西"(Parsi)或"法尔西"(Farsi)的讹误,在印度指穆斯林。古代缅甸人称缅甸原住民穆斯林为巴迪·古拉(Pathi-kula),用于区别华人穆斯林。因此,很多人认为"潘泰"是巴迪的一种讹误。[①]

云南穆斯林和缅甸穆斯林的起源与蒙古人的征伐有密切关系。有一种观点认为,最先在云南定居下来的可能是中唐时期的黑衣大食降兵,但此问题尚存诸多疑点。研究者通常认为,中亚裔的穆斯林在蒙古人征服中国西南和后续统治中发挥了重要作用,其代表人物是赛典赤·赡思丁乌马儿。赛典赤是一位突厥血统的六朝将领,曾参加1252年蒙古军队征服四川和云南的战争,1274至1279年任云南行省平章政事。据说,赛典赤在云南平定叛乱,安抚百姓,设立孔庙,建清真寺,创办学校,云南穆斯林公认是他将伊斯兰教传入云南的。赛典赤执掌云南政局期间,他

---

① 貌貌李:《缅甸华人穆斯林研究——曼德勒"潘泰"社群的形成》,载《南洋问题研究》,2007年第1期,第50页。

东南亚华侨史丛书

的长子纳速剌丁出任云南诸路宣慰使都元帅,并在1277—1278年亲自率领蒙古军队攻打蒲甘。据说,蒙古人三次攻打蒲甘时,军中都有穆斯林,这解释了蒲甘碑铭中经常出现"班西"(Pansi)一词的原因——研究者认为,这与"潘泰"同义。赛典赤死后,纳速剌丁继任云南平章政事,纳速剌丁的弟弟忽辛于1284年出任云南诸路转运使。在赡思丁乌马儿家族治理云南期间,大批中亚穆斯林军士被调戍到了滇西大理地区,当时此地汉族尚少,因此,到13世纪后期,云南形成了一个独特的穆斯林聚居区。同时,伊斯兰教经亚洲腹地的商贸及战争道路传入缅甸东部边境,从而出现云南穆斯林日后在中缅军事和商贸领域的专门化倾向。①

　　经过明、清两代的发展,云南境内的穆斯林不仅人口得到繁衍,而且在滇缅之间的马帮商队贸易中占据了重要地位。根据1831年柏奈的调查,当时进入缅甸的云南商人差不多全是腾越的回民。② 马帮商队是前殖民时代云南跨境贸易最典型的形式,到19世纪中期,云南马帮商人的活动范围十分宽广,从西藏东部,穿过印度阿萨姆、缅甸、泰国、老挝和越南北部,直到中国南部的四川、贵州和广西。从云南到缅甸的马帮路线比较固定,主要有云南—八莫线、云南—阿瓦(后来是曼德勒)线,和从云南经腾冲、老挝、泰国到缅甸毛淡棉和仰光的路线。云南穆斯林商贩带入缅甸的商品有鸦片、蜡、丝绸、茶叶、金属器皿、生铁、毡、成衣、核桃、蜜饯、腌肉等,带回云南的商品有原棉、琥珀、玉石和其他稀有宝石、槟榔、烟草、金箔、腌制食品、纸

---

　　① 福布斯著,姚继德译:《缅甸的滇籍穆斯林——潘泰人》,载《回族研究》,1992年第3期,第72页。

　　② 田汝康:《杜文秀使英问题辨误》,转引自田汝康:《中国帆船贸易与对外关系史论集》,杭州:浙江人民出版社,1987年版,第174页。

张、染料木、棒状紫胶、象牙、蛞蝓和燕窝等特产。原棉是缅甸皇室专卖的商品，在中国需求量很大，是中缅贸易的大宗商品。八莫水陆兼通，是中缅陆路贸易的重要转运站。一般来说，棉花先经伊洛瓦底江运到八莫，卖给中国商人，再经陆路和水路运到云南，从云南转运到中国各省。八莫—腾越—大理这条路线是中缅之间的首要商路，每年有数万骡马在这条线上往返。据估计，1885 年八莫的贸易额将近 50 万英镑。① 另外，缅甸都城阿瓦（阿摩罗补罗）也是一个重要的贸易场所。1855 年，亨利·裕尔在缅甸观察到："阿摩罗补罗以北 5 里外的美地（Made）是主要的滇缅贸易场所，是中国穆斯林商队在雨季的大本营。据说这种商队大多是由来自永昌、大理、腾越的穆斯林掌控。""被缅甸人称'巴迪'（Pathee）的人，在阿摩罗补罗人数众多，可能有 8 000~9 000 人。"云南穆斯林除了从事马帮商业外，还有少量到缅甸从事玉石和其他宝石贸易，据亨利·裕尔观察，有云南穆斯林在抹谷的玉矿周围定居。②

但是，无论是马帮商人还是玉石商人，早期云南穆斯林都没有在缅甸定居下来，他们只是"行商"，往返穿梭于滇缅之间。直到贡榜王朝晚期，才有云南穆斯林开始在缅甸都城曼德勒居住。当时，穆斯林华侨和非穆斯林华侨一起生活在曼德勒唐人街，商业竞争激化了二者之间的矛盾，导致二者发生冲突。③

---

① 貌貌李：《缅甸华人穆斯林研究——曼德勒"潘泰"社群的形成》，载《南洋问题研究》，2007 年第 1 期，第 51~52 页。

② Henry Yule, A Narrative of the Mission Sent by the Governor-general of India to the Court of Ava in 1855, with Notice of the Country, Government, and People. 转引自肖彩雅：《19 世纪初至 20 世纪初缅甸华侨社会的变迁》，厦门大学硕士学位论文，2009 年，第 74 页。

③ 貌貌李：《缅甸华人穆斯林研究——曼德勒"潘泰"社群的形成》，载《南洋问题研究》，2007 年第 1 期，第 52 页。

东南亚华侨史丛书

滇缅贸易只是云南穆斯林进入缅甸的起因之一。真正促使缅甸"潘泰人"成为一个特有群体的因素,是19世纪中后期以杜文秀为首的云南回族政权。杜文秀政权失败以后,云南穆斯林纷纷进入缅甸避难、定居,研究者一般认为,这才是缅甸"潘泰人"历史的肇端。

二、杜文秀政权与潘泰人的形成

19世纪初期,大量汉族人移居云南,给该省穆斯林及各少数民族造成了很大的人口压力。穆斯林对汉族压力的不满和满清政府的腐败无能,终于导致1855年在云南建水地区爆发了穆斯林矿工的起义。当时,清政府正处于内外交迫之中,内有太平天国起义,外有帝国主义国家侵略,这有利于云南穆斯林起义的发展。1857年,起义者占领了滇西的大理古城,首领杜文秀称号苏丹苏莱曼,以大理为都城,建立起一个穆斯林政权,史称"杜文秀政权""大理回族政权"等。1873年,该政权被清政府派军攻陷。

杜文秀政权的兴衰,对滇缅之间的贸易产生了双重影响。一方面,起义军与清军之间的战事,导致滇缅边境交通中断,秩序动乱,在一定时期内直接妨碍了滇缅贸易。例如,陈孺性认为:"在动乱期间,盗贼蜂起,蹂躏边地,商旅裹足不前,中缅贸易完全停顿,对华商确是一个致命的打击。在缅甸方面,因华商停止收购棉花,缅南缅北各地的棉田,顿成荒芜。可见'杜文秀事件'对当时缅甸的经济的影响之深。"[1]

另一方面,杜文秀政权在为期十年左右的稳定期内,对传统的滇缅贸易有所恢复和发展。杜文秀出身商人家庭,自己也是一

---

[1] 陈孺性:《〈缅甸华侨史略〉节录》,转引自德宏州志编委办公室编:《德宏史志资料》(第三集),1985年版,第87页。

名商人。杜文秀在建立大理回族政权后,除了发展农业、手工业外,还高度重视滇缅贸易,依赖传统的滇缅马帮商路,筹集维持政权所需的资金。滇缅贸易遂成为大理回族政权的一大财政收入来源。大理政权掌控两条商道,其中一条为从大理、保山、腾冲到缅甸的密支那、八莫、仰光的商道。当时滇缅商人从缅甸输入的主要是棉花、玉石等,运往云、贵、川三省,云南则向缅甸输出矿产、土特产、四川丝绸等。1868年,因清军阻挠,滇缅通商受阻,曼德勒、八莫的棉花堆积如山,影响了缅甸经济发展,缅甸当局急于恢复滇缅贸易。后来,杜文秀政权主动出击,打败清军,打通了滇缅商道。大理政权在蒙化、凤仪等地开办的石磺矿运销缅甸,换回棉花,利润丰厚。大理政权还通过汉族大商人李大新开设的"永裕号"和汉族杜大老板的马帮及其在保山、缅甸的商号,代理政权从事棉花生意。因大理政权实行奖励中缅通商的政策,入缅贸易的回、汉商人增加,在曼德勒设立了大大小小的回、汉商号。曼德勒清真寺的阿訇赛义德·阿卜杜拉是滇西大理政权的商业代表和政治代表。驻守腾越、缅宁、云州一带的回族将领为了筹措军饷,也派马帮入缅进行贸易,在曼德勒设有自己的代理商。1868年,清军将领李国珍手下的汉练王正发攻下腾越镇府时,截获的回商驮货骡马有千余头之多,可见当时滇缅通商规模之大。①

1860—1868年是杜文秀政权的鼎盛时期,其势力范围达到顶峰,控制了几个重要城市,如在滇缅贸易中占有关键地位的腾越。也正是在这一时期,缅甸敏同王特许曼德勒的穆斯林华侨单独选择一块土地居住,以避免穆斯林和非穆斯林华侨再度发生冲

---

① 马维良:《云南回族历史与文化研究》,昆明:云南大学出版社,2000年版,第235页,转引自肖彩雅:《19世纪初至20世纪初缅甸华侨社会的变迁》,厦门大学硕士学位论文,2009年,第73页。

东南亚华侨史丛书

突,这块土地即是今天的曼德勒华人穆斯林区,其范围是北到第35条街,南到第36条街,东到第79条街,西到第80条街。杜文秀政权也在这处穆斯林唐人街内开办了"元兴""元发"商号,地点位于今天的第80条街西边、第36和37条街之间,经营宝石、玉石、棉花、丝绸和其他中缅商品。敏同王还允许穆斯林华侨在这里建立一个清真寺以便做礼拜。杜文秀不仅出资协助清真寺的修建,而且派特使马麒龙前往曼德勒协助修建事务。清真寺历时两年左右建成,1868年投入使用,是曼德勒的第二个清真寺。该寺建筑式样完全是中国风格,与当地已有的一所印度穆斯林的清真寺式样完全不同。当时,缅甸的穆斯林华侨人口仍然有限,清真寺建成时,潘泰聚居区的房子不到20座,在曼德勒其他地方居住的潘泰人也只有10到20家。①

曼德勒穆斯林华侨聚居区的划定和清真寺的落成,有利于云南穆斯林商人从"行商"向"坐贾"转变,并在以后的历史发展中发挥着凝聚潘泰人族群认同的作用。曼德勒的潘泰清真寺至今依然矗立,见证着缅甸人与潘泰人之间的友谊。

1868年以后,清政府加强对杜文秀政权的围攻,杜文秀政权开始没落。1871年,清军节节推进,杜文秀政权控制的城镇接连失守,最终杜文秀本人也被围困在大理之内。1873年1月,大理被清军攻占,杜文秀被杀。

杜文秀政权存在的时期,恰是英、法殖民者对云南进行窥探和渗透的时期。杜文秀政权曾与英方商谈过通商事宜。1868年,英国人斯莱顿一行到腾越访问,掌管腾越的杜文秀政权"大司空"李国纶对其热情接待,但不提政治军事问题。有研究者认为,杜文秀政权没有与外国政府建立正式联系,还拒绝了英、法

---

① 貌貌李:《缅甸华人穆斯林研究——曼德勒"潘泰"社群的形成》,载《南洋问题研究》,2007年第1期,第55页。

探险队进入中国西南边疆进行考察的要求，客观上延迟了英、法窥探云南的计划。1871—1873 年，杜文秀在困境中曾派遣马似龙、刘道衡（即所谓"哈桑王子"）等到缅甸寻求外界援助，刘道衡被英属缅甸和印度当局辗转送往英国伦敦，但彼时杜文秀早已被杀，英国也拒绝出兵援助。①

杜文秀政权失败之后，余部的抵抗活动陆续被击溃，一些将士通过滇缅之间的马帮商路逃入缅甸北部山区。同时，云南的穆斯林，特别是原杜文秀在滇西势力范围内的穆斯林也受到清政府迫害，大量逃入缅甸居住。他们一部分滞留在掸邦山区，加入土匪，其中以南坎匪帮最为有名，以致缅甸敏同王在 1873 至 1874 年间要驱逐他们；也有一部分以经商、赶马、开矿等传统行业立足，在缅甸境内和平地居住下来，有的加入了早先定居在八莫、夜功、景栋以及亚马腊普拉和曼德勒等地的华人穆斯林社区，有的则组成新的村庄，其中最典型的是 1875 年左右在彬龙②（Panglong）形成的潘泰村。至于身处曼德勒的云南穆斯林商贾，一时滞留难回，很多人在缅甸当地娶妻生子，建立家庭。例如，杜文秀的特使马麒龙在清真寺建成后，接管杜文秀政权在曼德勒的商号。马麒龙于 1868 在"潘泰"聚居区购买地产，1873 年与缅甸女子成婚，在"潘泰"聚居区度过余生。③ 尽管清政府后来解除了对回民的禁令，大批穆斯林难民返回中国，但仍有大量潘

---

① 田汝康：《杜文秀使英问题辨误》，转引自田汝康：《中国帆船贸易与对外关系史论集》，杭州：浙江人民出版社，1987 年版，第 185～196 页。

② "彬龙"亦译作"班弄""板弄""潘龙"等。1947 年，此地因缅甸领袖昂山与山区族群代表签订《彬龙协定》而闻名，故笔者沿袭当代语言习惯，将其译作"彬龙"，并将旧译板宽、潘昆的地名译作"彬昆"。

③ 貌貌李：《缅甸华人穆斯林研究——曼德勒"潘泰"社群的形成》，载《南洋问题研究》，2007 年第 1 期，第 55 页。

泰人和避乱的难民继续居留在缅甸,在中国和缅甸之间开展贸易。1911年,一名英国《泰晤士报》记者观察后报道:"在云南回教教徒叛乱之际,数以千计的清国人涌入了缅甸上游地带。他们中有许多人在当地娶了缅甸籍的妻子,在曼德勒定居下来。在那里,他们的族群变得异常繁荣,正如在任何地方,只要在一个好政府的良好治理之下,人民都会同样繁荣昌盛一样。"①

"潘泰"一词专门用于指缅甸的云南穆斯林,即始于杜文秀政权失败之后。从1875年左右,滇缅一带的英国旅行家和外交官开始广泛使用该词。实际上,"潘泰"并非缅甸或云南穆斯林的自称,只不过该词在英国殖民统治时期被广泛使用,成为缅甸境内滇籍穆斯林群体的特有称谓,所以在英文文献中保留至今。

彬龙村号称潘泰人的"首府"。该村始建于杜文秀政权失败后的1875年,坐落于横跨萨尔温江佤邦以北的松木(Son Mu)地区,地势险要,易守难攻。彬龙村最初属于附近彬昆(Pangkawn)佤族人的领地。19世纪90年代,斯科特(Scott)访问了彬龙,对其做出如下描述:"该村位于一个海拔4 600英尺②高、四周为陡峭低山和悬崖所环绕的山谷里。住家户数正在稳步增长中,但没有人对此作过统计,各种估算的差别也很大。然而全部户数总在三百户以上。""彬龙的许多富商都到过麦加和麦地那朝过哈只。村中的池塘附近有一座清真寺。为管理好宗教事务,他们于1892年聘请了一位名叫法克尔·赛义德·穆罕默德的茂尔维(Moulvi)……经商贸易是这些居民的主要职业,但各类食品供应较为紧缺。这里四周高地环抱,除了一些灌木丛外没有树林,其外观颇像一个公园,但严重缺水,妨碍了许多作

---

① 方激编译:《帝国的回忆——〈泰晤士报〉晚清改革观察记》,重庆:重庆出版社,2014年版,第342页。
② 1英尺约等于0.3米。

物的耕种，只能种些干粮。人们制作一些中国式的鞋和毡帽出售，此外便无别的制造业。这里有千来匹驮骡，需要的话可以在短时间内再调集另一千匹牲口。他们还饲养了一些驮牛，用于当地的短途运输。"

　　潘泰人的定居点除了彬龙之外，还有其他村落。在距离彬龙约12英里的南面和东面建有"约八十户人家"的两个小村——彬尧（Pangyao）和帕昌（Pachang），村中居民大多是从大理、保山、顺宁、蒙化等地和滇南、滇西地区迁徙而来的穆斯林移民。斯科特称这些华人穆斯林"全都是商人，拥有骡子和财富"。①

　　与斯科特探访缅甸同一时期的中国文献也留下了对潘泰人的记载。1890年，英属缅甸政府派人分两路查看滇缅边界，中方特遴选缅甸华侨尾随观察其所作所为，缅甸华侨张成瑜及张德馨遂充作驮夫前往，二人每日以缅文记载沿途经历，而后译出，编成《侦探记》一书，其中有关于途中遇到潘泰人的记载。例如，光绪十六年（1890年）十一月，张德馨随其中一行人从新街沿江而上时，寻求华人穆斯林协助。"雇就我中国昔日大理、腾越作逆逃生，现住葫芦王地界之回人骡马九十匹（查此回人实有骡马一百二十匹，许英人只用九十匹），随从马夫三十名，锅头二名。"光绪十七年（1891年）三月初八，张成瑜随另一行人途经彬昆一带，遭到当地头领为难，幸好获得彬龙的潘泰人帮助："顷刻，有板弄的回匪跑到，跪求愿以满家全保，且云此由九龙江各处回来，遍观景致，非有什么心事，保勿虞也。回匪乃彼之

---

　　① 福布斯著，姚继德译：《缅甸的滇籍穆斯林——潘泰人》，载《回族研究》，1992年第3期，第74页。

百姓，多方浼求，野王无奈，只得忍怒……"①

潘泰人在英国殖民统治时期仍然主要以从事传统的滇缅马帮贸易为生，从中国向缅甸输入丝绸、鸦片、茶叶、金属器皿、土产干货等，从缅甸将欧洲的工业品、洋布、粗棉和燕窝等特产运回中国。后来，彬龙的潘泰人战胜了邻近的彬昆佤族，摆脱了作为彬昆领地的地位，势力扩大，开始经营鸦片，以武装护送长途马帮，进入暹罗、老挝、越南东兴和云南。1931年哈维（Harvey）访问彬龙时，该地人口已增至5 000人，其中包括新迁去的当地族人，他们拥有130支毛瑟枪、1 500匹骡马，财政由新加坡华人支持，以英担为单位出口鸦片到法、英两国的殖民地和暹罗，每个烟驮由两名步兵护送。

要想详细统计缅甸境内潘泰人的分布和数量是十分困难的，因为马帮贸易具有巡回性的特点，而且有些越境贸易在一定程度上带有半合法性或非法性。英属缅甸政府在1911年首次进行缅甸人口普查时，推算缅甸潘泰人数量为2 202人，其中男性1 427人，女性775人；1921年人口普查公布的潘泰人数量则降至1 517人，其中男性1 076人，女性441；到1931年统计时，这一数字又降至1 106人，其中男性685人，女性441人。② 不过，这些统计数字未必全面。随着时间推移，潘泰人逐渐落地生根，在诸如仰光、曼德勒、东枝、景栋、八莫、抹谷、腊戍及其附近的唐羊（Tanya）等地区，都形成了潘泰人聚居区。

---

① 姚文栋编：《侦探记》，台北文海出版社影印本，转引自余定邦、黄重言编：《中国古籍中有关缅甸资料汇编》（下册），北京：中华书局，2002年版，第1385页、1398页。

② 福布斯著，姚继德译：《缅甸的滇籍穆斯林——潘泰人》，载《回族研究》，1992年第3期，第75页。注：1931年的个别数据存疑，本书遵照原文引用。

第四章 清末中缅变局与缅甸华侨的回应（1886—1912年）

第一节 英国殖民统治与清缅宗藩关系的终结

东亚朝贡体系，是近代以前中国与周边国家之间形成的国际关系体系，具有顽强的生命力。在朝贡体系下，中国是宗主国，周边国家是藩属国，双方通过朝贡、册封等一系列礼仪性的行为，来标识和维持官方友好关系。自从清缅之间在乾隆年间正式确立宗藩关系后，缅甸基本上恪守着"十年一贡"的礼节定例，连英国开始入侵缅甸后也不例外。在三次英缅战争期间，英国虽侵占了缅甸部分领土，但中缅宗藩关系照旧延续。

道光三年（1823年）十二月到道光四年（1824年）正月，即第一次英缅战争爆发前夕，缅甸与英属印度之间发生边境冲突，缅甸国王孟既仍然"遣使表贡方物"，清朝对缅甸使臣"赏赉筵宴如例"。① 之后，即道光十三年（1833年）十二月到道光十四年（1834年）正月和道光二十三年（1843年）十二月到道光二十四年（1844年）正月，每逢贡期，缅甸国王孟既、孟云

---

① 《清实录》第三四册《宣宗实录（二）》，卷六四"道光四年五月元旦"，北京：中华书局，1986年版，第14页。

东南亚华侨史丛书

均按例遣使贡方物，清朝也对缅甸使臣按例赏赉。① 咸丰三年（1853年），贡期又至，缅甸贡使如期抵达昆明，准备入京，然而当时太平天国运动占据了清朝半壁江山，缅甸贡使惯行的贵州、湖南、湖北贡道不通，为此咸丰特地下谕变通，免其来京，赏赉如例："该使臣等此次无庸来京，仍优予犒赏，委员妥为护送，先行回国。贡物、象只即行赏收，一俟道路肃清，即由该督抚派员送京。其应行颁赏该国王及正副使臣等银物，仍由该衙门照办齐全，发交该省派员赍送出关，转交祗领。如此量为变通，既无虞跋涉之劳，益足示怀柔之意。"② 同时，咸丰年间，云南爆发杜文秀领导的回民起义，起义军攻占大理，建立政权，控制滇西地区，致使缅甸雍籍牙王朝与清朝官方往来一度中断。直到1872年，清军占领大理，灭亡杜文秀政权，清朝及云南当局与缅甸的官方往来才得以恢复。光绪元年（1875年），清缅贡道畅通，缅甸再次遣使朝贡，三月抵滇，八月抵京。清朝对缅甸正、副使臣照例赏赐，缅甸使臣还与朝鲜使臣一道瞻觐了光绪和慈安、慈禧太后。③ 光绪元年的朝贡，是缅甸雍籍牙王朝向清朝的最后一次朝贡，十年后贡期又至时，正值第三次英缅战争爆发，雍籍牙王朝遂亡于英国殖民侵略。

---

① 《清实录》第三六册《宣宗实录（四）》，卷二四八"道光十四年正月"，北京：中华书局，1986年版，第741页；《清实录》第三九册《宣宗实录（七）》，卷四〇一"道光二十四年正月"，北京：中华书局，1986年版，第11页。

② 《清实录》第四一册《文宗实录（二）》，卷一一三"咸丰三年十一月戊辰"，北京：中华书局，1986年版，第772页。

③ 《清实录》第五二册《德宗实录（一）》，卷六"光绪元年三月乙卯"，卷一五"光绪元年八月丁丑"，卷一六"光绪元年八月乙亥"，卷一七"光绪元年九月辛丑"，卷一八"光绪元年九月庚申"。北京：中华书局，1986年版，第153页、262页、268页、283页、294页。

在三次英缅战争期间，部分清朝的有识之士已经察觉英国的侵略野心，提出巩固边防、护卫华侨、裕国强兵的呼声。同治十年（1871年），王芝在缅甸游记中指出，"缅甸之势固与中国西南为唇齿而相依以安者。中国依缅以固边徼，缅依中国以自强"，强调中缅之间唇齿相依的防务关系。王芝在仰光观察英国的经营策略后，更深感其得陇望蜀，威胁中国安危："其经营海滨诸步，不惮竭变其计，招徕西南洋诸商。南洋诸商通，则中华诸商源源自来。通商既久，渐致优裕，遂以兵以利唊胁步地之主而据之，印度、麻剌甲诸国与缅先后受其愚，噬脐之悔已不可及。而英吉利东西声息渐通，得陇之望愈切……"①

光绪四年（1878年），黄懋材在游历缅甸后，察觉到英国在觊觎中国西南的云南等地区，也提出对缅政策的谏言：

> 英人尝言，欲从缅甸修造铁路，驶行火车直达云南，为陆路通商之捷径。盖此路一开，则英人独擅其利，他国莫敢过问，非若东南各海口，万国商舶云集也。业已创造铁路，由漾贡至别牟千有余里。再由别牟溯伊拉瓦底江而上，经阿瓦都城至蛮慕、新街不过二千余里，如此则印度至云南边境水陆程途不逾一旬之外，较之迂道南洋至粤东者，仅三之一而已。顾此路不独英人之利，亦华人之利也。华人商贩缅地实繁有徒，迤北陆路，则滇人居多；迤南海滨，则闽粤尤众。似宜添设领事驻扎阿瓦，外以保护商旅，内以联络藩卫。或疑商路既开，恐兆边衅，不知商货之流通，足以裕

---

① 王芝：《海客日谭》，卷二、三，光绪丙子石城刊本，转引自余定邦、黄重言编：《中国古籍中有关缅甸资料汇编》（下册），北京：中华书局，2002年版，第1232页、1246页。

东南亚华侨史丛书

国。边防之慎重,岂在闭关?①

黄懋材的对缅政策建议,不是闭关锁国以抗拒英国入侵,而是利用西方技术,顺应经济潮流,仿照派驻领事惯例,以中国保护商贸利益,拱卫中缅宗藩关系。这些建议虽未必成熟,但反映了时人对缅甸形势发展的认知和对中缅宗藩关系的危机预判。

清朝统治者对缅甸面临的危机并非一无所知。黄懋材所撰的中国西南地区及缅甸、印度游记,均通过总理各国事务衙门上奏给光绪。总理衙门还奏请光绪,将黄懋材任命为知县,派往云南上任。② 但是,光绪年间的清朝已陷入内忧外患,即使意欲行使宗主国责任、维护缅甸领土主权,也根本是有心无力。

在清朝政府无所作为的情况下,滇籍华侨和侨乡百姓率先自发抵御英国殖民活动,造成了"马嘉理案"。英缅战争期间,缅甸华侨的切身利益受到威胁,因而高度关注英国动态,对英国意图保持警惕。王芝在缅甸拜访各华侨时,询问英国在缅甸的活动问题,发现"中华人士在缅久者亦多为之不平,噫缅国其将欲作乎"③。光绪元年(1875年),马嘉理等一行人在英国驻清朝公使馆的支持下,进入云南活动,在云南蛮允被杀死。马嘉理案发生后,英国公使威妥玛和清朝海关总税务司赫德等以武力相威

---

① 黄懋材:《西輶日记》,《小方壶斋舆地丛钞》第十帙,转引自余定邦、黄重言编:《中国古籍中有关缅甸资料汇编》(下册),北京:中华书局,2002年版,第1208页。

② 《清实录》第五三册《德宗实录(二)》,卷一二三"光绪六年十一月乙丑朔",北京:中华书局,1987年版,第768页;《清实录》第五四册《德宗实录(三)》,卷一四六"光绪八年五月戊申",北京:中华书局,1987年版,第72页。

③ 王芝:《海客日谭》,卷二,光绪丙子石城刊本,转引自余定邦、黄重言编:《中国古籍中有关缅甸资料汇编》(下册),北京:中华书局,2002年版,第1229页。

胁，企图借机出兵云南。清朝明知"英国蓄志在云南通商，已非朝夕"，马嘉理案"倘办理稍有不善，难保不堕其术中"，因此急令秉公彻查，不敢大意。① 清朝在调查中发现，马嘉理案的直接责任人，是李珍国。缅甸北部华侨商人多数是腾越籍人士，腾越乡侨为了护卫边境贸易，原本就有练兵自卫的习惯，其首领人物之一就是李珍国。李珍国本身是籍贯云南腾越和顺乡的缅甸土生华侨，其母是缅甸人。李珍国原在缅甸经营玉行，后又回乡创办团练，曾官至腾越镇候补参将，具有亦商亦官、半商半官的身份。调查发现，马嘉理一行进入云南时，"腾越绅民闻洋人带有洋兵多名，将入关内，是以集团自卫"，而马嘉理从缅甸进入云南时，并未知会清朝地方政府迎护，结果被杀。据查，李珍国"事前有寄腾越众绅函信"，"实有各路布置之事"，清朝为息事宁人，将李珍国与腾越厅同知吴启亮、署腾越镇总兵蒋宗汉一律革职查办。②

随着英国对缅甸北部乃至中国西南地区的意图日益明显，清朝统治者开始设法应对英国的侵略野心。光绪十一年（1885年）九月，光绪谕令勘察英缅关系动态，筹措滇缅边境防务：

    昨接曾纪泽电称，英久占南缅，今图其北。本日复据李鸿章电奏，印度出示招人，运军往缅各等语。缅甸为朝贡之邦，与云南接壤。英人图其北鄙，不独属国受患，尤虑逼近吾圉，不可不豫筹布置，为未雨绸缪之计。着岑毓英、张凯嵩派委妥员，不动声色，密探英缅近日详细情形，赶紧驰

---

  ① 《清实录》第五二册《德宗实录（一）》，卷六"光绪元年三月丁巳"，北京：中华书局，1987年版，第154~155页。

  ② 《清实录》第五二册《德宗实录（一）》，卷二一"光绪元年十一月乙巳"，卷二八"光绪二年三月丁巳"，北京：中华书局，1987年版，第332页、424页。

奏。一面相机筹措，固我边陲，勿得稍涉张惶。①

该谕令下达不久后，第三次英缅战争爆发，云南当局密切关注战况，将动态呈报清廷，但缅甸王朝无力对抗英国大举入侵，旋即灭亡。

英国侵占缅甸全境后，清政府既无心亦无力出兵缅甸，于是中英之间展开谈判。清朝明知英国对缅甸的殖民统治已成定局，故将谈判重点目标置于"留贡"，即力图通过外交途径，保住礼仪层面的中缅宗藩关系。1886年7月24日（光绪十二年六月二十三日），总理衙门大臣多罗庆郡王等与英国驻华公使欧格纳在北京签订了《中英缅甸条约》，条约的主要内容包括：

> 因缅甸每届十年，向有派员呈进方物成例，英国允由缅甸最大之大臣，每届十年派员循例举行，其所派之人应选缅甸国人。

> 中国允英国在缅甸现时所秉一切政权，均听其便。

> 中、缅边界应由中、英两国派员会同勘定，其边界通商事宜亦应另立专章，彼此保护振兴。

> 烟台条约另议专条派员入藏一事，现因中国察看情形，诸多窒碍，英国允即停止。至英国欲在藏、印边界通商，应由中国体察情形，设法劝导。振兴商务如果可行，再行妥议章程；倘多窒碍难行，英国亦不催问。②

条约一方面尊重清缅宗藩关系传统，延续"十年一贡"的惯例，为清朝保留了一份最后的体面，另一方面承认英国对缅甸的实际统治权，并为英国在滇缅边界及藏印边界扩张利益留下一

---

① 《清实录》第五四册《德宗实录（三）》，卷二一六"光绪十一年九月辛亥"，北京：中华书局，1987年版，第1035页。

② 王铁崖编：《中外旧约章汇编》（第一册），北京：生活·读书·新知三联书店，1957年版，第485页。

定余地，使英国获得了实际利益。

尽管《中英缅甸条约》承认了缅甸向清朝朝贡的义务，但实际上缅甸的朝贡行为已难以延续。光绪二十年（1894年），薛福成曾竭力向英国外交部争取缅甸入贡，但经过一年多的努力后，终因英国的推诿拖延及薛福成卸任驻英公使而不了了之。在缅甸已沦为英国殖民地和清朝自顾不暇的形势下，所谓的缅甸供使，无论派与不派，都没有实际意义。据马士记载："这种从缅甸定期'呈进方物'的贡使，至少在一八九五年曾经依照向例派遣过一次；但是在下一次进贡的日期以前，一九零零年义和团的变乱发生了，于是，缅甸每十年遣使进贡一事就被弃进了人们忘怀的古物储藏室了。"① 从此，中缅之间的关系，从传统东亚朝贡体系下的宗藩关系，向西方殖民扩张背景下的近代外交关系转变。

第二节　清朝护侨观念与仰光领事的设置

缅甸沦为英国殖民地，并没有阻断中缅之间的商贸关系。英国深知开发缅甸、牟取利润需要借助和利用中缅贸易传统。按照《中英缅甸条约》的约定，清朝与英国围绕滇缅之间的边界和通商事宜进行谈判，于1894年签订《续议滇缅界务商务条款》："英国欲振兴中缅陆路商务，答允自条约批准之日起，以六年为期，中国所出之货及制造之物，由旱道运入缅甸，除盐之外，概不收税；英国制造之物及缅甸土产，运出缅甸，由旱道赴中国，除米之外，概不收税。"而且，中缅陆路贸易的"盐米之税，不

---

① 马士著，张汇文等译：《中华帝国对外关系史》（第二卷），上海：上海书店出版社，2000年版，第411页。

得多于出入海口所收之税"①。英国的自由贸易政策和税收优惠条例,刺激了缅甸华侨经济继续发展。

《续议滇缅界务商务条款》的另一项重要内容,是规定中英双方可以互派领事,地位平等:"中国大皇帝可派领事官一名,驻扎缅甸仰光;英国大君主可派领事官一员驻扎蛮允。""彼此各享权利,应与相待最优之国领事官所享权利相同。""中英两国领事官在所驻之地,与其地方大员往来,均系平行。"② 英国对中国西南地区垂涎已久,条约签订后,英国积极争取改派,欲将设领地点从临近边境的蛮允改到云南纵深处。1897 年,英国又与清朝政府签订了《续议缅甸条约附款》,其中规定,英国不仅可以在思茅设领,而且可以将原来派驻蛮允的领事改派到腾越。不久,英国迅速采取行动,1898 年 1 月在思茅设立了领事馆,1901 年 11 月在腾越设立了领事馆,1902 年 4 月在昆明设立了英国总领事馆。

与英国截然相反的是,清朝迟迟没有向仰光派驻领事。清朝对待外交和侨务的观念,在晚清才逐渐发生转变。19 世纪中期以前,在传统的华夷观念下,擅自出国谋生的百姓被中央王朝和地方政府视作弃化之徒,华侨非但得不到官方保护,反而可能在回国后遭到惩治。19 世纪中期以后,清朝在西方列强的压力下被迫走上近代化之路,逐渐接受西方理念,开始在外交、侨务等领域发生转变。同时,19 世纪末,海外华侨的经济实力和社会力量获得较大发展,华侨纷纷抗议清朝对华侨的忽视,清朝也希望借助华侨捐款缓解中央财政压力。因此,清朝开始思考设领护

---

① 王铁崖编:《中外旧约章汇编》(第一册),北京:生活·读书·新知三联书店,1957 年版,第 578 页。

② 王铁崖编:《中外旧约章汇编》(第一册),北京:生活·读书·新知三联书店,1957 年版,第 579 页。

第四章　清末中缅变局与缅甸华侨的回应（1886—1912 年）

侨的问题。

　　清朝内部率先号召在缅甸设领护侨的，主要是经办边务、洋务、外交等涉外事务的地方主政者和朝廷官员。早在 1878 年，黄懋材奉四川总督丁宝桢派遣前往缅甸勘察，回国后便提议在阿瓦设置领事。1886 年，两广总督张之洞派记名总兵王荣和与内阁侍读、候选知府余瓗前往南洋各地访查华民商务，其中就包括仰光的华侨商业情况。两人于 1887 年返回广东，向张之洞报告称："华商、华工在仰光者三万余人，闽商居三分之一，生意较大，粤人虽多而生意次之。此埠距腾越厅最近，由仰光坐浅水轮船溯流而上，六七日可到华城，又陆行三四日可到新街，又逾野人山不过三四日，可抵腾越。现英人袭据华城，收饷设戍，直驻新街矣。仰光粤商以新宁人为最多，建有宁阳会馆。此外建立合省公司名目，举董收费，以备延请状师及保护同乡等事。"① 不久，张之洞便上奏提议，应在阿瓦设置领事，巩固边防："自英据其地，收饷设戍，密迩腾越，为中国隐患。此处宜设副领事联络商情，必于边事有益。"② 阿瓦设领的提议后来没有实现，但反映了清朝官员已具有利用近代外交惯例护侨戍边的意识。

　　19 世纪末，仰光逐渐成为缅甸新的政治、经济中心，战略重要性日益凸显，仰光华侨数量也持续增长。清朝驻英公使薛福成积极奔走，力图促成清朝在仰光设领。1891 年，薛福成委托清朝驻德随员姚文栋查看缅甸华商和滇缅边界情况，据姚文栋汇报："闽商粤商多在海口，约有万人；滇商散布于沿江及山中各

———

　　① 薛福成：《出使英法义比四国日记》，长沙：岳麓书社，1985 年版，第 176~177 页。
　　② 张之洞：《派员周历南洋各埠筹译保护折》，转引自张之洞著，赵德馨主编，周秀鸾点校：《张之洞全集二·奏议》，武汉：武汉出版社，2008 年版，第 31 页。

埠，几与缅商相埒，约在十万人左右。"① 薛福成掌握缅甸情形后，一方面致书总理衙门，建议在仰光设领护侨，另一方面联络云贵总督王文韶商议此事。1892年，云贵总督王文韶电告薛福成，"仰光如设领事，滇人之福"，倘有机缘，可由薛福成"主稿会衔具奏"。于是，1893年，薛福成在完成滇缅界务商务谈判后上奏光绪，明确指出要派领事驻扎于仰光："英属仰光一埠，上通新街以接滇边，下联新加坡、槟榔屿等处，形势最关紧要，商务亦互相贯输。此处向有华民四五万人，而滇省商民之散处缅甸各口者亦复不少。迩年以来，臣屡接滇商公禀，谓中国无员驻缅保护，商民受损非浅，吁请筹设领事以保权利。"薛福成还推荐了合适人选，建议派遣在新加坡领事馆任职十年、"为英人所信服"的左秉隆出任仰光领事。② 1894年《续议滇缅界务商务条款》签订后，当年薛福成再次上奏提醒，要"豫拟拣员充补"中国驻仰光领事。③

经过各方呼吁，清朝开始为保护华侨采取一定实际行动。光绪十二年（1886年），因缅甸发生华侨商人被英国人拘系之事，云贵总督岑毓英上奏清廷，"请饬总理各国事务衙门照会英使"，通过中英外交途径，设法解救缅甸华侨。④ 光绪十九年（1893年），薛福成从伦敦寄回奏疏，向清廷提议申明新章、豁除旧

---

① 薛福成：《出使英法义比四国日记》，长沙：岳麓书社，1985年版，第678页。

② 王彦威辑：《清季外交史料》，卷九一，转引自余定邦、黄重言编：《中国古籍中有关缅甸资料汇编》（下册），北京：中华书局，2002年版，第998~999页。

③ 《清实录》第五六册《德宗实录（五）》，卷三四〇，"光绪二十五年五月壬午"，北京：中华书局，1987年版，第353页。

④ 《清实录》第五五册《德宗实录（四）》，卷二三七，"光绪十二年十二月戊寅"，北京：中华书局，1987年版，第194页。

第四章 清末中缅变局与缅甸华侨的回应（1886—1912年）

禁，以护商民。光绪令总理衙门就此事议奏，经总理衙门复奏后，清廷决定："刑部将私出外境之例酌拟删改，并由沿海督抚出示晓谕：凡良善商民，无论在洋久暂，婚娶生息，一概准由出使大臣或领事官给与护照，任其回国治生置业，与内地人民一律看待，毋得仍前藉端讹索，违者按律惩治。"① 这一规定，正式承认华侨拥有在海外生活和返回国内的合法权利，并承诺对华侨的合法权利予以保护，标志着清朝对华侨的政策发生从"禁"到"护"的转变。

尽管薛福成等人为清朝海外设领付出了不少努力，但设立仰光领事馆之事，仍在十几年间一直悬而无果。清朝在仰光设领的迟缓，涉及多方面因素。

一是英国对清朝设领的推诿甚至阻挠。英国为了便于对东南亚各国实施殖民统治，并不情愿让清朝在英国属地上设置使领馆。1890年，薛福成向英国外交部提出仰光等地的设领问题，英国外交部却声称"中英和约，究无中国在英境设领事之明文"，"须由英廷察看情景，定夺办理"。② 1894年的《续议滇缅界务商务条款》是以整体上清朝做出让步、英国取得特权为代价，才换得一项中英双方可以互派领事的平等条款。条约签订后，对于清朝在仰光设置领事的计划，英国也秉持绝不促进的态度。

二是清朝内忧外患、顾此失彼，尤其是在甲午中日战争爆发后，清朝一度无暇他顾。光绪三十三年（1907年），汪大燮向民政部报告海外侨情时指出："缅甸华侨亦约有数万。自光绪十九年前任薛大臣议在仰光设领，因甲午事起，延搁至今，不相闻问

---

① 薛福成：《庸庵海外文编》 （卷一），上海：上海古籍出版社，1985年版，第20页。

② 薛福成：《出使英法义比四国日记》，长沙：岳麓书社，1985年版，第217页、246页。

东南亚华侨史丛书

者十余年。"①

三是清朝内部人事关系更迭,官员利益分歧,政策缺乏连续性。自从薛福成卸任驻英公使回国后,继任者龚照瑗立刻将仰光设领之事搁置不提。1897年,维新派在澳门创办的《知新报》曾以《仰光领事》为题,指出龚照瑗不愿增加经费开支,故不派遣仰光领事:

> 薛使与英人往复数次,颇费唇舌,乃始见允。当时拟调左子兴领事秉隆移镇彼处,左以事不肯往。未几,而薛使满任归,龚仰遽星使继之。定例使馆经费,由总理衙门包与使臣,报销多少不过问。龚因添派一领事,薪水等开销每月多费数百金,颇于宦囊有损,遂置不复派,而总署亦不复记有此事。故此事虽经薛使千言万语而后得之,然至今仰光一埠尚无中国领事之足迹云。②

清政府迟迟不在仰光设领护侨,不仅使缅甸华侨颇感不满,而且频频遭到进步舆论的谴责。1907年9月,革命党人在日本东京创办的杂志《云南》刊载了一篇题为《驻缅华商无领事之苦》的文章,对清朝不在仰光设领护侨提出质问:

> 凡己国商人驻于他国,必设领事以收治外法权,此世界各国之公例也。我国驻缅商人,已十万有余(滇人居多数,粤人次之,闽人又次之),交通商业,已数十年。而政府竟冥然罔觉,未闻有一领事之派遣。近来英人税役日繁,华商之被其苛虐,呻吟憔悴,冤抑无诉者,不知凡几。今略举其大者:(一)户口人头税之偏重;(一)诬藏烟酒,任意捉

---

① 王彦威辑:《清季外交史料》,卷二〇二,转引自余定邦:《清朝政府在仰光设置领事的过程——兼论清廷所派领事与华侨的关系》,载《中山大学学报(哲学社会科学版)》,1990年第1期,第62页。

② 《知新报》(第10册),澳门,1897年版,第15页。

拿；（一）商旅之多被惨杀或毒打于缅人，无人根究；（一）全缅数万人，无一国文学堂，以兴教育。即此四者，所失匪细。哀我华民，在内既难营适当之生活，在外又不得法律之保护。五洲虽大，竟无所容，亦可惨矣。夫安南华侨，既因滇督之奏而设领矣，独缅甸尚阙如，吾不知政府是何居心也。①

随着在仰光设领的呼声日盛，清政府终于重开旧议。1907年10月，云南腾越关道秦树声致电云贵总督锡良，以1894年的条约规定中国可在仰光设领为由，要求锡良奏请在缅甸设领护侨。然而，云贵总督锡良首先考虑到的是滇缅贸易，所以在奏折中竟突然提出"改驻"要求，建议原议驻仰光领事应改驻阿瓦。实际上，从19世纪70年代起，缅甸南部港口与我国东南沿海地区之间的海上贸易，已经超过滇缅之间的陆路贸易，锡良的建议确实已不合时宜。清政府没有采纳锡良的"改驻"主张。1908年1月，清朝令外务部就在缅甸设领问题进行研究。外务部致电驻英使臣李经方，令其就仰光设领问题同英国外交部进行磋商。②

20世纪初，同盟会在缅甸的反清活动日趋频繁，这成为促使清政府下决心设立仰光领事馆的又一因素。据冯自由的《华侨革命开国史》称："时保皇派商家乘势冒用全体商人名义，请清廷简派领事驻缅。清廷准之，旋派蜀人萧永熙到仰光任领事一职。"③ 1909年1月，清政府驻仰光领事馆正式成立，首任领事

---

① 《知新报》（第117册），澳门，1900年版，第19页。
② 余定邦：《清朝政府在仰光设置领事的过程——兼论清廷所派领事与华侨的关系》，载《中山大学学报（哲学社会科学版）》，1990年第1期，第64页。
③ 冯自由：《华侨革命开国史》，转引自中国社会科学院近代史研究所《近代史资料》编译室主编：《华侨与辛亥革命》，北京：知识产权出版社，2013年版，第68页。

东南亚华侨史丛书

是原江西候补道欧阳庚,任期至 1909 年 7 月,次任领事是原外务部候补主事萧永熙,任期为 1909 年 7 月至 1911 年 10 月。

清朝设立仰光领事馆,有利于处理华侨出入境事务,协调华侨商业,保护华侨权益,标志着中国近代外交和侨务观念的重大转变。除此之外,随着孙中山领导的同盟会在海外发展壮大,清朝驻仰光领事馆的功能之一,即镇压缅甸华侨社会中的民主革命活动。时隔不久,1911 年,辛亥革命爆发,清朝灭亡。清朝驻仰光领事馆仅仅存在了两年,便告以终结。但是,中国在仰光设立领事馆的惯例,在民国时期得以延续和发展,对缅甸华侨社会产生了深远影响。

第三节 缅甸华侨与辛亥革命

一、缅甸同盟会的成立经过

清末中国面临深重危机,各种改革与革命思想逐渐兴盛,并向海外华侨社会传播、扩散。"百日维新"失败后,康有为、梁启超等纷纷流亡海外,通过海外华侨筹集活动资金、宣传学说主张,随后孙中山等人也在海外华侨中积极宣传革命思想,这使得"保皇派"与"革命派"的论战延伸到海外华侨社会,缅甸也不例外。从此,缅甸华侨与中国近现代的政治局势紧密联系,成为推进中国社会变革的有生力量。

缅甸华侨中较早具有新兴政治思想者主要是庄银安、徐赞周等人。1903 年,经闽籍华侨林国重、陈金、杜诚浩、陈甘泉、庄银安、徐赞周等人倡议,在仰光唐人街建立了中华义学,同时庄银安、徐赞周又另外设立了一所益商夜学,以便日间无暇上学的侨胞入夜校学习。庄银安还主持着当时仰光唯一的华文报《仰光新报》。在此之前,华侨子弟往往只通过私塾教育学习传统启蒙知识。近代仰光华文学校和华文报纸的创办，为华侨学习祖国语言文字、传承中华文化传统、理解中国维新和革命思想提供了载体和媒介，为华侨投身辛亥革命奠定了思想文化基础。

同年，康有为经印度抵达缅甸，组织保皇会。庄银安及一部分侨商认为康有为热心爱国，接受了康有为的保皇思想，而陈甘泉、徐赞周等人则主张革命排满，不接受康有为的主张。因庄银安在仰光华侨中富有名望，康有为请其担任保皇会缅甸分会的会长。

1905年，滇籍革命党人秦力山自香港抵达仰光，仰光革命氛围从此为之一振。秦力山经陈甘泉、徐赞周等人引见于庄银安，力辟保皇思想，庄银安遂与康有为绝交。于是，众侨商公请秦力山重修中华义学的章程，以便开展民族主义教育。秦力山又作《革命箴言》六七万字，连续登载在《仰光新报》上，以达到政治启蒙的目的，此事成为民主革命知识在缅甸华侨中传播的标志性事件。遗憾的是，该文刊至十六章，被该报拥护保皇主张的股东私自毁灭。因《仰光新报》的股东及编辑人员立场不一，不利于传播革命思想，1906年，徐赞周等人计划另外组织一份《商务调查会月报》以取代《仰光新报》，力邀秦力山主笔，不料秦力山于当年10月11日病逝于干崖。秦力山是在仰光华侨社会传播革命思想的重要推动者，为同盟会在缅甸成立进行了初步准备。秦力山逝世后，时人论称："缅甸革命党之成立，因力山之死而延搁两年。"[①]

缅甸同盟会的成立，晚于英属马来亚、荷属东印度等地。1908年3月，同盟会会员王群携带同盟会本部的委任证书从东

---

① 冯自由：《华侨革命开国史》，转引自中国社会科学院近代史研究所《近代史资料》编译室主编：《华侨与辛亥革命》，北京：知识产权出版社，2013年版，第66页。

京抵达仰光,准备在缅甸华侨中建立同盟会组织。缅甸华侨徐赞周、陈仲赫、陈守礼、张源、陈国章、沈继昌、林水都、王永和、林金源等十余人率先加入同盟会。不久,同盟会仰光分会召开第一次成立大会。然而,当时缅甸华侨大多对此持反对和怀疑态度,仰光同盟会成立三个月,仅有会员37人。为了扩大革命宣传,徐赞周等人决定设立机关报,获得侨商陈玉著、张永福(与新加坡之张永福同名异人)、陈金在、曾广庇等人出资附股。8月,仰光同盟会机关报《光华日报》创立,鄂籍人居正、滇籍人杨秋帆担任该报主笔。从此,革命派与保皇派的论战在仰光报刊界展开论战。《光华日报》"出版月余,党势大振",会员迅速增加到400余人。为了避人耳目,仰光同盟会初定名演说社,后改称觉民书报社,会务逐渐扩展完善。10月,汪精卫、吴应培受孙中山派遣,到仰光指导同盟会工作,发表演说,带动了更多人加入同盟会。12月,缅甸同盟会在汪精卫、胡汉民等人的帮助下改订章程,正式选举骨干人员,人员如下:正会长庄吉甫(即庄银安),副会长卢喜福,主盟员庄吉甫、何荫三、陈仲赫、刘庄君、卢喜福、曹沛霖、林致和,还有负责财政、会计、庶务、书记、调查、宣传、征收、评议的各类人员。

自1908年10月起,居正、陈仲赫二人奉命赴缅甸各埠开设同盟会分会,前后成立分会多处,并派定各埠有力党员为主盟人,其中规模较大者25处,包括勃生、卑谬、瓦城、吉桃等,详见表4-1。①

---

① 冯自由:《华侨革命开国史》,转引自中国社会科学院近代史研究所《近代史资料》编译室主编:《华侨与辛亥革命》,北京:知识产权出版社,2013年版,第66~67页。

第四章　清末中缅变局与缅甸华侨的回应（1886—1912年）

表4-1　缅甸各埠同盟会分会概况

埠名	主盟人	埠名	主盟人
木各具	陈虞卿　郑耀蒸	敏建	周子器　陈绍平
新彪运	陈就正	猫宇	蔡寿民　李景兴
沙巳	陈延漠	渺咯	苏细仕
瑞帽	陈巽南　李旷耀	居脉	杜启仁
绕彬九	陈振玉	洞遇	陈国珍　杜子乾
榜地	区伯扬	洞枝	董锡三
兴沙搭	陈颇阵　林明敵	勃卧	李宜琳
密沙	陈章逊	蒙摩	尹寿生
仁兰姜	郑庇	勃生	陈子卿
毛淡棉	丘伯钟　朱绰业	力不丹	丘景芳
卑谬	杨景藩　常寿山　林幼雨	瓦城	陈太高　杨名　刘观于
彬文那	朱昌衮　杨明察	知宙	卢省三
吉桃	陈文造		

　　同盟会勃生分会创建于1910年。起初，李庆标、江镜如、吴宗海、陈文侩等人先后在勃生宣传革命，秘密组织同盟分会，加盟者仅十余人。待1911年，勃生革命党人借助福建公司，正式成立汉兴书报社，将其作为同盟会的机关，并倡办三育学校，聘请仰光同盟会会员吴景潜先生为教员。不久，武昌起义爆发，勃生同盟会筹集军饷，"为数甚巨"。

　　同盟会卑谬分会的创建工作，始于1908年。当年，居正、陈仲赫抵达卑谬，宣传革命，在仰光时已加入同盟会的杨景藩介绍林幼雨、常寿山加盟，三人遂成为卑谬同盟会负责人。当时卑谬华侨积极性不高，两年间加盟者不过二十余人。1911年武昌

起义爆发后,杨景藩奉仰光中国同盟会选派,回国效力于军政府。

同盟会瓦城分会亦创建于1910年。当年,居正、吕志伊奉仰光同盟会派遣,到瓦城宣传革命,饶潜川、陈泰高、胡迪人等人接应并协助。起初瓦城华侨加盟者无几,后得赵济川介绍,加盟者不少。居正、吕志伊计划进入云南起义,委托饶潜川等人创办振汉书报社,内设同盟会革命机关。机关为避人耳目,甚至借祝神之名活动。经过同盟会努力,武昌起义后,瓦城华侨纷纷慷慨捐助军饷。

同盟会吉桃分会创建于1911年。饶潜川、杨景藩奉仰光同盟会派遣,至吉桃宣传革命,由陈文造接应,李树营等人开会迎接。会后,成立义民书报社,内设同盟会,推举陈文造为会长,李树营为主盟人。陈、李二人介绍了不少华侨加入同盟会,并积极捐资助饷,宣传革命主张。①

在武昌起义之前,缅甸各地的同盟会分会大多不敢公然使用"同盟会"名号,除仰光同盟会使用"觉民书报社"名义外,各地分会也纷纷定名为"××书报社",详见表4-2。

表4-2 缅甸各埠同盟会分会所用"书报社"名

埠名	"书报社"名	埠名	"书报社"名
仰光	觉民	望濑	启智
绕彬九	振华	密沙	兴汉
杰柳巾	演进	毛淡棉	汉声

---

① 徐市隐:《缅甸中国同盟会开国革命史》,转引自中国社会科学院近代史研究所《近代史资料》编译室主编:《华侨与辛亥革命》,北京:知识产权出版社,2013年版,第136页、138~139页。

续上表

埠名	"书报社"名	埠名	"书报社"名
木各具	爱群	吉桃	义民
猫宇	振文	土瓦	务民
洞遇	益华	勃卧	培民
瓦城	振汉	秉礼光	智民
勃生	汉兴	仁兰姜	协汉
知模	汉群	丹老	新民

　　从上述"书报社"名可见，缅甸同盟会饱含着振兴中华、开启民智、追求进步的期望。缅甸同盟会成员在清朝驻仰光领事及保皇派的镇压、排挤下从事革命活动，殊为不易。据徐赞周所藏缅甸同盟会人名总册记载，从1908年仰光同盟会成立至1912年辛亥革命成功，实发给会员底号共2 343人，这是国内外各地同盟会中保存最完善的名册，实属难能可贵。[①] 缅甸同盟会会员包括闽、粤、滇各籍华侨，其中闽籍华侨842人，占缅甸华侨会员总数的31.23%，而籍贯福建泉州府的华侨达684人，占闽籍华侨会员总数的81.2%。[②] 缅甸同盟会成立虽晚，但积极通过办报、演说等方式宣传革命思想，争取华侨支持，缅甸华侨或出资捐助，或回国奋斗，为辛亥革命做出不朽贡献。

　　《光华日报》作为仰光华侨创办的同盟会机关报，甫一问世，便大力倡导革命排满，遭到清廷及保皇派的敌视，以致多次

[①] 冯自由：《华侨革命开国史》，转引自中国社会科学院近代史研究所《近代史资料》编译室主编：《华侨与辛亥革命》，北京：知识产权出版社，2013年版，第68页。

[②] 郑炳山：《缅甸泉籍华侨与辛亥革命》，载《泉州师范学院学报》，2012年5月，第88页。

停刊复办。1908年,该报登载了光复会领导人陶成章所作《浙案纪略》。同年,慈禧、光绪去世,同盟会成员卢喜福私电袁世凯,"请立汉人为帝,乘机革命以倾覆满祚"。清廷追究电报来源后,向英国公使交涉,重订电报新约,规定英属缅甸以后不得代为传递旅缅华侨直达中国政府的电报,这一规定直到民国成立二十余年后犹未废除。1909年,因清朝驻仰光领事萧永熙借为华侨丧家"点主"之事,"时向侨商敲诈巨款",引起缅甸华侨社会的不满,《光华日报》用"领事神主"撰联讥讽萧永熙,导致萧永熙以"行文抄没本籍财产"为辞,威吓该报的七位股东代表,令其立即解散报馆。《光华日报》被迫"停版拍卖",保皇党人乘机购下《光华日报》的设备,易名《商务报》出版。① 这是《光华日报》第一次停刊。

　　随后,同盟会召开全体大会筹募复兴资本,得资13 000余盾,于当年十一月初一复办《光华日报》,陈仲赫、黄永田、陈汉平等人先后担任经理,报纸主笔仍为居正、吕志伊二人。《光华日报》复办后,与保皇派主持的《商务报》大开笔战。数月后,《商务报》记者张石朋脱离该报,李牙聪亦缄口无声,时人撰联戏称:"生公(居正笔名)说法,顽石点头;天民(吕志伊字)示威,聋子投地。"不久,《商务报》歇业,《光华日报》取得笔战胜利。1910年夏,萧永熙等为解除《光华日报》的威胁,致电清朝外交部,动以危辞。清朝外交部遂与英国公使交涉,以《光华日报》鼓吹无政府主义为名,请将该报当事人驱逐离缅。在英国公使的授意下,英属缅甸总督遂下令驱逐居正、陈汉平二人出境,据说其驱逐令有"押送广东交清官办理"字

----

①　冯自由:《华侨革命开国史》,转引自中国社会科学院近代史研究所《近代史资料》编译室主编:《华侨与辛亥革命》,北京:知识产权出版社,2013年版,第68页。

第四章　清末中缅变局与缅甸华侨的回应（1886—1912 年）

样。押送船只经过新加坡时，幸好有新加坡同盟会预先延请律师向新加坡当局依法抗争，居正、陈汉平二人得以改为自由出境。《光华日报》经此摧残后，庄银安赴槟榔屿避险，其他报社人员也大多隐匿别埠。① 于是，《光华日报》不得已而第二次停刊。

庄银安抵达槟榔屿后，与该埠同盟会成员陈新政等重组《光华日报》。同时，仰光《光华日报》仅停刊月余，吕志伊、徐赞周、陈钟灵、李海国、魏声亩、陈震川、丘恩道等人即着手第三次复兴机关报，将"光华"改名为"进化"，以原有的《光华日报》资产办理《进化报》，陈钟灵担任经理，吕志伊仍任主笔。《进化报》出版八个月，保皇党人又贿买当地警察，借假查账为名，对该报任意摧残，《进化报》被迫停刊。

事件发生后，吕志伊离开缅甸返回中国，徐赞周遂联络张永福、杨子贞、曾上苑等人，以学务总会名义买下《进化报》的设备，另外创办《全缅公报》，继续倡导革命。《全缅公报》一直延续到民国成立，仍屹立不衰。据统计，仰光同盟会会员前后在缅甸经营机关报，耗资六万余盾。②

《光华日报》的名号虽然仅在仰光存在两年，但其办报宗旨和革命立场由其他报刊继承和发扬。原仰光《光华日报》随庄银安移植到槟榔屿后，获得长足发展，历久弥新。时至今日，《光华日报》仍是马来亚发行量最大、影响力最广的华文报纸，也是东南亚地区声望最高的华文报纸之一。鲜为人知的是，该《光华日报》的最初源头实在仰光同盟会。

---

①②　冯自由：《华侨革命开国史》，转引自中国社会科学院近代史研究所《近代史资料》编译室主编：《华侨与辛亥革命》，北京：知识产权出版社，2013 年版，第 69 页。

东南亚华侨史丛书

二、缅甸华侨对辛亥革命的资金支持

孙中山曾赞誉:"华侨乃革命之母。"辛亥革命①的成功有赖于海外华侨的支持,特别是资金方面的支持。海外华侨对辛亥革命的资金援助,随着兴中会、同盟会活动范围的扩大而增长。具体到南洋各地而言,1902年秋、冬,越南河内兴中会成立;1905年冬,越南西贡同盟会分会成立;1906年2月,同盟会新加坡分会成立;1908年4月,缅甸同盟会分会在仰光成立。因此,南洋华侨对辛亥革命的经济援助,发轫于越南、新加坡,至1908年,缅甸成为同盟会的又一个重要资金来源。

缅甸同盟会刚成立时,因力量弱小、活动隐秘等因素,为革命贡献的款额有限。据回忆,当时缅甸同盟会"以先后筹款维持党报之故,对于总理历次募饷,不能多所协助。戊申至辛亥之四年间,汪兆铭、陶成章、胡汉民、黄克强等相继来缅筹饷,银安等每次均以数千元助之"。据统计,缅甸同盟会为了筹办和维持《光华日报》,每年动辄耗费万元以上,加之筹款渠道有限,本身经费已十分紧张,但每次孙中山等人需要经费时,都勉力提供。1908年12月,缅甸同盟会筹得2 800元,交给汪精卫等带往新加坡,汪精卫当时填开了被称为"优先债票"的收据,承诺"日后持照向中华民国军政府领取,按照原本加四倍偿还";同时,陶成章以江、浙、皖、赣、闽五省革命军费的名义来缅筹款,缅甸同盟会又资助了1 000元,陶成章也在收据背面写明用途,承诺"俟办有成效后四倍偿还";1909年春,孙中山派胡汉民赴缅甸筹措赴欧美筹款旅费,缅甸同盟会又筹得2 000余元交

---

① 辛亥革命有广义和狭义之分。狭义的辛亥革命是指自1911年(农历辛亥年)爆发的武昌起义和各地革命活动;广义的辛亥革命则自1894年兴中会成立开始,至孙中山卸任、袁世凯就任中华民国临时大总统为止。

给胡汉民,同样领取了汪精卫所设定的收据;6月,黄兴至仰光,缅甸同盟会又筹款1 000元资助。①

1911年10月10日,武昌起义获得成功。次日,仰光同盟会为了支援起义,特召开紧急会议,决定组建"筹饷局",设立闽、粤籍局长各一人,公推徐赞周、何荫三分别担任正、副局长,又设财政人员四人,推举粤侨苗德源和闽侨陈朝初、陈植汗、陈守金四人担任,其他职员由同盟会人员分任。闽籍侨领庄银安被推举为东南亚华侨总代表,返回福建故乡赞助革命事业。筹饷局即日起公开筹款助饷,当月筹得港币1万元,经请示孙中山,按其要求汇往香港,经正在香港的缅甸侨领庄银安收转同盟会香港分会使用。②

10月25日,仰光同盟会接到同盟会会员、云南干崖土司刀安仁电告,革命军已占云南腾越,亟须汇款接济。同盟会当晚召开会议,决议组建参谋部,仍由徐赞周、何荫三分别兼任正、副部长,陈允洛、陈清波、李海国、魏声歌、池吉允等人作为部员。11月12日,同盟会汇往腾越1.8万元,用于发放军饷。

11月15日厦门光复后,缅甸华侨又积极捐助福建革命,缅甸闽籍侨领庄银安受托携带华侨捐款返回厦门,主持临时筹饷局,协助办理地方财政。随后,《缅甸公报》经理丘廑竞也返回厦门,协助庄银安处理事务。③

---

① 徐市隐:《缅甸中国同盟会开国革命史》,转引自中国社会科学院近代史研究所《近代史资料》编译室主编:《华侨与辛亥革命》,北京:知识产权出版社,2013年版,第149~152页。

② 陈孝奇:《缅华四十年大事记》,载《缅甸华侨兴商总会四十周年纪念特刊(1911—1951)》,1951年。

③ 丘廑竞:《厦门的辛亥革命》,转引自中国人民政治协商会议全国委员会、文史资料研究委员会:《辛亥革命回忆录》(第四集),北京:文史资料出版社,1963年版,第474页。

东南亚华侨史丛书

辛亥革命充分唤起了缅甸华侨的爱国热情。武昌起义后,缅甸各地的同盟会分会纷纷汇款至仰光,很多款项随即汇往香港、上海各地以应军需。12月8日,缅甸同盟会汇往上海7 500两,交都督陈其美收。1912年4月3日,缅甸同盟会汇往上海陈其美和福建省政府各5 000元。①

在同盟会的倡导下,广大普通侨胞也为祖国的命运积极奔走。1911年11月13日,仰光同盟会发出《全缅侨胞通告书》,通告全体旅缅侨胞。通告称,缅甸侨胞自武昌起义以来捐助祖国军政府的款项已达20万元,可见缅侨爱国之诚,然而祖国"新复土地,百废待兴",前捐款项无异于杯水车薪,不得不复望旅缅华侨"急解义囊,共襄盛举"。通告发布后,缅甸各地华侨踊跃捐款,以"爱国捐"名义捐得10万缅元,以"国民捐"名义捐得30万缅元。

1911年11月8日,中国南北议和告成,仰光全市华侨商号悬挂青天白日满地红旗,鞭炮之声不绝于耳,益商学校全体师生剪掉发辫,以示对辛亥革命的拥护,许多昔日拥护保皇派的华侨转而顺应大势。1911年年底,缅甸同盟会在可容纳数千人的仰光大戏院举行庆祝祖国革命胜利大会,众多华侨团体纷纷参加、庆祝,其中既有以往倾向革命派的团体和商号,也有以往倾向保皇派的商号和团体。当日,仰光华侨商号、工厂、学校和各团体均张灯结彩,游行欢庆,共同表达高昂的爱国热情。1912年元旦,孙中山在南京就任临时大总统,缅甸同盟会派曹伯忠、饶潜川、雷瑞庭等人回国参加观礼,一方面表示祝贺,一方面考察国内情况。这批代表一直到国内二次革命失败后才返回仰光。

缅甸华侨之所以能在辛亥革命爆发后掀起捐助祖国革命的新

---

① 陈孝奇:《缅华四十年大事记》,载《缅甸华侨兴商总会四十周年纪念特刊(1911—1951)》,1951年。

高潮,既是受到革命消息的鼓舞,也与缅甸同盟会筹款方式的转变有关。在辛亥革命之前,所有筹饷都属秘密进行,范围往往限于同盟会内部。武昌起义成功后,祖国革命佳音每天刊登在缅甸同盟会机关报《觉民日报》上,对华侨鼓舞很大。1911年年底,缅甸同盟会根据当时的国内外形势召开会议,决定打破党内筹饷陈规,开展全缅甸华侨的筹款活动。从此,筹款活动不再限于同盟会内部,而是在华侨社会全面展开,凡属华侨在缅甸的商店、工厂、学校和团体都分区、分片组织募捐小队,沿街逐户上门劝捐,连以往拥护保皇派的商号和住户也改变态度,乐意捐献。

缅甸华侨不仅积极捐助军饷,也关心祖国建设和同胞疾苦。1912年6月22日,仰光华侨杨子贞、曾广庇等人组织"缅甸华侨全体国民捐总局",发起劝募国民捐活动,支援祖国政府建设。1913年4月5日,缅甸华侨全体国民捐总局召开结束会议,报告总共收到捐款缅币287 572盾,先后电汇北京财政部两次,共165 000银元,折合缅币258 575盾,余款除费用外还剩19 900盾,存放于汇丰银行,待正式总统选出后继续汇款。①

经过缅甸同盟会的积极发动,有统计显示,仅1911年4月至1912年5月,缅甸华侨为革命事业捐助的经费总额就至少在60万港币以上②,这一数额相对于缅甸华侨整体偏弱的经济实力来说,实属难能可贵。

在辛亥革命之后,国内政局依然动荡,后续战争不断,天灾人祸连绵,缅甸华侨继续表现出极大的爱国热情,捐款总数难以计数。例如,1922年直奉战争爆发,缅甸华侨成立"爱国共济

---

① 陈孝奇:《缅华四十年大事记》,载《缅甸华侨兴商总会四十周年纪念特刊(1911—1951)》,1951年。

② 吴宏岐、于亚娟:《辛亥革命时期华侨经济援助的地域变迁及其原因》,载《华南师范大学学报(社会科学版)》,2011年第5期,第67页。

东南亚华侨史丛书

会",发动学校以演出等方式筹款,先后向北京政府汇款七次,每次5 000元左右,总计达40 000余元,还捐赠了一架飞机、一辆汽车以供军用。①

纵观整个民国时期,海外华侨一直是国内各种政治、军事、社会运动的重点筹款对象。广大华侨虽远离故土、艰苦谋生,却心系祖国、情牵家乡,因此无论国内发生二次革命、直奉战争、北伐战争,还是其他各种战事,华侨都常常倾囊相助。缅甸华侨虽整体经济实力较弱,却时常做出超乎经济实力甚至"毁家纾难"的捐助之举,充分表达了感人至深的爱国爱乡之情,值得高度肯定和颂扬。

三、缅甸华侨积极投身辛亥革命②

辛亥革命前后,缅甸华侨不仅积极出资捐助,而且纷纷回国效力,直接投身国内革命事业,为辛亥革命的成功贡献了力量。

毗邻缅甸的云南一直是缅甸同盟会的重点工作区域。1906年夏,秦力山在仰光发表《革命箴言》之后,秘密前往毗邻缅甸的云南干崖地区(今盈江),通过该地土司、同盟会会员刀安仁开展工作,一方面执教以宣传革命,一方面培养、发展革命力量,准备武装起义。遗憾的是,秦力山为瘴气所袭,于1906年10月病逝于干崖。该地各族人民修建了一座公墓,纪念秦力山和他的战友王仰思。秦力山的辛勤耕耘,为后来的滇西革命斗争

---

① 陈孝奇:《缅华四十年大事记》,载《缅甸华侨兴商总会四十周年纪念特刊(1911—1951)》,1951年。

② 本节内容主要综合参考自肖泉:《缅甸华侨与辛亥革命》,载《世界历史》,1981年第5期;方福棋:《辛亥革命与缅甸华侨》,载《云南民族学院学报(哲学社会科学版)》,1993年第2期;王介南:《缅甸华侨与辛亥革命》,载《东南亚之窗》,2011年第2期。以下不再一一另注。

奠定了基础。

1908年4月,同盟会在云南河口策划、发动了武装起义,与清军相持二十余日后失败。在河口起义之前,何荫三、庄银安、黄德源等缅甸同盟会会员和非会员热忱捐输军费,并购买了一批武器弹药运至河口。同盟会会员杨振鸿(即杨秋帆)在河口起义失败后,辗转经过新加坡、槟榔屿抵达缅甸,联络革命志士,希图再举。1908年11月,清朝慈禧太后与光绪皇帝双双去世,杨振鸿认为"有机可乘",潜回云南永昌(即今保山),联络滇西革命力量,组织民军,策反清军,计划一举攻占永昌后,再图大理、昆明。遗憾的是,起义因组织不严密被清军察觉,数月的辛苦经营归于失败。杨振鸿因起义前疲于奔波于"烟瘴之地",起义暴露后又被清军前阻后截,行至永昌隆阳乡蒲缥寨已吐血不止,最终于同年12月病逝。至此,"永昌起义"宣告夭折,但革命思想在云南获得进一步传播。

缅甸同盟会并没有因反复受挫而气馁。1908年年底,居正、陈仲赫也入滇谋划起事,未果,返回缅甸。1910年夏,吕志伊介绍黄兴与云南人寸尊福相识,寸尊福愿意援助万金,作为滇边起事的经费,但恰逢当时形势紧张,各处戒严,起事遂作罢。①

1911年4月27日,广州起义(黄花岗起义)爆发,震撼全国。起义由孙中山在马来亚槟榔屿主持策划,赵声任总指挥,黄兴任副总指挥。缅甸同盟会派遣了包括李雁南、郑亚坤、方近仁三名会员在内的16位华侨青年返穗参加起义,其中郑亚坤在战斗中负伤,广东开平籍缅甸华侨李雁南壮烈牺牲,成为广州黄花岗七十二烈士之一。李雁南在起义中随黄兴攻打清两广总督署二

---

① 徐市隐:《缅甸中国同盟会开国革命史》,转引自中国社会科学院近代史研究所《近代史资料》编译室主编:《华侨与辛亥革命》,北京:知识产权出版社,2013年版,第154页。

门,中弹被捕,清吏严加审问,李雁南慷慨陈词:"可恨我现在身中两枪,不能复战。……"言毕即求速死。次日,李雁南在广州观音山脚六十四号机关就义。

李雁南的牺牲消息震动了缅甸华侨社会,缅甸侨胞纷纷举行集会、游行,革命活动更加频繁,许多革命志士主动返回祖国,在武昌起义和广州、云南、福建等地的光复中都做出了不可磨灭的贡献。1911年10月30日,缅甸同盟会号召会员组织两队"义勇军",回国投身国民军革命,一队由陈钟灵率领13人回闽参军,一队由李亚灵率领43人赴滇。当缅甸革命派准备起义时,闽籍华侨陈允洛毅然返乡,为起义军刻制了"福建省都督印"。

经过缅甸同盟会在云南的反复尝试,1911年10月下旬,云南腾越(今腾冲)和迤西地区起义成功,其领导人是缅甸华侨张文光,这是缅甸华侨投身辛亥革命最显著的成就。

张文光,字绍三,腾冲县董库村人,从商于缅甸,1908年经杨振鸿介绍加入同盟会。张文光利用其行商之便,频频往来于腾冲和缅甸之间,在汉族和少数民族中秘密散发《革命宣言》,并在腾冲、保山等地创立"自治同志会",得数千人。1911年,为了响应辛亥革命和武昌起义,张文光返回腾冲,同清军里的秘密同盟会会员和革命分子在腾冲西城郊五皇殿召开部署起义会议。会上,众人推举张文光为都督,并商定了"禁令十条"和革命方略。1911年10月23日深夜3时,腾冲防军哨官、同盟会会员李学诗于南城楼枪杀防军第四营顽固管带曹福祥,起义开始,仅激战数小时,便光复腾冲全城。起义军随即兵分三路东进,未及旬日,永昌、龙陵、顺宁、云龙先后光复。起义军正欲进取大理时,电传昆明起义。云南省都督蔡锷因张文光在腾冲首举义旗,擢授其为"协都督"兼"大理提督"。

腾冲起义打响了云南辛亥革命的第一枪,并迅速控制了滇西广大地区。张文光曾在腾冲陆防各军做过长期艰苦的工作,发展了一批同盟会会员，因此这次起义十分顺利。自腾冲光复后，张文光随即着手建立军政府，采取各种措施稳定局势。军政府与英属缅甸代表约定"不得干涉"，同时征募新民军六营，编士林队一营，严格执行"禁令十条"，使腾冲"市井晏然，鸡犬不惊"。

云南腾冲起义的成功，极大地鼓舞了缅甸境内的各籍华侨。10月26日，缅甸同盟会组建的参谋部派遣两支先锋队携带《军政府宣言》和《安民布告》入滇张贴，这些布告均由仰光益商学校的青年日夜赶工油印得来。先锋队第一队有王怀、杨大森、祝宗荣等人，均为滇籍华侨，第二队为吴镇福、周作霖等闽籍华侨和曹恩羡等粤籍华侨。《军政府宣言》宣布国民革命的责任是使"一国之人，皆有自由、平等、博爱之精神"，军政府的纲领为四项，一是驱除鞑虏，二是恢复中华，三是建立民国，四是平均地权。宣言称，革命胜利后，政府将分三个阶段实施政纲：第一期为军法之治，为期3年；第二期为约法之治，为期6年；第三期为宪政之治。《安民布告》告知民众，革命是为消灭清政府"压制人民之手段，专制不平之统治，暴虐残忍之罚刑，勒派加抽之苛捐"，对于国民"绝不侵害"，广大民众"为士者照常求学，为农者照常耕种，为工者照常作工，为商者照常买卖"。①

缅甸华侨和侨属子弟在筹组腾冲军政府、扩充军队、巩固革命成果、稳定社会秩序方面，发挥了重要作用。例如，缅甸同盟会先锋队第二队的仰光华侨周作霖是教员，因熟谙英语，被委任为腾越军政府外交司负责人；缅甸华侨寸开泰任军政府民政部长，统辖财政、公捐二局和审判一厅；腾冲军队中有数名参谋是来自仰光的华侨；士林队兵士主要由云南三大侨乡和顺、绮罗和大董的"两等小学"学生组成。同时，瓦城同盟会分会积极筹

---

① 陈孝奇：《缅华四十年大事记》，载《缅甸华侨兴商总会四十周年纪念特刊（1911—1951）》，1951年。

款,悉数用于接济云南军需。诸多旅缅滇籍侨胞如寸尊福、李瑶伯、刘玉海等亦纷纷携款回国相助。

  遗憾的是,辛亥革命的成果很快被袁世凯窃取。广东军阀龙济光投靠袁世凯,窃踞广东数年,祸国殃民,广东人民恨之入骨,掀起"讨龙运动"。海外华侨响应孙中山领导的中华革命党的号召,组建"华侨讨龙军"。缅甸华侨黄日初、赵坚持、邝光熙等20人参加了华侨讨龙军敢死队,后来一直坚持到袁世凯暴毙和龙济光垮台。

第五章 清末民初缅甸华侨社会的成型

第一节 缅甸华侨社会概览

一、缅甸华侨的发展规模

英国殖民者占领缅甸后,为了加快缅甸资源的开发,采取鼓励移民政策。英国在缅甸北部边境给予流民补贴,规定开荒三年不收税,贷款三年后才偿还。同时,按照1860年中英《天津条约》的续约规定,英国可以在中国沿海各口岸招募华工移民。缅甸华侨的数量因而迅速增长。

清代缅甸华侨数量曾长期缺乏精确统计。一些清朝的有识之士估计,清末缅甸华侨总量为10万人左右。自1886年英国在缅甸建立殖民统治后,英属印度当局对缅甸人口展开全面普查,结果见表5-1。

表5-1 英属印度缅甸省人口统计(1891—1911年)

年份	出生于缅甸/人(%)	出生于印度其他省/人(%)	出生于中国/人(%)	总计/人
1891年	7 282 213 (95.71)	280 719 (3.69)	23 060 (0.30)	7 608 552

续上表

年份	出生于缅甸/人（%）	出生于印度其他省/人（%）	出生于中国/人（%）	总计/人
1901 年	9 888 124（94.26）	415 953（3.96）	43 328（0.41）	10 490 624
1911 年	11 465 246（94.64）	493 699（4.08）	75 365（0.62）	12 115 217

资料来源：Census of India (1891—1911)．转引自李轶：《英印殖民时期的缅甸华人及其政治参与——从1923年仰光华社迎接英印总督访缅谈起》，载《华侨华人历史研究》，2015年第2期，第49页。注：表中部分数据存疑，本书遵照原文引用。表格形式有改动。

从表5-1可见，缅甸境内"出生于中国"者1891年为23 060人，1901年为43 328人，1911年为75 365人，以近乎每十年翻一番的规模增长。但是，这一统计结果并没有达到估计中的10万人规模，这既可能是因为清朝人士的估计数量有所夸大，也可能是因为英属印度的统计结果较实际情况偏少。一方面，英国在建立统治初期，对广大乡村地区掌控力不强，其人口统计工作很难面面俱到；另一方面，上表采取地缘主义统计法，表格中的"出生于中国"者仅限于进入缅甸境内的第一代华侨，而土生华侨则被划入"出生于缅甸"者，这直接造成"出生于中国"者的数量比中国人按血统原则认定的"华侨"数量偏少。据此推算，则1911年缅甸华侨的总体数量确实可能达到10万人左右。

从19世纪末到20世纪初，下缅甸逐渐成为英属缅甸殖民地的政治中心、经济中心，也成为中缅贸易重镇和海路华侨的聚集地。其中，仰光是闽粤华侨增长最迅速的地方，是下缅甸侨情的缩影。英国殖民者在下缅甸建立统治后，开始调查仰光的华侨人口数据，其统计结果参见下表5-2、表5-3。

表5-2 仰光市华侨人口统计（1872—1911年）

年份	人数	占全市人口比例
1872年	3 181	3.4%
1881年	3 752	2.7%
1891年	7 576	4.3%
1911年	16 055	5.5%

资料来源：《华侨志》编纂委员会：《缅甸华侨志》，台北，1967年版，第102页。

表5-3 仰光市人口统计（1891—1911年）

年份	出生于缅甸/人（%）	出生于印度其他省/人（%）	出生于中国/人（%）	总计/人
1891年	88 555（49.11）	83 052（46.06）	4 915（2.73）	180 324
1901年	105 343（44.85）	117.713（50.12）	7 939（3.38）	234 881
1911年	122 407（41.73）	153 478（52.33）	11 759（4.01）	293 316

资料来源：Census of India（1891—1911）. 转引自李轶：《英印殖民时期的缅甸华人及其政治参与——从1923年仰光华社迎接英印总督访缅谈起》，载《华侨华人历史研究》，2015年第2期，第49页。注：表中部分数据存疑，本书遵照原文引用。表格形式有改动。

表5-2和表5-3所统计的仰光市"华侨"数量和仰光市"出生于中国"者数量不尽一致，如表5-2中的1891年的统计结果为7 576人，表5-3仅为4 915人，1911年表5-2为

16 055 人，表 5-3 仅为 11 759 人，这主要是概念范畴不同所致："华侨"往往包括出生于缅甸当地的男性土生华侨，而这部分人口在后表被纳入"出生于缅甸"者，故"出生于中国"的第一代华侨数量必然比"华侨"数量偏少。

结合以上两个表格，可以清晰看出 19 世纪末 20 世纪初仰光华侨人口的特点：①仰光华侨人口数量和所占比例呈稳定增长态势；②相比于缅甸本土人口和印度移民人口，华侨人口占绝对少数，属于少数族裔。在英属缅甸殖民地时期，真正大量涌入缅甸的外来人口不是华侨，而是印度移民，因为印度与缅甸接壤，且缅甸被定位为英属印度的一个省，所以印度移民进入缅甸拥有诸多便利条件。至迟自 1901 年起，仰光的印度移民人口甚至已超过缅甸本土居民人口。这种人口结构，奠定了印度移民经济在缅甸经济发展中可能取得的地位，也预示着缅甸华侨经济的发展前景将面临诸多挑战。

尽管华侨在缅甸属于绝对的少数族群，在 19 世纪末 20 世纪初，下缅甸华侨凭借明清中缅贸易的经验积累、殖民政府的政策条件和吃苦耐劳的开拓精神，仍然在经济上取得了较大发展。据光绪三十三年（1907 年）调查，仰光华侨有共计 250 多个店面，其中木厂、柴厂各 10 余间，榨油厂 1 间，槟城郊 20 余间，星洲郊 10 余间，内地郊 60 余间，纱布铺 4 号，槟榔铺 30 余号，杂货店 50 余号，铁店 20 余号，索料铺 6 号，糕点铺、酒楼、茶居各 10 余号。① 从槟城郊、星洲郊、内地郊这些名称中可知，这些店铺的主人很可能分别来自槟城、星洲、中国内地等各处，而从店铺类型可知，仰光华侨的经济结构主要由加工业、手工业、零售业、餐饮服务业构成。仰光已形成北至河滨街（Canal

---

① 余定邦：《中缅关系史》，北京：光明日报出版社，2000 年版，第 272 页。

Street)、南至海墘街（Strand Road）、西至南勃陶路（Godwin Street)、东至唐人坡（China Street）的华侨聚居区，以广东大街、百尺路为核心区域，基本奠定了今日仰光唐人街的规模。缅甸华侨社团的常设机构基本都集中于当地唐人街的范围内，这也是许多老一辈华侨终其一生的主要活动区域。

二、缅甸华侨的生活风貌——以仰光为例

19世纪末20世纪初，缅甸华侨的衣食住行、社会娱乐等各个方面的生活风貌，既保持着中国传统习惯，也逐渐受到当地环境和时代特色影响。其中，仰光唐人街集中反映了这种文化交融的现象。

缅甸华侨的服装是一项重要的身份认同标志。大多数华侨惯于穿着"唐山装"，或称"唐衫""唐裤"，即使是有缅族或孟族血统的华侨亦穿唐衫、唐裤，而且禁止华侨子弟穿缅甸传统的纱笼。华侨可以在制衣店定做唐装，也可以直接购买成衣。至于脚上所穿的鞋子，从海路抵达下缅甸的华侨大多喜穿木屐，故仰光杂货店门口常摆木屐出售。这些木屐或来自中国，或出自华侨木工之手。除木屐外，华侨商人、公务员、律师、教员等也常穿皮鞋、皮拖鞋。

仰光华侨的饮食业非常繁荣。在19世纪末的仰光唐人街中，已经有粤籍华侨开设的富南楼、中华楼、美南居、冠南楼等多家酒楼，其中富南楼据说相当宽敞，闽籍华侨开设的酒楼有南薰第一楼、莲台菜馆等。华侨称这些酒楼的菜肴为"高楼馆菜"，以区别于家常菜。俗话说"食在广东"，仰光粤籍华侨同故乡的广东市民一样，爱吃早茶、午茶，在仰光唐人街酒楼的茶市上同样可以吃到烧卖、包饺之类的食物，有时他们还邀请女伶献唱粤曲。至于普通华侨劳工常吃的"餐馆"中，最典型的菜肴是烧腊饭，例如"广同盛"餐馆就是以烧腊闻名。

东南亚华侨史丛书

除餐馆之外，凡华侨聚居之处，皆有大量售卖中式食品的店铺、食摊，其中仰光广东大街两侧人行道上的食摊最为著名。广东大街设有晚市，按照仰光市政府规定，每天下午五点以后才可以开始营业，摊主通常在下午四点半左右开始准备。按照惯例，广东大街南侧人行道上摆的是闽籍华侨的食摊，北侧人行道上摆的是粤籍华侨的食摊，常见小吃有米粉、沙河粉、面条、粥品等，皆以平底小铜煲烹饪。除此之外，还有更廉价的"一个镭饭"，意即"只需一个铜元的饭"，通常是用于招呼需要吃饭的工友。据说在广东观音古庙前的饭摊上，常可听到这种招呼声。当时的一个铜元，仅为一盾的六十四分之一，可谓非常廉价，但可以吃到一碗饭或一小碗缅甸特色的鱼汤米粉。时至今日，广东大街的晚市传统仍在延续，笔者在仰光调研时，见到广东大街已成为著名的美食街和旅游景点，入夜后人群熙熙攘攘，街道两旁摆满各式闽、粤、缅式食摊。

至20世纪初，仰光华侨除了坚持传统饮食风格外，也逐渐受到西式饮食影响。仰光唐人街中比较有代表性的西餐厅当属"南苑饮冰室"，位于广东大街与五十尺路的东北角，以咖啡、红茶、冷饮、西餐及粤菜为主，吃"南苑雪糕"一时成为儿童风尚。受此影响，后来各酒楼的茶市除绿茶、烧卖、包饺之外，也开始售卖咖啡、红茶、蛋糕、西点等。

自明清以来，戏曲是中国民众最主要的文化娱乐项目。粤籍华侨喜爱听粤曲、看粤剧，在19世纪末的仰光第17街上，有一家"梁启裕戏院"，系粤籍侨领梁启裕所建，每逢阴历十二月初，粤籍华侨都要从新加坡或槟榔屿等地邀请戏班前来演出。后来，梁启裕戏院因失火被毁，粤籍华侨团体又在广东公司的领导下，先是在北城行对面搭建起临时戏棚，后又转移到百尺路西侧的空旷地上，继续邀请戏班，分日、夜两场演出。除此之外，仰光还先后出现过武英戏院、南华戏院、书楼宫殿戏院等。

在19世纪末20世纪初,仰光唐人街还普遍存在不健康的娱乐行当——赌博业和娼妓业,这也是各地老唐人街的通病。仰光的赌馆被称作"俱乐部",英文即club,遍布唐人街各处,例如有粤籍华侨经营的"宴琼俱乐部"、闽籍华侨陈水成经营的"公余俱乐部"等。这些俱乐部往往设于楼上,以防人们窥视,楼梯口处常悬挂"非会员勿入"(Member Only)的牌子,实则欢迎大众进去下注。出入赌馆的通常是男性商贾、劳工大众等,轮船海员在上岸时也常常前往消遣,玩法有"花会""白鸽票"等花样。仰光的妓院包括西洋妓院、东洋妓院、华人妓院等。因新加坡、马来亚等地的粤籍华侨将妓女称为"老举",妓院称为"老举寨",下缅甸不少粤籍华侨也沿用了这种称呼。华人妓女以粤籍占多数,在妓院密集的第29街附近,还因此兴起了诸多酒楼。华人"老举寨"消费昂贵,春宵一宿的"落帘",连同宵夜、茶、酒、小费等,至少要三四十盾,而当时一盾半就可以买到一瓶英国白兰地或一百多个鸭蛋。相比之下,据说外籍妓女反而比较廉价。因妓院内经常发生殴打事件,仰光市政府后来于1922年9月1日公布了禁娼法令,华人妓院次年被封闭,妓女被警察带到宁阳会馆,任由无妻室者办理手续后娶走,当时粤籍华侨将妓女从良称为"老举上街"。[①]

第二节 缅甸华侨社团的涌现

清末仰光华侨社会组织的发展情况,是这一时期缅甸华侨社会的缩影。缅甸华侨数量的增长,催生了华侨建立社团组织、开

---

① 陈孺性、应平:《过去三个世纪(三百年)期间在缅甸的广东人》,载《仰光广东公司观音古庙重修落成庆典暨一百七十九周年纪念特刊》,2002年。

展自治互助的需求。通常来说，清末华侨社会中最先出现的组织是以神缘为纽带的庙宇、以血缘为纽带的宗亲会、以地缘为纽带的同乡会、从中国民间延伸至海外的秘密会社、具有传统手工业性质的行会等五类社团组织。至于商业性、政治性、专业性的社团组织，则到民国时期才开始大规模发展。缅甸华侨迅速形成以神缘、血缘、地缘、业缘等多维因素相结合的社群，奠定了近代缅甸华侨社会的基本结构和表现形态，标志着缅甸华侨社会已经发展成熟。

仰光作为英属缅甸殖民地的首都，兼具政治意义与经济功能，故此也成为缅甸华侨经济和社会活动的辐射中心。仰光的观音古庙及广东公司、庆福宫及福建公司，不仅是仰光华侨的社会核心，也对仰光之外的缅甸其他地区有广泛影响，具有类似于"总堂"的地位。据研究者统计，在光绪二十八年（1902年）《重修仰光庆福宫碑记》中，记载的募捐商号多达488个，来自遍布缅甸各地的59个城镇。①

这一时期，最引人注目的现象是下缅甸闽、粤籍华侨社团持续大量涌现，而上缅甸滇籍社团似乎并不那么活跃。究其原因，大约有以下几方面：第一，传统的中缅贸易使上缅甸滇籍华侨聚居地发展较早，一些滇籍华侨的互助组织和集体建筑在清朝中前期已经创建完毕；第二，英国的殖民入侵改变了缅甸政治和经济格局，仰光崛起为新的政治、经济中心，滇籍华侨在上缅甸的传统贸易优势遭到削弱，闽、粤籍华侨在下缅甸获得了前所未有的开拓机遇；第三，滇缅交通的近便和双边贩运贸易的性质，注定了滇籍华侨"行商"多于"坐贾"，滇籍华侨在缅甸境内结社自保的动力有限，往往以落叶归根为重，而闽、粤籍华侨远航不

---

① 肖彩雅：《19世纪初至20世纪初缅甸华侨社会的变迁》，厦门大学硕士学位论文，2009年，第101~104页。

易,多常住下缅甸从事商业、手工业、服务业等,往往以落地生根、团结互助为重;第四,滇籍华侨大多来自临近缅甸的腾越等地,同质性高,故社团多样性不明显,而闽、粤籍华侨下分为多个方言、文化群体,社群之间的差异较大,故而形成大量彼此分离甚至对立的社团。自19世纪晚期起,华侨在仰光建立起大量血缘、地缘、业缘及秘密会社组织,为华侨的异国生活提供全方位的保障,详见表5-4。

表5-4 1852—1911年仰光成立的华侨社团（不完全统计）①

名称	时间	备注	名称	时间	备注
洪顺堂	1852年	粤	李家馆	1882年	粤
植德堂	1854年	闽	鲁城行	1883年	木工
陇西堂	1860年	闽	梅氏书室	1884年	粤
福建公司	1861年	闽	新会会所	1885年	粤
宁阳会馆	1865年	粤	肇庆会馆	1885年	粤
建德堂	1868年	闽	宝树堂（谢）	1887年	闽
崇圣堂	1871年	闽	鲁北行、利城行	1888年	木工
汝南堂	1871年	闽	清河堂（张、廖、简、颜）	1888年	闽
五邑会馆	1874年	粤	广东公司	1888年	粤
曹氏馆	1877年	粤	阮家馆	1890年	粤
龙山堂（曾、邱）	1878年	闽	溯源堂	1891年	粤
陈家馆	1881年	粤	江夏堂（黄）	1892年	闽

① 肖彩雅:《19世纪初至20世纪初缅甸华侨社会的变迁》,厦门大学硕士学位论文,2009年,第112页。

续上表

名称	时间	备注	名称	时间	备注
伍氏家塾	1893年	粤	梁家馆	1904年	粤
九龙堂	19世纪90年代	闽	客属安宁会馆	1904年	闽
庐山堂	19世纪90年代	闽	北城行（东家堂）	1904年	营造
荥阳堂	19世纪90年代	闽	敬德行	1904年	铁业
南阳堂	19世纪90年代	闽	洪胜行	1904年	皮革
四美堂	19世纪90年代	闽	广兴行	1904年	酒楼
崇季堂	19世纪90年代	闽	中华商务总会	1908年	商业
敦亲堂（高、吕、邵、纪）	1900年	闽	肇庆会馆	1910年	粤
温陵会馆	1904年	闽	旅缅三山会馆	1911年	闽

资料来源：陈孺性：《仰光广东公司（观音古庙）史略》，载《仰光广东公司观音古庙重修落成庆典暨一百七十九周年纪念特刊》，2002年；《华侨志》编纂委员会：《缅甸华侨志》，台北，1967年版；方雄普：《朱波散记——缅甸华人社会掠影》，香港：南岛出版社，2000年版。

囿于资料保存等各方面原因，目前已经无法精确得知所有华侨社团的详情，但仅据以上统计可见，从19世纪末到20世纪初，仰光华侨社团已经覆盖了各大族姓、地域和行业。这些华侨社团，在分散的华侨个体与陌生的殖民社会之间，构筑了缓冲屏障和过渡空间，使华侨在一定程度上可以继续生活在故乡的熟人社会中，遇到困难、纠纷时也都可以向社团求助。

一、以神缘为纽带的庙宇

庙宇是缅甸华侨社会中最早出现的社会组织形式。早期华侨踏上出洋之路时,往往前程未知、生死未卜,他们唯一的慰藉就是家乡信奉的神祇,而同样的信仰又成为华侨身份认同的标识之一。

一般认为,缅甸最早的华侨庙宇是滇籍华侨在乾隆年间建立的瓦城观音寺(亦称洞缪观音寺),其次有滇籍华侨在嘉庆年间建立的八莫关帝庙,对此前文已有叙述。19世纪英国殖民者的到来,促使下缅甸的粤籍、闽籍华侨迅速增长,并分别建立起自己的庙宇。道光四年(1824年),粤籍华侨在仰光建立了广东观音庙。同治二年(1863年),闽籍华侨在仰光建立了庆福宫。除此之外,丹老、勃生等华侨聚居地也各有庙宇,仰光广东观音古庙、丹老天后宫、勃生三圣宫、仰光庆福宫并称"缅南四大古庙"。

1. 仰光广东观音古庙。

粤籍华侨到达仰光的时间较早,因此仰光的唐人街又名广东大街。广东观音古庙是一座粤籍华侨庙宇,其最早的创建时间难以稽考,前身是粤侨逢年过节时的祭祀场所。据说,广东观音古庙的雏形产生于道光四年(1824年),当时仅为一个形似仓库的单层建筑物,内有三座神龛。又云,英国人在道光五年(1825年)2月17日午夜见到粤籍华侨在唐人街某处群集供斋,地点就是今仰光广东观音古庙矗立之所。英国人在1852年年底宣布占领下缅甸的勃固区后,即在仰光进行市政建设,测量土地,绘制地图。在1853年的仰光地图上,标明在广东大街(Dalhousie Street)北面、百尺路(Latter Street)与第20街之间,有一块地方为"华人庙宇",即今广东观音古庙,当时仰光仅有此所华人庙宇。根据英方记载,旧庙可能焚毁于1855年12月的一场仰光

大火。1858年,英国殖民者正式将这块土地划拨给该庙,负责人为朱融洽、梅远酞和朱焕。公文内说明,允许"澳门华人"(即粤籍华侨,因常转道澳门抵达,故称)免费将这块土地建为庙宇,若移作他用将予以收回。今庙内有立于同治七年(1868年)的碑石一方,题为"创建纪念碑文",文内有云"前者栋宇辉煌,讵遭回禄","兹今紫府重建,永瞻渥丹",可知该庙最初是木质建筑,且屡遭失火,后来重建。有人据此碑文认为,该庙重建于1868年,但缅甸华裔学者陈孺性指出,庙内所存的多件于同治三年(1864年)捐赠的木质文物表明,该庙在1864年已经重修,改为砖石结构建筑。笔者去探访时,见到庙内至今悬挂着落款为同治四年(1865年)的对联:"佛法无边,四海同沾法雨;神恩浩荡,万民共沐恩波。"①

观音古庙主庙两边的辅屋,即今日所称的"书塾"和"公所",建成于同治十一年(1872年),分别用于兴办教育、聚会商议、举办盛会等。光绪十三年(1887年)左右,广东观音古庙再次重修,闽籍华侨各商号曾致送金漆雕花对联一副。这次大规模重修工程于1888年初竣工,从此,古庙直到1983年仍保存完好。

观音古庙的日常事务,由若干信托人掌管。在1851年至1861年间,信托人是朱融洽、梅远酞、李乃喜、朱焕、伍文贺、陈参尊、梁启裕7人。当时,信托人不分职务,只称"值事"。1864年重修后,朱融洽、朱焕、陈参尊等人先后退休,所余老一辈信托人遂扩大组织,新增加了不少信托人。大约在1888年重修后,信托人效仿其他会馆的组织方式,设置了"大总理""督理值事""协理值事"等职务,其中"大总理"为李乃喜,"督理值事"为李玉麟、朱观象、曹秉雅,"协理值事"为梅福

---

① 出自"广东观音古庙",笔者录于缅甸仰光,2015年。

远、卢法轩、黄贤汉、伍洪福、李泗尧、陈吉光。信托委员会除了管理广东观音古庙外，还负责管理广东坟场。大约也是在1888年后，因当时各宗姓团体、同乡会组织常以"公司"名义向殖民政府注册，人们开始习惯性地将信托委员会称作"广东公司"。在华侨的习惯中，信托人也常被称为"父兄"，信托委员会、广东公司亦常被称为"父兄会"。上述这些称谓一直沿用到战后才更改，如"大总理"改成现代化的"会长"等。①

2. **丹老天后宫**。

19世纪初英国占领丹那沙林地区后，将其交给英国驻槟榔屿总督管辖，从此马来亚华侨可以更为便利地前往丹那沙林地区的丹老、土瓦务工经商，或转赴仰光。丹老华侨数量增加，遂筹备建立了天后宫。

丹老天后宫最初是一所粤籍华侨庙宇，初建的确凿年月目前无法查证，只能依赖宫内所存古物进行推断。其中，最重要的是由广东番禺人士萧日和香山人士吴正辉于道光十七年腊月（1838年1月）共同赠送的大钟。据此推断，丹老天后宫可能至迟肇建于1838年，距今应有180余年的历史。

光绪七年（1881年）十月至十一月，丹老天后宫重修，所造四个木质香炉遗留至今。光绪十年（1884年）孟冬，该宫再次重修，完毕以后，广东广州府、肇庆府、惠州府、高州府及琼州府华侨合敬匾额一方，上书"永藉圣恩"。光绪三十二年（1906年）秋，丹老的广州府和肇庆府华侨合送对联一副："天下被洪恩，物阜民康，万古同歌美；后宫流巨泽，远钦近悦，千秋羡休祥。"对联表达的是天下万民不分远近、共被惠泽的含义。目前，尚无关于该宫奉祀群体变迁的明确记载，但据说自此

---

① 陈孺性：《仰光广东公司（观音古庙）史略》，载《仰光广东公司观音古庙重修落成庆典暨一百七十九周年纪念特刊》，2002年。

以后,原有粤籍华侨创建的丹老天后宫不分畛域,成为丹老全体华侨共同奉祀的庙宇。

在太平洋战争爆发之前,丹老的集义社、明义社、泰福社、义兴公司(洪顺堂)、和胜公司(青莲堂)及建德堂共六大侨团的代表为当然委员,管理庙宇的一切行政事务。据1936年的记载,庙宇全年经费约需1 100卢比。从丹老天后宫的管理者构成来看,其中兼有粤籍、闽籍等各个华侨社团的代表,确实做到了"不分畛域",这从侧面反映了近代缅甸华侨突破地域、整合侨力资源的努力,也说明丹老天后宫与其他类型的华侨社团保持着密切的协作关系。

3. 勃生三圣宫。

勃生(Bassein)位于下缅甸伊洛瓦底江三角洲。在咸丰至光绪年间,粤籍华侨常使用译名"北省",至第一次世界大战后才袭用闽籍华侨的译名"勃生"。三圣宫也是一座粤籍华侨庙宇,因此与粤籍华侨的仰光观音庙一样,奉祀观音菩萨、圣母天后、关圣帝君这三圣,故得名"三圣宫"。一般认为,勃生三圣宫创建于咸丰年间。庙内现存古物之中,最早的是建庙值事人广府香山(今中山)谢吉祥与宁邑(今台山)阮仁献于同治元年(1862年)仲秋奉献的匾额一方,上题"报圣恩",据此可猜测,这一年勃生三圣宫可能重修过。宫内厅后有一副木质对联:"广被慈云,睹兹宝座辉煌,万古神灵光北省;东来紫气,瞻此庙堂焕彩,千秋德泽播南洋。"

值得注意的是,仰光广东观音古庙和勃生三圣宫所用占卜签均为"天后签"而非"观音签"。陈孺性认为,广东观音古庙的前身可能是"天后庙"或"天后宫",后来才奉祀三圣,而勃生三圣宫沿袭了广东观音古庙的这一传统。①

---

① 陈孺性、应平:《过去三个世纪(三百年)期间在缅甸的广东人》,载《仰光广东公司观音古庙重修落成庆典暨一百七十九周年纪念特刊》,2002年。

4. 仰光庆福宫。

仰光庆福宫是闽籍华侨庙宇，又名福建观音亭。"庆福"二字，取自"吉庆福禄"之义。庆福宫最初亦是木质结构建筑，清咸丰十一年（1861年）奠基，同治二年（1863年）开光。后重修为保留至今的砖石结构建筑，于光绪二十三年（1897年）动工，光绪二十八年（1902年）十二月初竣工，重修所用石料均从厦门运来，庙宇结构以福建霞阳社的庵庙为蓝本，后来又曾多次重修。宫内正殿有一副对联："观察普天下苍生，是因除灾救苦；音声遍娑婆世界，所以警味醒迷。"①

缅北两大古庙和缅南四大古庙，是缅甸华侨早期最有影响和代表性的庙宇，传递着华侨入缅开拓产业、传承故乡文化的信息。

首先，这些庙宇的肇建时间大多介于道光至咸丰年间的清代中晚期。上缅甸古庙出现在清代中缅互通有无的传统陆路贸易背景下，肇建时间明显比下缅甸古庙早；下缅甸古庙出现时，正值西方资本主义势力开始逐步向东亚、东南亚扩张，带动了大量华侨经海路抵达下缅甸务工、经商。在下缅甸四大古庙中，因闽籍华侨抵达时间相对较晚，仰光庆福宫肇建时间最晚，其经济实力却后来居上。

其次，这些庙宇的建筑带有明显的地域文化色彩。上缅甸阿摩罗补罗的瓦城观音寺及八莫关帝庙均为滇侨庙宇，其建筑风格为云南样式。仰光广东观音古庙、勃生三圣宫是以台山人为主修建的粤籍华侨庙宇，其格局与广东珠江三角洲常见的庙宇相同，仰光庆福宫则以福建海澄霞阳社的庵庙为蓝本，具有浓厚的闽南特色。这些建筑风格各异的各籍贯华侨庙宇，凝聚着华侨对故乡的空间记忆，传承着各地民间信仰，成为维系华侨与祖籍地的情

---

① 出自"庆福宫"，笔者录于缅甸仰光，2015年。

东南亚华侨史丛书

感和文化纽带。

中国民间信仰具有儒、释、道三教合一的特点,重实用功能,不重教派之分,这种特点也明显被移植到了包括缅甸在内的南洋华侨社会中。南洋各地华侨供奉的神祇多种多样,读书治学奉祀孔子先师,出海航行奉祀妈祖,忠义诚信奉祀关公,经商奉祀财神,建筑奉祀鲁班,还有不分行业的佛教观音菩萨、道教玄武大帝、大伯公(福德正神)等等。

不过,缅甸华侨庙宇中最常奉祀的三位主神当属观音菩萨、妈祖天后、关帝圣君。自佛教传入中国后,普度众生的观音菩萨逐渐成为中国民间信奉最广的神灵;原型为福建莆田林默娘的妈祖逐渐化身成海上保护神,在闽粤沿海广受崇拜,又随闽粤华侨传播到南洋各地;原型为三国时期关羽的关帝,在民间文学的流传过程中逐渐成为"忠义"的化身,尤其在中国西南和上缅甸地区广受崇拜,后也被下缅甸接受,在移民社会中发挥着规范秩序、凝聚人心的作用。这三位神灵迎合了华侨在海外的精神需求,成为缅甸华侨常见的合祀供奉对象。

除了缅北两大古庙和缅南四大古庙外,缅甸各地有华侨聚居的地方,几乎都有规模不一的各籍华侨庙宇。到19世纪末,上缅甸闽、粤籍华侨的经济活动渐长,经济力量逐渐增强,于是曼德勒一带不但有滇籍华侨庙宇,而且出现了闽、粤籍华侨庙宇。大约在光绪五年(1879年),闽籍华侨在曼德勒建起"福庆宫",其名称类似于仰光庆福宫,仅是将两个字颠倒而已,这也暗示着两座庙宇之间的渊源关系。据说,曼德勒福庆宫的建材取自仰光庆福宫重修时的剩余材料。1895年,粤籍华侨在缅甸都城阿瓦建立起地缘组织"广东公司",即广东同乡会,并建立起"瓦城观音古庙"。该观音庙位于曼德勒的汉人街,交通便利,地位适中,前临大道,后枕华山,左达伊江,右接都城,庙宇外观仿照中国的佛寺形式,正殿供奉观音佛祖,供一般善男信女膜礼祈福，并使同侨到此游览时"一如置身故乡"。①

缅甸华侨庙宇并非单纯的宗教信仰场所，而是兼具宗亲会、同乡会的社会组织功能。例如，粤籍华侨的观音庙通常由"广东公司"负责管理，而"广东公司"逐渐发展成类似于同乡会的管理机构。仰光广东观音古庙的辅屋曾设立蒙馆，传授华侨子弟三字经、千字文等，还设立英语会话班，供粤侨营造工人学习英语，以便外出谋生。后来，各宗姓团体纷纷设立书塾，辅屋又改为盂兰胜会的场所。粤籍华侨的秘密会社——洪顺总堂（又名义兴公司、武帝庙）于咸丰二年十二月二十九日（1853年2月6日）首次"架桥开圩"宣告成立时，也是借用了仰光广东观音古庙的侧边场所。②粤籍华侨的瓦城观音古庙同样融合了多种功能，其旁廊用于"同侨聚议、宴会、行旅"，以及"兴学育才"，既能发挥侨商会馆的接待作用，又能对侨生子弟开展中国传统文化教育，"诚一举而数美备"。③广东公司和观音庙是缅甸华侨同乡会和庙宇合二为一的典型例子，同乡会和庙宇同为凝聚侨胞的互助组织，具有便利商旅、扶助同胞、兴办教育、稳定社会的多元功能，是对中国传统乡村宗族和民间信仰功能的复制。

二、以血缘为纽带的宗亲会

中国传统的自然村落具有聚族而居的特点，一村居民往往以某一两个姓氏为主，同村居民之间多为同族宗亲关系、姻亲关系等。华侨出国时，多仰仗海内外宗亲的人脉网络和经济援助，更

---

①③《重建瓦城观音古庙广东同乡会碑文》，《广东华侨史》编修工程缅甸调研团队录自缅甸曼德勒，2013年。

② 陈孺性：《仰光广东公司（观音古庙）史略》，载《仰光广东公司观音古庙重修落成庆典暨一百七十九周年纪念特刊》，2002年。

须注重保持宗亲之间的情谊。因此,华侨纷纷在侨居地建立本宗族的宗亲会,以便和衷共济、守望相助。宗亲会多为单姓组织,也有少数双姓、多姓的联宗组织。滇籍华侨的宗亲会馆主要分布在曼德勒等上缅甸城市中,闽粤籍华侨的宗亲会馆主要分布于以仰光为首的下缅甸城市中。

下缅甸粤籍华侨的宗亲会馆大多创建于光绪年间,最早设置会所的有曹氏馆、陈氏馆(陈家馆)、李家馆等。曹氏馆于光绪二年(1876年)年底购置地皮。陈姓是广东的大姓,仰光陈家馆于光绪七年(1881年)已经成立,其建馆碑文留存至今。李家馆的成立时间与陈家馆相仿。梅氏书室创建于光绪十年(1884年),阮家馆创建于光绪十六年(1890年),位于仰光第21街上段,因此粤籍华侨将这条街俗称为"老阮街"。梁家馆、古城会馆均建于光绪三十年(1904年),黄家馆创建于民国元年。粤籍华侨的宗亲会负责人员一般称为"父兄",还有每年推选出来的"当年值理",负责主持春秋两祭的祭祀及叙福等工作。

下缅甸闽籍华侨的宗亲会中,据说最早成立的是颖川公司,创于道光二十六年(1846年),但大约在光绪十一年(1885年)才有固定会所。随后,龙山堂于光绪四年(1878年)成立,并于光绪二十八年(公元1902年)建立起中国传统风格的会馆建筑,这是闽籍曾、邱两姓的宗亲会,也是后来缅甸影响力最大的宗亲会之一。江夏堂于光绪十八年(1892年)成立,清河堂于光绪十四年(1888年)成立,敦亲堂于光绪二十六年(1900年)成立。

除著名的龙山堂是两姓宗亲会外,还有一些姓氏人数比较少的宗亲会,与有关宗姓联宗,合组一个宗亲团体。例如,闽籍的沈、尤两姓合组"吴兴堂",吕、卢、高、纪、邵五姓合组"敦亲堂",傅、赖两姓合组"版筑堂",粤籍的甄、汤两姓合组

"中山馆"，方、邝、雷三姓合组"溯源堂"，吴、周、蔡、翁、姬等五姓合组"至德堂"，等等。

早期华侨的神明观念浓厚，祭祀是宗亲会每年的大事之一。闽籍华侨的宗亲会在每年"祖王宝诞"时举行"福酌"，依例集合祭祀。粤籍华侨则注重春秋二祭——一个是清明节的祀清，另一个是盂兰胜会的"晋衣"（或称"送衣"），另外也有祖先宝诞的领胙。

闽籍华侨宗亲会馆与粤籍华侨宗亲会馆的命名方式存在明显区别。粤籍华侨宗亲会馆多以姓氏命名，如曹氏馆、陈氏馆、黄家馆、李家馆等；闽籍华侨宗亲会馆多以"堂号"命名，堂号多来自姓氏郡望或祖上典故。

郡望堂号是闽籍华侨会馆最常见的命名形式，典型的如李姓的"陇西堂"和曾、邱二姓的"龙山堂"。陇西位于甘肃，据称是李氏先祖的发祥之地，唐朝开国君主李渊一脉即自称源自陇西李氏。龙山，指位于福建泉州城西的龙头山，相传河南人曾延世于唐朝末年率众南迁，定居于福建泉州城西龙头山，开拓了福建的曾氏"龙山衍派"。从此，福建曾氏祠堂皆以龙山为号，如位于厦门曾厝垵的曾氏宗祠至今悬挂着"龙山昌盛"的匾额，祠堂门口篆刻着藏头"龙山"的对联："龙水长流先祖播福地，山源不息后昆绘宏图。"① 后来，曾姓一支因承继邱氏家业而改姓邱，但依然以"龙山"为堂号，保持对龙山曾氏的血缘认同。因此，缅甸的曾、邱二姓华侨共同建立的"龙山堂"，成为缅甸华侨社会中最有影响力的宗亲会之一。

三、以地缘为纽带的同乡会

中国南方地形多丘陵、河道，地理条件的阻隔限定了人们的

---

① 出自"曾氏宗祠"，笔者录于厦门曾厝垵，2014年。

东南亚华侨史丛书

活动范围,导致不同地域的语言、习俗往往有很大差别。因此,海外华侨除了建立以血缘为纽带的宗亲会组织外,还大多建立亲密程度仅次于血缘纽带、联络范围更广的同乡会组织。同乡会以地缘为纽带,范畴以省、府、县、乡不等,其中以县为单位的居多,例如永定、安溪、同安、南安、惠安、澄海、长乐等;也有的以乡为单位,例如台山的海晏、云南的和顺等;也有的以府为单位,例如福州三山、广东潮州和肇庆等;至于仰光广东公司、旅缅福建同乡会、曼德勒云南会馆等,则是以省为单位。

缅甸最早的粤籍华侨同乡会是同治四年(1865年)成立的宁阳会馆,这是广东台山籍华侨以县邑为单位、且能自置会所的同乡会,也是迄今所知下缅甸地区最早成立的同乡会。随后,有创建于同治十三年(1874年)的五邑会馆,但该五邑会馆的构成并非来自今人俗称的江门"五邑"侨乡,而是指南海、番禺、东莞、顺德与香山等五县。另外,有新会县华侨于光绪十一年(1885年)创建的冈州会馆,原名"新会公所"。新会公所于光绪十四年(1888年)遭遇火灾,后于光绪二十二年(1896年)重建。1933年,新会公所再次重修,决定仿照美洲及南洋各地的新会公所的名称,改称"冈州会馆"。再晚一些的,还有创立于宣统二年(1910年)的肇庆会馆,这是开平、恩平、高要和鹤山等县籍华侨的同乡会。

缅甸客家华侨最早的同乡会组织,是嘉应州人的永和书院及永定人的安宁会馆,二者均成立于光绪三十年(1904年)。永和书院于宣统元年(1909年)改称"德胜议院"。1921年,仰光嘉庆州籍贯的华侨仿效新加坡的嘉应州人,将同乡会组织更名为"应和会馆"。另外,1912年,位于下缅甸三角洲地区渺名的广东客家华侨还创立了"嘉应会馆"。

琼州会馆成立于光绪二十七年(1901年),初期的会址在仰光第20街100号。潮州的"韩江公会"在光绪末年亦已成立,但具体年月难以考证。广东旧山场内有重修于光绪二十四年（1898年）的"潮郡众故友总坟墓"一座，这说明，至迟在光绪末年，仰光潮州华侨已经有类似于同乡会的组织。

缅甸福建华侨最早的同乡会组织，当属创建于光绪三十年（1904年）的温陵会馆，参加者包括泉州五邑——晋江、安溪、惠安、同安与南安的华侨。温陵会馆前身是泉州华侨的饮食公会，因成员以厨师为主，俗称"总庖会"。1923年10月，温陵会馆会所落成，后沿用至今。稍后成立的福建同乡会馆有：成立于民国元年（1912年）的三山会馆；成立于民国十年（1921年）的旅缅灌口安人里华侨公会；成立于民国十二年（1923年）的四月旅缅惠安会馆；成立于民国九年（1920年）的旅缅安溪会馆，其会所于1923年落成，沿用至今；成立于民国十四年（1925年）的旅缅南安公会；成立于民国十六年（1927年）10月17日的旅缅同安会馆；等等。①

云南华侨早期主要在上缅甸活动，其标志性的活动场所经历了"金多堰—观音寺—会馆"的演变。光绪十六年（1890年），瓦城云南同乡会组织滇籍华侨在曼德勒耗资三十余万，建起一座具有中国传统建筑风格的"瓦城云南会馆"，其规模比洞缪观音寺更大，可谓是"望衡对宇，后先辉映"。当时，由瓦城云南同乡会推举管事，兼管瓦城云南会馆、洞缪观音寺、金多堰土地祠三处事务，管事每月有薪金，每年于佛诞节日按例轮值，分别于该三址举行庆祝活动，这一管理制度后来长期延续下来。遗憾的是，云南会馆在第二次世界大战时全部被炸毁，战后虽陆续修

---

① 陈孺性：《〈缅甸华侨史略〉节录》，转引自德宏州志编委办公室编：《德宏史志资料》（第三集），1985年版，第101页；陈孺性、应平：《过去三个世纪（三百年）期间在缅甸的广东人》，载《仰光广东公司观音古庙重修落成庆典暨一百七十九周年纪念特刊》，2002年。

复,然而已难复旧观。① 另外,仰光也有一座云南会馆,成立于民国元年(1912年)。

仰光的闽粤籍华侨没有兴建专门的"福建会馆"和"广东会馆",是因为闽籍的庆福宫、粤籍的观音古庙实际上已经承担起省一级同乡会馆的功能,分别作为福建公司、广东公司的活动地点。后来,缅甸其他各地的闽粤籍华侨也大多秉承类似传统,如曼德勒的广东公司/广东同乡会即以观音古庙作为活动场所。自民国以后,缅甸各地粤籍华侨人口众多的地方,几乎都有"广东会馆"的组织,连缅北的腊戍也设有"两广会馆",闽籍华侨的情况与此类似。

广东公司、福建公司、云南同乡会等省一级同乡会的出现,初步实现了华侨组织的整合。华侨的宗族、乡土和神明观念浓厚,出洋谋生除了依靠自己的宗亲与同乡,就是祈求神明保佑。因此,早期华侨主要依靠血缘、地缘和神缘相结合的"三缘"社团为纽带,互助互利。华侨之间产生纠纷时,往往可通过宗亲会或同乡会调解;遭遇到困难时,也可向宗亲会或同乡会求助。于是,"三缘"社团的成员和功能常常相互交融,共济侨运,逐渐整合于以省籍划分的同乡会中。这些省一级同乡会的主要职能包括:①救贫济困;②宗教祭祀;③管理丧葬。以下以仰光的广东公司为例,一窥其组织形式和职能范畴。

仰光广东公司的确切建立时间难以查证,据相关研究,应是成立于咸丰五年(1855年)左右。当时仰光粤籍华侨人数不断增长,为了便于管理观音古庙、粤籍华侨墓地等产业,也为了筹募公共经费、办理与缅甸政府和其他社团之间的交涉等,遂成立广东公司。

---

① 《洞缪观音寺修葺始末记》,《广东华侨史》编修工程缅甸调研团队录自缅甸曼德勒,2013年。

仰光广东公司的会员是居住在仰光的男性粤籍华侨,他们在任何年龄均可加入,享有公司提供的权利保障。会员入会,只需缴纳为数甚微的入会费,用于购买敬神所用的纸宝香烛等,除此之外没有月捐、年捐等其他负担。如遇清明佳节、盂兰胜会等节庆,会员可自愿捐献。女性粤籍华侨似无专门加入仰光广东公司的惯例,因女性在传统观念中是附庸者,"在家从父,出嫁从夫",故只要女性在未婚时其父亲是会员,或结婚后其丈夫是会员,即可一并享有公司保障。

仰光广东公司的组织系统和管理业务由耆老会主持,俗称"父兄会"。耆老会由各宗亲会馆等有关社团各推举一名代表构成,再从代表中推选一名最有能力者担任会长。公司经费存于银行,提取时须由耆老会的一名财政员签名,并由在银行留存印鉴的四人之中的两人签署。遇到有关庙宇或墓地的兴建工程,除了临时紧急性质的工程外,一概按照政府规定,以招标承建的方式处理。

仰光广东公司为了保持长期正常运转,尽力杜绝参与政治斗争,只从事宗教、慈善、社交等方面的活动。其宗教慈善活动包括:①在观音诞时举行庆祝及奉祀活动;②遇到疫症流行时组织神像游行;③在盂兰胜会时举行供奉祖先活动;④为孤苦无依的华侨死者拾骨安葬;⑤在清明节时举行扫墓公祭仪式;⑥筹募赈款以救济中缅遭遇灾害的人民。其社交活动,主要是代表缅甸粤籍华侨,出席中方及缅方的官方盛会等。例如,历任印度总督访问缅甸时,均由广东公司代表粤籍华侨社会参与官方欢迎大会,并搭建欢迎牌坊、致送欢迎词等。遇到英国国王加冕典礼、周年庆典等,广东公司也举行庆祝活动。当中华民国国民政府派代表团访问缅甸时,广东公司也参与欢迎活动。另外,广东公司还致

力于丰富华侨的文化娱乐生活,如搭建戏院、组织演出等。① 随着时代发展,广东公司的组织形式和功能也在不断变迁。在第二次世界大战期间,广东公司为筹集抗日捐款做出了重要贡献。战后,广东公司复办,继续发挥凝聚华侨社会的作用。

在广东公司、福建公司等同乡会的各项职能中,管理丧葬可谓极其重要。中国人向来讲究"死者为大""入土为安",当华侨在海外逝世、不能归葬时,就地安葬也务必要求遵循故乡习俗。因此,各同乡会往往承担起为本籍侨胞选址安葬、定时祭扫等责任,逐渐形成广东山场、福建坟场等固定的墓地和相应的管理制度。

1. 仰光广东山场。

丧葬,是世界各个族群普遍重视的人生大事,往往发展成民俗文化、宗教信仰的一部分。广东、福建等地常可见到"拾金"的丧葬习俗,即逝者初次下葬后,亲友须在三年之后打开棺材,拾取遗骨,装入"金坛",再重新下葬。这种习俗,广泛见于太平洋沿岸多个族群,据说起源自古百越人的风俗。闽粤籍华侨在海外去世后,同样需要照此风俗料理后事,各宗亲团体、同乡会馆遂承担起责任,后又发展为由管理庙宇和坟场的广东公司、福建公司统一办理。如此,家业兴旺的富裕华侨自可由亲友处理后事、自筑坟茔;而流离失所的贫苦华侨也有人帮忙料理,葬入宗族或同乡总坟。

据1824年的仰光简图,当时仰光已经存在一个华侨公冢,位于今大金塔路与昂山路的东北角,即今昂山市场旁边的圣三一大教堂矗立之处。当时公冢地点位于仰光城外,未分闽粤,粤籍、闽籍华侨均可葬入。这个华侨公冢如今不复存在,现存的

---

① (疑为陈孺性著):《仰光观音古庙(又名广东庙或广东公司)史略》,载《广东观音古庙重修落成纪念特刊》,1956年。

"广东旧山场"和"广东新山场"源于英国殖民者的市政建设。

1852年底英国东印度公司占领勃固后,在仰光开展规划建设,华侨公冢的地点被划入仰光市区。英国殖民者以有碍观瞻之故,另拨土地供华侨迁葬。1859年7月2日,仰光当局正式行文,将位于今仰光加拉滑路(Culvert Road)的一块土地,免费给予粤籍华侨作为坟场之用,即今"广东旧山场"。当时批准的土地面积为8.5英亩,负责信托保管者为伍文贺、陈参尊、梁启裕。实际上,在英国殖民当局1859年正式批准前两年,粤籍华侨已经向此处迁葬,广东旧山场至今有咸丰七年(1857年)重修的"大伯公之墓"、立于咸丰七年(1857年)的总坟等。到1895至1896年间,仰光当局重新测量土地,发现山场实际所占面积大于当时批准面积。不过,经过供职于仰光市政府的华侨欧阳锦松交涉,仰光当局仅收回少量土地用于修筑路基,广东旧山场的实际保留面积达12.9英亩。

值得注意的是,广东旧山场中有数座建于光绪年间的"闽汀""永邑"坟墓,即福建永定人坟墓。这种做法,是受到槟榔屿广东会馆的影响。因永定(古属汀州)华侨与广东梅州(古属嘉应州)华侨同属客家人,在咸丰、同治年间,槟榔屿的广东会馆接受永定人参加,称作"广东暨汀州会馆"。因此,仰光遵循此例,接受永定人葬入广东山场。

1917年,仰光当局决定在东西两侧区域设立新坟场,改变原各族群坟场皆集中在东部的布局。按照最初计划,粤籍华侨将在东区淡汶的吉加山路(Kyaikasan Road)和西区九文台的建陶(Kyandaw)各得一块土地,闽籍华侨也是如此。当时,曾帮广东旧山场交涉土地问题的欧阳锦松已升任仰光市政府工程处主任。欧阳锦松认为,此举会导致华侨坟场分散,多有不便,遂建议粤籍华侨认领在两块淡汶吉加山路的土地,闽籍华侨认领两块九文台建陶的土地。经闽粤双方协商一致后,欧阳锦松向仰光当

东南亚华侨史丛书

局交涉,获得批准。粤籍华侨在淡汶的土地面积为6.11英亩,即今"广东新山场"。①

广东旧山场和广东新山场的规格布局、管理制度有所不同。因粤人有"拾金"风俗,旧山场分为东、西两个区域:东区用作临时葬地,即初次下葬使用;西区用作永久性坟墓,即待三年拾骨后安葬"金坛"使用。东区临时葬地又细分为四块,每年轮流使用。西区的西北角最高点设有"大伯公之墓",建于同治六年(1867年),大概是用闽粤普遍崇拜的大伯公守护坟场。墓地分为公私两种:私人墓地用于安葬自家亲属,公墓用于各宗亲、同乡团体安葬会员,如"广东潮州总坟""黄氏总坟""刘关张赵总墓"等。至于既无亲人又无团体的粤籍华侨,则由广东公司负责安葬于"万安坟"。1927年左右,华侨李庚秀为广东旧山场出资捐建了一座凉亭。

广东新山场与旧山场最大的区别在于,不设临时葬地,只用作永久性坟墓。鉴于旧山场的临时葬地规划不足,坟墓遍布,后来者几无插足之地,广东公司的父老们一致决定,新山场只作永久性坟墓。广东公司为新山场绘制了简单的规划图表,以大伯公墓为中心,每侧前五行面积较大,划定为各姓氏、宗族、社团的公坟,后五行面积较小,作为私家坟墓。同时,广东公司为了筹集修筑新山场围墙的经费,要求各宗族社团如需较大面积修筑公坟,可捐助经费领取。但是,因种种原因,广东新山场的围墙到太平洋战争爆发时只完成三面。直到战后1948年,包括围墙、凉亭等在内的整个建筑工程才陆续完成。②

----

① 陈孺性:《仰光广东公司(观音古庙)史略》,载《仰光广东公司观音古庙重修落成庆典暨一百七十九周年纪念特刊》,2002年。

② (疑为陈孺性著):《仰光观音古庙(又名广东庙或广东公司)史略》,载《广东观音古庙重修落成纪念特刊》,1956年。

2. 仰光福建公冢。

福建华侨的坟场一般称为公冢。仰光现存的福建公冢有4处。

第一处，毛于光福建公冢。位于今天丁漂区美尔路与帽坦路之间，由仰光当局免费给予的6.7英亩及花钱购买的另外三块土地组成，一共约合27.5英亩，即接近170市亩[①]，各块土地系从晚清至1922年逐渐购置而得。毛于光福建公冢的建场的时间难以确定，可能稍晚于广东旧山场，至1901年时，墓穴已有1 000余个。

第二处，淡汶福建公冢。福建公司在1867年和1874年先后两次向仰光当局申请，获得这两块土地，合计20英亩，即约合120市亩。至1935年8月时，此地墓穴已达1 741个。

第三处，九文台前都福建公冢。九文台公冢的土地与广东新山场一样，都是在1917年免费从仰光当局获得。九文台公冢的面积比广东新山场稍大，为40多市亩。九文台公冢分南北两段，南段名前都，因先建坟，称前都旧冢；北段名那兰都，因后建坟，故称那兰都新冢。南北两段统称前都公冢。

第四处，九哩福建公冢。随着粤籍华侨人口增加，毛于光、淡汶和九文台的公冢难以满足需求。1930年，仰光庆福宫动用28万盾缅币，在九哩山购地约80英亩，合480市亩，形成九哩福建公冢。

福建公冢四处合计达800多市亩，其管理方法与广东山场类似，由闽籍华侨的庆福宫信托委员会（即福建公司）统一管理。公冢除了按风水先生建议统一规划外，也体现公开、平等的原则，有钱人家可按一定规格自行建墓，贫困侨胞则由信托委员会

[①] 1市亩约等于0.07公顷。

从筹集的善款中拨款，使其得享安息。①

3. 瓦城广东山场。

清代缅甸闽粤籍华侨主要集中在以仰光为中心的下缅甸地区，但并不局限于此。缅甸旧王朝都城所在地——阿瓦、阿摩罗补罗一带，也陆续出现闽粤籍华侨的身影，并随之形成闽粤籍华侨社团、墓地。在19世纪末，瓦城也建立起广东山场。因目前所见资料有限，暂以《瓦城广东山场碑文》为例，一窥当地粤籍华侨的发展脉络。据立于1990年的《瓦城广东山场碑文》追述：

> 我粤侨自十八世纪后开始迁居缅甸故都"瓦城"谋生创业，因环境适称，相继前来发展者日益增多，且多为落业长居，故在一八八九年里瓦城五英里处"夕昆济"地方设立坟场，惟因墓地靠近河流，雨季常被河水冲浸，经过一段时期，因觉安葬先侨方面颇成问题，同时每年清明祭扫交通不便，是以崑兴堂及曹贤松等先贤发起迁移坟场计划，经广大同乡竭力支持，出钱出力，遂购得瓦城"八达"地方，占地约九英亩，地形平坦，而略带斜坡，东西北三面种有参天古木，南面明堂润大，风水相当，本于一九〇七年完成迁公坟之善举，从此之后，我先侨乃得安息之乐土，得此佳地，实为我同乡之福，故近百年来，我侨工商两途皆能顺利、人口旺盛，诚赖此风水之济。②

据此可知，阿瓦可能自18世纪已有粤籍华侨居住，到19世纪末20世纪初规模逐渐壮大，遂于1889年设立广东山场，后又

---

① 方雄普：《朱波散记——缅甸华人社会掠影》，香港：南岛出版社，2000年版，第309~312页。

② 《瓦城广东山场碑文》，《广东华侨史》编修工程缅甸调研团队录自缅甸曼德勒，2013年。

在崑兴堂等粤籍华侨社团和曹贤松等粤籍侨领的领导下集资购买土地、建设新山场，于1907年完成迁移工作。关于"崑兴堂"的详情目前知之甚少，鉴于粤籍华侨宗亲会大多以姓氏命名，且迁坟之举得到广大同乡支持，而不惟是一宗一姓之事，该堂可能是粤籍华侨在瓦城建立的同乡会组织。

四、以业缘为纽带的行会

缅甸华侨社会的行会组织，源于传统的中国手工业行会组织。缅甸的华侨工人以木工、矿工与店员为主，木工几乎均为粤籍华侨，店员多为闽籍华侨，缅北矿工多为滇籍华侨，而下缅甸地区土瓦等地的锡矿矿工亦多为粤籍华侨。另外，还有铁工、鞋工等各种手工业者。在早期的下缅甸华侨建筑业中，以木工、铁工与泥水工为众，号称"三行"，其中木工最为兴盛，最早成立了若干行会组织。

木工是粤籍华侨的传统优势行业。早在缅甸王朝时代，就有粤籍华侨在阿瓦及各地负责兴修工程。不过，缅甸华侨木工的大规模兴起，主要始自第二次英缅战争。当时，英军从新加坡、槟榔屿招聘了大批木工到毛淡棉随军服务，用于建筑营房等。在19世纪末20世纪初，缅甸各类建筑物多为木质结构，因此英国殖民者在吞并整个缅甸后，继续将工务局、铁路局、军营和洋行等方面的建筑工程交给粤籍华侨承建，首都仰光的华侨木工业尤其盛极一时。早期的缅甸粤籍洪门领袖如黄明亨、黄观耀、黄万成、李文齐、曹公欢等，均为知名木工营造商。粤籍华侨将营造商俗称为"判头"，许多"判头"最初皆从木工学徒或杂工起家，如曹成就因曾做过苦力而有"苦力成"的诨号。另外，闽

籍华侨也有少数人加入木工行业。①

光绪九年（1883年），仰光鲁城行、利城行两个华侨木工行会先后成立，其会员包括劳资双方，既包括资方的营造商，也包括劳方的木工、学徒等。光绪十四年（1888年），鲁北行成立，创始之时，会员均为木工，后来才有些木工发展成营造商。光绪三十年（1904年），北城行成立，会员基本都是从事土木建筑的营造商，因而时人称之为"东家堂"，而将鲁北行对应称为"西家堂"。无论是鲁城行、利城行、鲁北行还是北城行，这些木工业的行会都祀奉"鲁班先师"，营造商的店中或家中也祀奉鲁班先师。因木工基本是粤籍华侨，故广东观音庙中也祀奉鲁班先师，通常写作"北城侯敕封工部尚书鲁班先师之神位"。

传统的中国手工业行会兼具传承手工艺、维护同业利益的功能，缅甸行会也不例外。随着缅甸建设工程兴起，华侨木工不断从中国与英属海峡殖民地移入，但很多系非熟练工人。当时，营造商俗称"接工做者"，熟练木工俗称"打工徒"。粤籍新客抵缅，往往先在营造商或家私店处"学工"，经过半年的学徒生活，才算成为熟练木工，如果学艺未精，仍然留店实习，叫作"从师"。在清末民初时，一个熟练木工每月可以获得十余盾收入，以当时的物价来说，算是相当不错。但是，当时的木工劳作非常辛苦，每天工作十小时，东家不包办伙食，而且木工缺少福利保障，学徒如患疾病，东家不予延医诊治。1922年，鲁北行木工向北城行开展"斗堂"，即罢工斗争，经洪门领袖的调解获得成功，从此仰光的木工业开始实行"八小时工作制"。这次"斗堂"在缅甸华侨劳工运动史上留下了浓墨重彩的一笔，八小时工作制后来逐渐推广至其他行业。

---

① 陈孺性：《〈缅甸华侨史略〉节录》，转引自德宏州志编委办公室编：《德宏史志资料》（第三集），1985年版，第98页。

在缅甸华侨建筑业中,铁工、泥水工与木工并称为"三行",但人数不如木工多,因为当时的建筑物多为木质建筑,铁艺与泥瓦只是辅助。粤籍华侨的铁工也有行会组织,称为"敬德行",祀奉尉迟敬德。仰光在开埠初期也有华侨泥水匠,操此业者多为闽籍华侨,如义兴公司(武帝庙)前身的泥水建筑,就是一位姓陈的闽侨泥水师傅包建的。民国时期知名的闽籍富商、侨领曾广庇(亦名曾妈庇),在未发迹时也曾做过泥水匠。后来,闽籍华侨逐渐改行经营土产业,这种砌砖、拌三合土的泥水工作慢慢转到了印度人手中。因此,华侨没有成立泥水业的行会组织。初期的华侨木工几乎每个人都会做"三行"工作。粤侨又俗称"做木工"为"斩烂柴"。直到第二次世界大战前,仍有很多粤侨木工师傅懂得"做木、打铁、泥水"这三行。①

除了木工、铁工之外,粤籍华侨还有酒楼饭馆业的行会——姑苏慎义堂,创立于1902年,原名广兴行,今名"酒馆茶室职工同业公会"。据说,闽籍华侨的温陵会馆最初也是饮食公会,后来才改设为泉州五县的会馆,故闽语将其俗称为"总庖会",因为会员多为厨丁。

下缅甸的皮革业亦颇兴盛,皮行内有不少制革工人和鞋匠,当时新客来缅,不是学"做木",就是学"做鞋"。鞋匠与制革工人,后来成立了"洪胜行"组织,祀奉达摩祖师,战后改称"革履工会"。据说,洪门组织在这些行会中颇有势力,初入行者必须先加入洪门后,才有加入行会的资格。

另外,下缅甸的制衣工即成衣匠最初没有工会,后来才创立

---

① 陈孺性:《〈缅甸华侨史略〉节录》,转引自德宏州志编委办公室编:《德宏史志资料》(第三集),1985年版,第104页;黄绰卿著,郑翔鹏编:《黄绰卿诗文选》,北京:中国华侨出版公司,1990年版,第357~359页。

"维轩工会",祀奉嫘祖或轩辕黄帝。在理发工人中,闽籍华侨奉祀吕洞宾,粤籍华侨则祀奉罗增。因中国传统的神明崇拜观念深入人心,各个职业的行会组织几乎都奉祀一名本行业的祖师,故每年均有一个传统性的祖师诞祭典,称为"师傅诞"。庆典上除了举行祭拜仪式外,还举行"叙福",借此联络感情,加强联系,促进团结。①

五、华侨秘密会社

缅甸华侨秘密会社据说源自清代民间以"反清复明"为己任的洪门组织。洪门,亦称天地会、三合会、三点会等,其得名原因众说纷纭,常见说法是源于明太祖"洪武"年号,或源于明末抗清将领史可法的部下洪英,而明末抗清入台的郑成功、郑氏谋臣陈近南也常被视作洪门组织的开创者。例如,清末光复会创始人之一陶成章曾指出:"何谓洪门?因明太祖年号洪武,故取以为名,指天为父,指地为母,故又名天地会。始倡者为郑成功,继述而修整之者,则陈近南也。"这种说法,在当时辛亥革命党人乃至后世史学界中,都具有代表性。近年来,有学者指出,洪门起源于福建漳州地区,乾隆二十六年(1761年)由漳浦县洪二和尚即万提喜首创。② 无论洪门实质起源于何地何人,晚清民国时期的国内和海外洪门组织,皆以世代相传的反清志士典故作为正统叙事,"洪武""郑成功"等名号,早已成为社会上对洪门组织的认同标志。

在清代嘉庆、道光年间,中国国内的洪门组织逐步向东南

---

① 陈孺性:《〈缅甸华侨史略〉节录》,转引自德宏州志编委办公室编:《德宏史志资料》(第三集),1985年版,第103~104页。

② 蔡少卿:《中国近代会党史研究》,北京:中国人民大学出版社,2009年版,第34~44页。

亚、北美的华侨社会扩散，这种扩散分为两种途径：一是跟随闽粤人口向外自然迁移，二是国内起事者遭到清政府镇压后逃亡海外。随着时代和地域变迁，国外洪门组织实际上已脱离最初的"反清复明"性质，成为海外华侨社会中组织严密、秘密性强、高度自治的社会团体，与华侨的生存命运有着紧密联系。

一般认为，缅甸最早的洪门组织是粤籍华侨在咸丰二年（1852年）创办的洪顺总堂（亦称义兴馆、义兴公司等）。随后，闽籍华侨在光绪八年（1882年）也创办了洪门组织青莲堂（亦称和胜公司）。因英属马来亚一带禁止帮会活动，洪顺堂、青莲堂曾分别改称武帝庙、凤山寺。不过，也有研究表明，缅甸可能在18世纪末已经开始出现洪门组织。据吴玉成在《四邑人出国初探》中记载，他"曾在下缅甸苒基埠（与榕城隔邻）见四邑人所建义兴馆（三点会）有嘉庆四年（1799年）的匾额"。同样是在1799年，槟榔屿的华侨洪门组织发生反对英国殖民者的暴动，已经引起英国殖民者关注。① 这一简略记载，难以证明当时缅甸已正式成立延续至今的洪门组织，但反映了马来亚洪门活动对缅甸的影响。

缅甸南部领土与马来半岛相连，是英国在南亚、东南亚的最后一个扩展目标。清末下缅甸华侨有相当一部分是从槟榔屿等地迁移而来，因此，缅甸洪门组织亦不是直接移植自国内，而是在很大程度上由马来亚传入。关于缅甸洪门的成立动机和筹建过程，因第二次世界大战期间日本侵略，资料或已散佚，或遭焚毁，目前已难以查核，只能依据一些洪门人士的回忆推测。例如，缅甸洪顺堂成员曹枯桐称，有人认为洪顺堂在1852年成立是为了响应太平天国起义，这种观点"似是实非"。据他以前听

---

① 蔡少卿：《中国近代会党史研究》，北京：中国人民大学出版社，2009年版，第337页。

老辈口述,当时是缅甸粤籍华侨黄亨(亦称黄明亨)等人通过水客经验,意识到英属马来群岛、婆罗洲、印尼等南洋各埠的洪门势力雄厚,不是洪门中人则容易吃亏,要在南洋谋生须得到洪门支持。因此,黄亨主动向新加坡洪门申请加盟,而对方亦乐于扩大势力,遂派祖籍福建马尾的温成于1852年前来仰光,在广东观音古庙主持仪式,开炉加盟,仰光洪顺总堂由此成立。① 这种说法虽系口耳相传,却契合了南洋华侨社会的发展特点,符合当时华侨结盟自保的需求,比起洪门赖以立命的"反清复明"正统叙事更为可信。

无论缅甸洪门的实际成立动机、运作功用如何,其组织架构仍完全遵循洪门规制。洪顺、青莲这两个堂号,分别对应了洪门在国内的五大部所堂号,标志着这两个组织与洪门的源流关系(见表5-5)。

表5-5 洪门五大部简表

名称	暗号	活动地区	记号	旗色	印形	别号
第一部公所	一九样	福建 江苏	彪	黑色	菱形	青莲堂 凤凰群
第二部公所	十二样	广东 广西	(虎寿)	红色	三角形	洪顺堂 金兰群
第三部公所	九样	云南 四川	(虎合)	深红色	四角形	家谷堂 莲章群
第四部公所	二十二样	江南 湖广	(虎和)	白色	平行四边形	参天堂 锦厢群
第五部公所	四七样	浙江 江西 河南	(虎同)	绿色	长方四边形	宏化堂 德兴群

资料来源:方雄普:《朱波散记——缅甸华人社会掠影》,香港:南岛出版社,2000年,第186页。

---

① 曹枯桐:《洪顺总堂之成立及经过概况》,载《缅甸洪顺总堂百周年纪念刊》,1952年。

从上表可见，按照洪门规制，原本活动于福建、广东两省的洪门组织，分属洪门第一、第二部公所，别号分别为青莲堂、洪顺堂。据此可知，缅甸闽籍华侨的青莲堂、粤籍华侨的洪顺堂，正是国内洪门组织在缅甸华侨社会的延伸。

除表5-5外，2013年，《广东华侨史》编修工程缅甸调研团队在仰光洪顺总堂查阅到的大量内部手抄文献，更加确凿地证实了缅甸洪顺堂与中国洪门的源流关系。仰光洪顺总堂的内部文献中，多处可见三角形红色旗帜，上书"虎寿"字，正是上表第二部公所"洪顺堂"的旗号，详见图5-1。

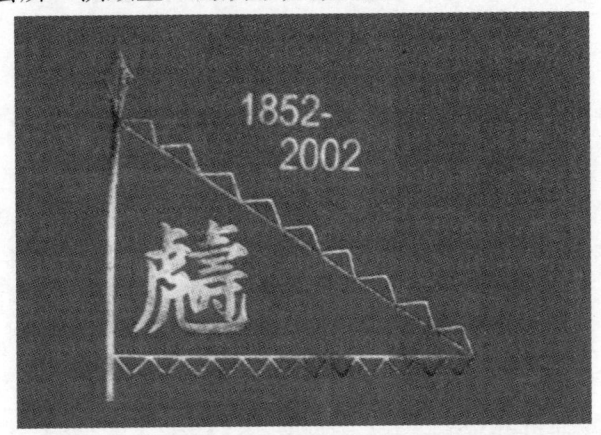

图5-1　缅甸洪顺总堂的"虎寿"字三角旗号

资料来源：缅甸洪顺总堂手抄本文献，原文年代不明，《广东华侨史》编修工程缅甸调研团队录自缅甸洪顺总堂，2013年。

又如，抄本中手绘的神位摆设图，展现了缅甸洪顺堂认同的各位开山始祖。神位上撰写的名号按照以中位、左位为尊的原则，排列见图5-2。

```
郑    开    明    太    开    太    前    始    韩    太
君    国    朝    始    基    始    五    创    韩    平
达    舅    小    祖    始    祖    祖    香    郑    圩
郑    父    主    洪    祖    朱    蔡    主    李    主
玉    陈    洪    启    万    洪    方    陈    四    程
莲    教    竺    胜    云    英    马    近    大    德
郭    达    公    庇    龙    庇    胡    南    忠    辉
秀    公    之    氏    达    金    李    先    贤    公
英    之    神    九    宗    氏    公    生    之    之
之    神    位    娘    公    娘    之    之    神    神
神    位          之    之    之    神    神    位    位
位                神    神    神    位    位
                  位    位    位
```

图 5-2 缅甸洪顺总堂内部手绘的神位摆设图

资料来源：缅甸洪顺总堂手抄本文献，原文年代不明，《广东华侨史》编修工程缅甸调研团队录自缅甸洪顺总堂，2013年。

神位上的名号虽符合目前对洪门供奉对象的普遍认知，却又略显混乱。"太始祖朱洪英""太始祖洪启胜"通常被称作太始祖、太宗，传说是明朝皇室后裔，或曰洪门创始人；"开基始祖万云龙达宗""首令先锋苏洪光""始创香主陈近南"对应洪门五宗之达宗万云龙、威宗苏洪光、宣宗陈近南；"前五祖蔡方马胡李"即前五祖蔡德忠、方大洪、马超兴、胡德帝、李式开；"韩韩郑李四大忠贤"大致对应五杰之韩龙、韩虎、郑道德、郑道芳、李昌国；"郑君达郑玉莲郭秀英"大致对应五义之郑君达、三英之郭秀英、郑玉兰；"明朝小主洪竺"则是假托的明末崇祯帝之孙。因洪门源流复杂，且文献典故多依赖内部手口相传，抄本中提到的太平圩主程德辉、开国舅父陈教达并不常见于洪门叙事，故有待进一步考证，但以上内容已足以表明缅甸洪顺堂与洪门的归属关系。

秘密会社的首要特点，在于"秘密"二字。秘密会社一般具有等级分明、组织严密、家规森严的特点，借助对内部成员的严格管理和对外界干预的有效屏蔽，隐身于公共视野之中。时人曾评价曰："和胜、义兴、建德等盟会，其由来甚古，殆自南洋有华侨，即有此种盟会；其组织内容为绝对秘密性质，非其会员无由知之，会员苟泄漏其秘密，必受处分。"① 基于缅甸洪顺总堂的文献，今人才得以一窥缅甸华侨秘密会社的内部组织制度和运作方式。

秘密会社的组织结构通常按等级和职能排列位次，以严格的规章维持秩序。缅甸洪顺总堂沿袭了洪门的一贯特点，在大哥之下设有先生、财库、先锋、红棍、纸扇、草鞋等职务，门内成员对地位高者称大哥、父兄、义兄等。一般来说，先生负责辅佐大哥，"即如刘基辅明皇"；财库负责管理钱粮，"菊花美酒铺琼浆"；先锋负责领兵争功，"佑我金栏把兵提"；红棍负责维持规章，"专打洪门犯法人"；纸扇负责出谋划策，"多少诗词写在中"；草鞋负责传递信息，"早把洪门信息通"。② 洪门家规森严，号称门内章程有三十六誓、二十一则、十禁十刑等，若有违反，将招致杖刑乃至处死的严惩。

秘密会社为保证内部消息秘不外泄，沟通时设有隐语、手势、暗号等联络方式。洪门的典型暗号，即"茶碗阵"，用于向门内人接头联络、传递信息和告危求助等。因洪门分支繁多，不同区域的"茶碗阵"的摆法不尽一致，但区域内部则相对统一。缅甸洪顺总堂内部流传着"单鞭救主"等多种阵法，举例如下：
① "单鞭救主"。一杯茶，壶嘴对着茶杯。如果是次要人物求

---

① 黄泽苍：《英属缅甸华侨之概况》，载《东方杂志》，1928年第25卷第5号。

② 无题，缅甸洪顺总堂手抄本文献，原文年代不明，《广东华侨史》编修工程缅甸调研团队录自缅甸洪顺总堂，2013年。

救,须扭转壶嘴对着其他方向。茶不可乱饮。对应的暗语诗为:"单鞭独马走天涯,扫尽云霞保主来。变化喜龙同日月,扶持明主登龙台。"②"义兄不在家"。一杯茶,用一把扇子盖住茶杯。若要饮茶,须答诗后再饮:"洪扇盖洪茶,相识满天下。义哥不在家,饮杯义嫂茶。"③"四大忠良"。四个茶杯一过而列,从右往左,含义分别为寄妻、托子、赠银、替死。该阵意为兄弟有难求助,茶不可乱饮,当得起哪一件托付,方能饮哪一杯茶。④"刘秀过关"。四杯茶呈凸字形排列,能带兄弟出关方可饮,不可乱饮。缅甸洪顺总堂切口和手绘茶碗阵见图5-3。①

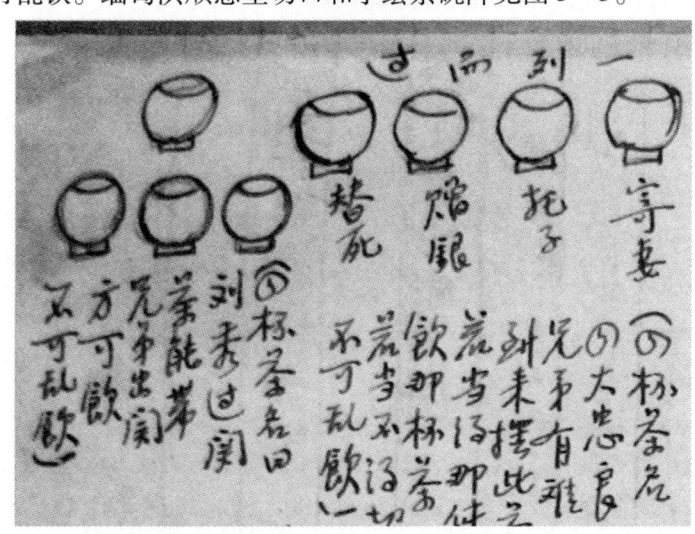

图5-3 缅甸洪顺总堂切口和手绘茶碗阵

秘密会社的新丁入堂仪式,往往是其正统叙事、规章制度的集中体现。新丁入堂,须有保人,并要完成冗长繁复的新丁入堂

---

① 无题,缅甸洪顺总堂手抄本文献,原文年代不明,《广东华侨史》编修工程缅甸调研团队录自缅甸洪顺总堂,2013年。

仪式。根据缅甸洪顺总堂的内部手抄本文献记载，新丁入堂基本程序如下：

第一步，"卖三河水"。所谓"卖三河水"，实为假借新丁售卖"三河水"之名，举行一系列入堂仪式，伴以吟唱对应各环节的洪门叙事诗。

首先，先后吟唱《举谦诗》《五祖牌》《访友牌》《天地人和合》《天字牌》《地字牌》《人字牌》《和牌诗》《合牌诗》《挂完牌编诗》《素珠牌》《解纽诗》《脱衣诗》《穿衣诗》《襟牌诗》《包头诗》《十二底》《三十六底》《入头门诗》《入二门诗》《入三门诗》《过乾坤圈诗》《二十四底》。这些诗无论以天、地为名，还是以穿衣、脱衣为名，诗句中皆贯穿反清复明志向。以"十二底"为例，诗句如下：

  初进洪门结义兄，当天盟誓表真情。
  长沙湾口连天近，渡过乌龙见太平。
  铜铁成桥兄弟过，桥心一星木杨城。
  松柏二枝分桃李，忠节三花法义亭。
  忠义堂前来议论，城中点起百万兵。
  福德祠前曾许愿，剿灭清朝复大明。

该诗不仅在开头、结尾处表明洪门以反清复明为己任，而且诗中所涉地名、人名均为洪门惯用典故，暗指明末抗清事迹，详情在抄本中另有长篇叙述。

其次，上述诗歌唱毕，进入先生问答阶段。问答内容皆有定式，新丁的回答亦包括若干叙事诗，表示对洪门志向的了解和入门遵守规程的决心。问答内容如下：

  先生问：你丹墀跪下奉何人之命？
   答：奉牛江大佬之命。
   问：到来何事？
   答：到来卖三河。

东南亚华侨史丛书

牛江奉命卖三河，结义联盟兄弟寻。
入门饮过三河水，抹净心肠口莫棘。

先生问：你知三河山出于何处？
答：三河山出于丁山。
丁山叠叠结彩平，复回全仗我洪英。
迎面碧水三河合，凸出五湖八角亭。
先生问：丁山见有何物？
答：见有十八人在此修山。
问：修何人之山呀？
答：修万云龙大哥之山。
问：有何为证？
答：有诗为证。
十八人来去修山，云龙猛勇去除奸。
一人难敌清朝将，马失前蹄丧石岩。
先生问：你得知十八人姓名吗？
答：得知。
……

抄本所载上述问答内容长达数页。待诸如此类的问答结束后，新丁将获得饮水。

第二步，"卖五色果子"。"卖果"的程序类似上述"卖三河水"。首先，吟唱多首"卖果诗"，诗词内容与上述"卖三河水诗"大同小异。其次，进入先生问答阶段，形式大体一致，只是措词有所不同：

先生问：你丹墀跪下姓甚名谁何方人氏？
答：姓谢名邦恒南山人氏。
本是南山一老翁，将来卖果访英雄。
谢氏邦恒来卖果，转身原是白衣公。
先生问：你到来何事？

答：到来卖果。
问：你卖乜果呀？
答：卖五色果。
问：何为五色果？
答：乌红赤白绿。
　　五色果子在木杨，前人种果后人尝。
　　忠心食过长生福，奸心食过命不长。
先生问：你卖果可知乜果为大？
答：万寿果为大。
……

待当上述程序完成后，将由所谓卖果者担果入太平圩场，将果子卖给新丁吃。① 至此，新丁入堂仪式才算结束。

缅甸洪顺总堂最初开堂时，成员仅38人，至1952年成立一百周年时，先后入堂并有明确记载的成员共计21 158人，详见表5-6。

---

① 伍尚斌抄录：《卖三河水诗、五色果子合本录》，缅甸洪顺总堂手抄本文献，原文年代不明，《广东华侨史》编修工程缅甸调研团队录自缅甸洪顺总堂，2013年。

东南亚华侨史丛书

表5-6 缅甸洪顺总堂百年成员统计表

时段	历年加盟人数/人									阶段性统计	总计
1852—1861年	38	37	27	56	122	120	26	13	23	43	第一阶段 960人	21 158人
1862—1871年	40	18	29	37	52	42	81	42	67	47		
1872—1881年	86	82	95	107	120	146	153	182	256	251		
1882—1891年	350	275	399	261	246	360	402	334	141	360	第二阶段 10 881人	
1892—1901年	320	145	333	285	278	343	431	247	0	516		
1902—1911年	698	103	409	276	459	245	428	185	311	262		
1912—1921年	102	95	315	543	667	696	1 011	647	233	314	第三阶段 9 317人	
1922—1931年	260	274	147	206	0	110	111	36	123	0		
1932—1941年	0	0	162	108	96	108	0	0	85	17		
1942—1951年	0	0	0	392	157	216	368	349	525	844		

资料来源:曹枯桐:《洪顺总堂之成立及经过概况》,载《缅甸洪顺总堂百周年纪念刊》,1952年。注:表中个别数据存疑,本书遵照原文引用。

1952年，洪顺总堂曾编纂《缅甸洪顺总堂百周年纪念刊》一书，介绍了缅甸洪顺总堂自清代初创至战后初期的发展历程。据此，缅甸洪顺总堂在晚清时期的发展可分为两个阶段：

第一阶段，从1852年至1871年，共20年，是创业阶段。这一阶段，缅甸华侨对洪顺总堂大多持犹疑观望态度。洪顺总堂开堂时仅38人，第二年也仅加入37人，且没有自己的堂址。首任大哥温成在主持开埠后不久，对堂务惨淡甚感失望，便推黄享为大哥。黄享积极策动筹款购地，兴建堂址。1860年，总堂建筑落成，当时约有400名成员。至1871年，成员发展至960人。黄享等人的经营，为洪顺总堂下一步的发展奠定了基础。

第二阶段，从1872年至1911年，共40年，是发展和巅峰阶段。这一阶段，前20年的主要负责人为广东台山籍华侨李乃喜。李乃喜是知名粤籍侨领、成功商人，兼任宁阳会馆、李家馆等社团领袖。李乃喜在自营的烟酒业中，拨出一部分利益作为洪顺总堂经费，对宁阳会馆、李家馆也是如此。李乃喜还积极置办不动产。1883年，洪顺总堂重建堂址（该堂址从此一直沿用至今），成员于1885年重新入伙，礼仪隆重。1891年李乃喜病逝后，曹华炎接任大哥，萧规曹随，无为而治。因李乃喜遗留的财力非常充裕，曹华炎在广东大街和第23街处主持落成了三栋楼宇，缅甸洪顺总堂的物业在此时达到顶峰。从1872年至1911年，入堂成员共计10 881人。①

除了洪门组织外，缅甸华侨社会中另一个重要的秘密会社组织是闽籍华侨的建德堂，亦称建德会馆、建德社等。建德堂供奉福德正神，亦称大伯公，是闽粤侨乡和南洋华侨社会中普遍供奉的土地神。与洪顺堂、青莲堂不同的是，建德堂无法明确归于洪

---

① 曹枯桐：《洪顺总堂之成立及经过概况》，载《缅甸洪顺总堂百周年纪念刊》，1952年。

东南亚华侨史丛书

门某部,其与国内秘密会社的渊源关系至今仍有待探索。2014年,据马来西亚《光华日报》报道,一批来自缅甸建德堂的资料面世,成为南洋建德堂早年属于天地会秘密会社的证据。① 尽管建德堂的源流不甚明晰,但其组织形式、规章制度、人员称谓等方面的特征均与洪门、天地会等高度类似,属于典型的近代秘密会社。

缅甸建德堂据说迁移自始建于道光二十一年(1841年)的槟城建德堂,很可能是在槟城华侨向下缅甸转徙时,随之传入缅甸的。缅甸建德堂的发展,大致可分为两个阶段:一是从槟城向北延伸至毛淡棉、丹老、土瓦及下缅甸三角洲,直至仰光;二是再从仰光等地发展到缅甸各地。毛淡棉建德堂被视作缅甸最早的建德堂,建于1843年左右,比槟城建德堂略晚。时人曾指出,闽籍的青莲堂即和胜公司是工人组织,而建德堂是商人帮会,本与青莲堂相对抗。② 此说不知确否,但和胜、建德之间确实留下了不少争斗的记载。

清末缅甸各地的建德堂分社曾多达70余个。仰光"建德总堂"成立于同治七年(1868年)。同治十三年(1874年),建德总堂在仰光百尺路建成一座二层砖楼,作为总堂堂址,楼上大厅上署"福德祠"。1912年,该堂址改建为四层洋楼:四楼为福德祠,奉祀福德正神;三楼为忠义堂,奉祀先贤禄位;二楼设学堂;一楼为公所及储藏室。

建德总社的组织机构与负责人名称较为复杂,分为正大董、二董、三董、先生、红棍、黑棍、内总理、外总理、四大商、八大商、四大相、八大相、地头、评议员、会商等。正大董相当于

---

① 《缅印寻获天地会文物,大马建德堂重拾百年家规》,中国侨网,2014年8月5日, http://www.chinaqw.com/hqhr/2014/08-05/12703.shtml.
② 龚书炽:《缅甸华侨之遭遇》,载《新中华》,1946年第4卷第11期。

会长、理事长或主席，二董、三董相当于副手。建德总社早期的正大董均为缅甸负有名望的华侨商人。自创始至太平洋战争前，建德总社历任正大董如下：

    首任，邱白维，同治七年（1868年）就职；

    二任，杨永兴，光绪三年（1877年）就职；

    三任，邱厥修，光绪十四年（1888年）就职；

    四任，黄温源，光绪二十四年（1898年）就职；

    五任，陈顺在，光绪三十四年（1908年）就职；

    六任，邱贻厥，1926年就职。

  自正大董以下，建德总社有一套庞大的组织架构。以光绪三十四年（1908年）至民国十五年（1926年）的第5届建德总社组织机构为例，职员表共有409人，其中正大董1人、正二董1人、副二董1人、三董1人、左先生1人、右先生1人、左班首座大商1人、右班首座大商1人、红棍2人、黑棍1人、外总理1人、内总理1人、地头13人、四大商6人、八大商3人、十二商48人、四大相7人、八大相3人、评议员136人、会商180人。建德总社的成员实行"一任千秋"制，即终身制，并可以根据业绩及声望获得晋升，如三董升二董、副董升正董、八大相升四大相等。在这个组织体系中，各人均需担负相应的职责。一般来说，正大董总揽全局，正副二董规划行政，左右先生保守家规家教、校对财务，黑棍及红棍履行正大董命令、维护家规，内总理履行内部行政事务，外总理履行外联事务等。①

  从清代晚期至民国时期，洪顺堂、青莲堂和建德堂的力量曾一度左右缅甸华侨社会。华侨秘密会社的成员结构，使其天然糅合了血缘、地缘、神缘、业缘等因素，渗透华侨社会生活的方方

---

① 方雄普：《朱波散记——缅甸华人社会掠影》，香港：南岛出版社，2000年版，第189~192页、第338~340页。

面面，与宗亲会、同乡会、同业行会等各类组织具有难以割裂的联系。例如，粤籍洪顺总堂在咸丰二年（1852年）"开圩"接纳新丁的地点，正是仰光广东观音庙。又如，仰光洪门组织在木工等职业的行会中颇有势力，初入行者，必须先加入洪门，才有加入行会、执业务工的资格。还有一些秘密会社的首领，本来就是某宗亲会或同乡会的首领。虽然秘密会社的具体活动已难以查证，但参照新加坡、马来亚和北美的情况可以推断，相当一部分缅甸华侨的生活和工作依赖于秘密会社的保护、协助、管辖乃至控制。

当时，闽籍、粤籍华侨分立门户，语言文化各异，从业者常以会馆、堂口为中心相互对立。即使在同一省籍之下，不同宗亲会、同乡会之间也常有摩擦。各籍秘密会社的存在，有效强化了对本籍华侨的组织动员，客观上加剧了各籍华侨之间的争斗。英国殖民者在缅甸建立起统治秩序后，无法取代华侨秘密会社的组织功能，遂实行"以华治华"策略，继续依赖社团、侨领管理华侨社会秩序。例如，洪顺总堂负责人李乃喜长子李遐养曾获封爵士，继任洪顺总堂负责人的李乃喜第六子李遐礼曾获聘为仰光市警察厅顾问，并获得TPS勋章。又如，1909年，勃生的闽籍华侨组织和胜、建德等发生事端，风潮甚大，英属缅甸政府只能委托闽籍侨领庄银安前往调停。①

六、土生华裔团体

缅甸华侨自古就有与缅甸当地缅族、孟族等女性通婚的传统，形成了中缅混血的土生华裔人口。土生华裔俗称土生子、侨

---

① 徐市隐：《缅甸中国同盟会开国革命史》，转引自中国社会科学院近代史研究所《近代史资料》编译室主编：《华侨与辛亥革命》，北京：知识产权出版社，2013年版，第136页。

生,缅语或称"甲佩仔",或沿用马来语称"峇峇",粤语称"华华仔"或"十一点",客家语称"半脑子"等。这一类土生华裔数量众多,如缅南丹老的华裔约占当地人口半数,但因缅甸华侨对土生子女奉行"生男归父、生女归母"的习惯,故实际人数难以统计。

土生华裔往往在缅甸社会各界享有较高地位。丹那沙林一带不少乡村的村长由华裔充任。因中国人一贯重视教育,不少土生华裔也在缅甸的文化界崭露头角。缅甸近代著名考古学家杜生诰考证了诸多缅甸蒲甘王朝时代的古迹,备受英属缅甸政府推崇,担任缅甸考古局长。另外,缅甸眼科权威陈天德医生、曾任森林部长的著名学者李遐养爵士等,均为土生华裔。

土生华裔同时受到中缅双方文化习俗影响,具体表现不一而足。接受中国传统教育的土生华裔,则更多秉承中国习惯;未接受中国传统教育者,则讲缅语、着缅装,表面与缅人无异,但在必要场合,仍然承认自己的中国血统,自认为"唐人"。许多土生华裔可能一生从未踏足过中国,但对中国天然具有一定的亲切感。他们保持身份认同的方式,主要表现在保存中国节庆礼仪和宗教信仰,如庆祝春节和中秋,在家供奉福德正神、关公、观音菩萨等。1911 年 5 月,英国记者曾观察到,仰光很多华人"出生于中缅联姻的家庭,从未到过清国,但在他们父辈当年离家远行的广州和厦门,还保存着他们祖先的墓碑。这等于说,在他们与清国之间,有一条强大的纽带在维系着彼此。因此,当发现在缅甸的华人对他们父辈的土地怀有一份怎样的情感和影响时,真令人惊喜交加"[①]。

从整体来看,从清代晚期至民国初期,土生男性华侨在父辈

[①] 《泰晤士报》著,方激编译:《帝国的回忆——〈泰晤士报〉晚清改革观察记》,重庆:重庆出版社,2014 年版,第 342 页。

的教育下，具有较强的中华身份认同感。早在光绪年间，仰光已经分别出现闽、粤籍土生华裔团体，闽籍的是1894年成立的"崇竺圣会"，粤籍的是1879年成立的"敦友堂"。这些土生华裔组织除了有一般华侨团体的互助性质外，也往往在规则中强调传承中华文化、保留中华认同。①

"敦友堂"成立于光绪五年（1879年），后改称"粤侨华会"，据说这是出自私塾先生阮焕仁的建议。该组织的成员几乎都是兼有缅甸血统和广东血统的土生华裔，其组织宗旨如下：①了解唐人的风俗习惯；②至少会讲一点广东方言；③培养会员间的兄弟情谊；④学习唐人宗教礼法；⑤每逢中国阴历二月十九，奉祀观音菩萨；⑥学习中国文化；⑦做有功德的事；⑧协助会员家庭办理婚丧事务。显然，该会除了有一般华侨团体的互助性质外，还明显具有传承中华文化、保留中华认同的意识。第二次世界大战之后，该会逐渐消亡。1956年新中国取消双重国籍后，缅甸华侨社会向华人社会转变，彻底融入缅甸本土。到1959年，"粤侨华会"彻底解散，将原有产业、存款捐献给地方慈善事业。

"崇竺圣会"成立于光绪二十年（1894年），英文名称为Chinese Merited Association，简称C. M. A。该组织也是强调华人血统，一逢佛教节日如浴佛节等，会员们一律穿上白色衣裤，并扎上有颜色的腰带。因为缅人的传统服装"纱笼"实为一块围系在腰间的布，不是裤子，所以穿裤子即是表示有华人血统。该组织一直延续至第二次世界大战后，但会员在战后也逐渐改为穿白色纱笼，这表示其侧重点已转为融入缅甸主流社会。据笔者调研所见，闽籍土生华裔的"崇竺圣会"至今仍然存在，仰光大

---

① 《华侨志》编纂委员会：《缅甸华侨志》，台北，1967年版，第123页。

金塔的众多佛堂中,还有一个挂着"崇竺圣会"的牌子,但这种传统团体今天能发挥的实际作用已大不如前。

除了上述两个最主要的闽、粤籍土生华裔团体外,清末的缅甸土生华裔团体还有一个"中华文会",英文名称为 The Chinese Literary Association,创立于光绪十九年(1893年)。该团体后成为保皇党人的一个组织。①

---

① 陈孺性:《〈缅甸华侨史略〉节录》,转引自德宏州志编委办公室编:《德宏史志资料》(第三集),1985年版,第100~101页。

第六章 太平洋战争前的缅甸华侨社会（1912—1941年）

第一节 缅甸华侨的管理和统计

民国时期，英属缅甸政府对华侨入境不设人数或资格限制，只是需要按规定办理一定的入境手续。当时，经海路前往缅甸的华侨大多在广州、厦门、汕头三大通商口岸乘船；经陆路前往缅甸的华侨则大多穿过滇缅边境。在1940年以前，华侨经陆路进入缅甸不需要护照，经海路进入缅甸则需要护照和签证，其手续是，华侨先向英国驻上海、福建等地的领事馆或香港政府申请签证，并以缅甸境内的商户或个人担保，英国驻华领事馆或香港政府将申请资料寄给缅甸政府，待缅甸政府查实批准之后，英国驻华领事馆或香港政府才能发放签证。这一过程常常要耗时两三个月才能完成。1940年，英属缅甸对护照条例进行了修正，华侨经陆路进入缅甸亦须持有护照和签证，不过其手续仍比走海路便捷，华侨只需向英国驻昆明或腾越领事馆申请，领事馆无需征求缅甸政府同意，即可发放签证。①

民国时期的中国政府在外汇储备、物资征集等方面均获益于

---

① 《缅甸华侨概况调查大纲》，转引自何凤娇编：《东南亚华侨资料汇编》（一），台北："国史馆"，1999年版，第165~166页。

华侨甚多，因而高度重视侨务工作，建立起相对完善的华侨出入境管理制度。对于英属缅甸的华侨赴缅的审批手续，中国政府尽力给予配合协助，并提醒华侨及时依法办理出入境手续。以广东为例，因英属缅甸规定海路华侨持护照入境，不像新加坡和马来亚各地那样可自由纳税入境，因此广东省政府提醒华侨，在赴缅之前先领取护照。在1937年以前，这类护照由广东省公安局及汕头市公安局发放，汕头市公安局的护照手续较为简单，只需要领照人缴纳数元费用即可，广东省公安局则要求领照人有商店担保，手续较为烦琐，因此前往缅甸的华侨一般在汕头市公安局领取护照。随着大量赴缅华侨均从各地涌至汕头市公安局办理护照，1937年，汕头市公安局特地出台新规定，自6月10日起，汕头市公安局只为汕头当地赴缅华侨发放护照，其他地区赴缅华侨须至广东省公安局办理。这一规定迅速通过中国内地和香港的报纸、商会等途径广而告之。①

1912年中华民国成立后，延续了清朝在仰光设立领事馆的传统。领事馆的职能除了办理出入境手续、协管商务文教活动外，最重要的就是保护中国侨民。1939年9月，国民政府驻仰光领事馆升格为总领事馆。从1912年到1949年，中国政府曾先后派遣过多位驻仰光领事，详见表6-1。

表6-1 民国时期中国驻仰光领事一览表（1912—1949年）

时　　间	姓　　名	备　　注
1912—1918 年	贾文燕	
1920—1923 年	张国威	

---

① 《赴缅甸华侨须注意领取护照手续，汕公安局只发当地华侨护照》，载《香港华字晚报》，1937年6月10日。

续上表

时间	姓名	备注
1923—1925 年	李盛鸣	
1925—1927 年	陆志节、沈艾孙	
1927 年	陆泓鑫	
1928 年	陈应荣、蔡咸章	
1929—1934 年	许瑞钧	
1934—1937 年	蔡咸章	
1937—1939 年	梁长培	
1939—1941 年	总领事荣宝沣 领事沈祖征	1939 年 9 月，仰光领事馆升格为总领事馆
1945—1947 年	总领事尹绿光	
1947—1948 年	总领事许绍昌	1948 年 1 月 4 日缅甸独立
1948—1949 年	大使涂允檀	1949 年 10 月 1 日新中国成立

资料来源：《华侨志》编纂委员会：《缅甸华侨志》，台北，1967 年版，第 108～109 页。

民国初期，国内政局变幻不定，中国驻仰光领事馆的活动，不可避免地受到中国国内政局和整体外交形势的影响，但各位领事基本都能尽忠职守，维护华侨利益。在北洋政府时期，张国威领事特别关心华侨教育工作，在任期间发起筹备华侨中学，并主持仰光粤侨学校的合并，以整合教育资源，提高办学质量。北伐前后，因国内政局动荡，至 1928 年，北洋政府已经无法向仰光领事馆提供经费支持，领事馆连房租都没有，只能搬迁至南勃陶路下段一家商店的楼上保持运作。北伐结束后，领事馆及仰光华侨纷纷悬挂青天白日满地红旗，表示认同国民政府。

1927 年，南京国民政府在形式上完成了中国的统一，并广泛获得国际承认。自此至太平洋战争爆发之前，中国驻仰光领事馆逐渐步入稳定发展阶段。1929年，仰光领事馆搬迁到卑谬路67号，所处环境优美，华侨结婚时常到此处摄影留念，蔡咸章领事遂开创了领事为侨胞作证婚人的先例，从此仰光华侨常请领事证婚。①

  对于缅甸华侨的出入境问题，中国侨务部门和中国驻仰光领事馆也发挥了一定的护侨功能。1928年，仰光警察厅向蔡咸章领事指出，部分华侨有时不注意遵守护照及签证规定，存在不办理签证或将单行证用于往返等现象。蔡咸章一方面"驳复"警察厅，一方面通知华侨依法办理手续。② 华侨大多出身底层社会，属于弱势群体，在旅途中不免遭受敲诈。当时往返南洋的轮船不仅时常超载，而且船员还伙同岸上客栈敲诈华侨，其做法是，在轮船刚一抵达时就将舱位占满，华侨登船后，已无落脚之处，于是被索取高价舱位金，有时一席地索价至二三十元，比房舱票价还高。因此，贫苦侨胞常常无力支付高价，横遭羞辱，一些斗殴纠纷也由此产生。1932年，国民政府侨务委员会试图联合各部门解决这一弊端：侨委会一方面分函财政部，训令厦门、汕头、海口等各海关税务司及海关监督，严禁各轮船公司载客超出限额，亦严禁船伙勾结客栈勒索舱位金，海关在轮船出港时派员上船查察，违反者严惩；一方面分函福建、广东两省政府，训令厦门、汕头、海口各县市政府，令公安局严禁各客栈勾结船员霸占舱位，凡客栈代客购票，必须负责备妥客人舱位，违者由水上公安局协同当地海关严厉取缔；另一方面训令驻南洋各埠领

---

  ① 《华侨志》编纂委员会：《缅甸华侨志》，台北，1967年版，第108~109页。
  ② 《缅甸取缔华侨入口——华侨护照无缅政府签字，英人拒绝登录》，载《南洋研究》，1928年第6期。

事,从南洋返回中国的轮船在出港时派员上船视察,如有华侨无舱位或被勒索舱位金,即设法交涉。① 侨委会的这一护侨努力,未知执行效果如何,其训令经各部门之间转手及层层下达,效力不免要打折扣,不过这至少明确了各政府部门的护侨职责,令企图敲诈华侨者不至于无所顾忌,也使华侨在遇到问题时能有维权渠道。除了旅途艰辛外,尽管英国殖民者鼓励自由移民,但华侨在接受出入境检查时不免遭受侮辱勒索,以致不少华侨将仰光的出入境关口"视为畏途"。有鉴于此,1932年,缅甸华侨兴商总会特地呈请中国驻仰光领事馆,在华侨出入仰光关口时派员到场监视检查。中国驻仰光领事馆随即向英属缅甸政府提出如上要求,获得同意。缅甸华侨对此倍感欢欣,感慨"从此可免受侮辱"。②

仰光是闽、粤籍华侨出入缅甸最主要的港口之一。1934年以前,仰光港口每年出入境的华侨数量一直缺乏明确统计,更遑论缅甸其他的沿海港口和陆地关口,人们只能估算华侨的出入境规模。在20世纪初,美国有针对华工的《排华法》,荷属东印度及英属马来亚有对外侨的入境名额,唯独缅甸可以自由出入,除个别有违法犯罪行为及嫌疑者外,其余华侨基本不受限制,因此可以推断,缅甸的出入境人数大体呈平稳或增长态势。然而,自1929年经济危机后,缅甸华侨商业衰败,不少商户倒闭,失业华侨增加,前往缅甸谋生的华侨数量也随之锐减。直到1933年,大米价格上涨,带动缅甸华侨商业有所转机,就业岗位增加,入缅华侨数量才开始回升。据中国驻仰光领事馆统计,1934

---

① 《侨委会注意护侨》,载《华侨周报》,1932年第1卷第4期。
② 《仰光出入口华侨从此可免受侮辱》,载《华侨周报》,1932年第13期。

年经仰光入缅的华侨数量是 5 831 人，1935 年增至 7 222 人。①1935 年华侨每月出入仰光的统计人数详见表 6-2 和表 6-3。

表 6-2　1935 年华侨离开仰光港人数统计

月份/月	出港船次/次	回国华侨人数			
		头等舱/人	二等舱/人	三等舱/人	总数/人
1	8	8	23	140	171
2	10	3	10	116	129
3	15	6	38	232	276
4	13	16	45	310	371
5	13	10	75	307	392
6	8	1	14	160	175
7	10	13	48	326	387
8	10	6	33	247	286
9	8	21	48	268	337
10	7	8	93	230	331
11	9	9	50	242	301
12	8	66	56	226	348
总数		167	533	2 804	3 504

---

① 《一九三五年华侨出入仰光港人数之统计》，载《南京国民政府外交部公报》，1936 年第 2 期；《去年华侨出入仰光港人数之统计》，载《国外情报选编》，1936 年第 135 期。

东南亚华侨史丛书

表6-3 1935年华侨进入仰光港人数统计

月份/月	入港船次/次	出国华侨人数			
		头等舱/人	二等舱/人	三等舱/人	总数/人
1	10	7	44	636	687
2	11	4	15	185	204
3	14	20	47	512	579
4	9	9	41	475	525
5	14	13	104	1 066	1 183
6	11	16	79	516	611
7	10	1	23	304	328
8	12	10	41	395	446
9	9	1	48	455	504
10	10	5	77	947	1 029
11	10	12	48	349	409
12	11	20	50	647	717
总数		118	617	6 487	7 222

资料来源：《去年华侨出入仰光港人数之统计》，载《国外情报选编》，1936年第135期。注：笔者对原文语言表达方式有所改动。

从表6-2和表6-3的统计情况看，1935年华侨进入仰光港的人数明显高于离开仰光港的人数，据此可以推断，1935年仰光乃至周边下缅甸地区的华侨人数应是呈正增长态势。

民国时期，上缅甸的华侨延续着陆路移民传统，大部分来自云南，入缅后一部分集中在八莫、曼德勒等传统贸易城市，一部分参与修筑铁路和开发矿产的劳作。八莫是水陆码头，滇缅之间的货物均经八莫集散。在英国殖民统治时期，八莫被建设成自由口岸，货物不征税，出入不需要证件，密支那、腊戍也是如此。据估计，八莫有千余名华侨，其中以滇籍华侨为主，兼有川、广、闽等各籍华侨，曼德勒的华侨规模比八莫更大。

英国占领上缅甸后，除继承和发展中缅贸易外，还重点挖掘缅甸的战略价值，攫取缅甸丰富的自然资源。英国殖民者的开发，促使上缅甸再度涌入大规模季节性华侨工人。英国公司先后修筑了曼德勒至腊戍、纳缥至南渡等地的铁路，筑路工人中有印、华、缅各籍劳工。1914年，英国和澳大利亚公司联合修建纳缥至南渡铁路，将招工权交给滇籍华侨梁金山承办。据梁金山回忆，当时他招募的工人有三四万人，其中印度人占60%，华侨（主要是云南人）占20%，缅人、掸人占10%，其他民族工人占10%。据此推算，华侨工人数量应有6 000至8 000人。筑路工程的管理人员与工人的工资待遇有天壤之别，梁金山作为铁路工程管理机构成员之一，每月工资4 000~5 000卢比[①]，工头的工资每月150卢比，工人的工资按工种和技术高低不等，通常每月30~60卢比，亦有低至20卢比或高至100卢比，超额完成工作还可多得工资。当时物价是1卢比可以买4袋米，工人每月花6卢比买到的米足以果腹，每月维持10卢比的开销即可，因此工资尚能令人满意。但是，修筑铁路劳作辛苦，而且工人没有任何福利保障措施，为此要付出血汗乃至生命的代价。这条铁路全长32英里，1年后初步通车，1917年完工。梁金山在组织华侨参与英国建筑项目的过程中，逐渐成为上缅甸的知名侨领。1917年，梁金山前往伦敦交职，获英国女王授予一柄短剑、印度总督馈赠一支手枪。

自清代以降，缅北便形成了华侨入缅开矿取银的传统。英国

---

① 卢比是印度、巴基斯坦、斯里兰卡、印度尼西亚、尼泊尔和毛里求斯所使用的货币名称。

殖民者到来后，设法接手了银矿开垦工作，其中规模较大的矿厂主要是老银厂和南渡银厂。老银厂即原清代云南人吴尚贤开发的银矿，当时因技术落后，只取银不取铅，并且提炼不纯。在英国殖民统治时期，英国缅甸有限公司对矿厂进行进一步开发，发现矿石含银6%，含铅高达50%，还可以提炼其他有色金属。英国缅甸有限公司的最高负责人是经理，均由英国人担任，三年一任，可以连任，下属负责人和职员也大多是英国人、美国人和澳大利亚人，唯有滇籍华侨梁金山负责总管工人。老银厂的每月工资情况大致是：经理1万卢比，其余负责人8千卢比，梁金山5 000卢比，一般职员600卢比左右，华侨工人仅30至150卢比不等。在20世纪20年代，滇籍华侨工人在梁金山招募下大量加入矿厂，他们主要来自云南的大理、巍山、祥云等地。在矿厂最盛时，老银厂有1万多工人，南渡银厂有2万至3万工人，加上家属，总共有十几万人。① 这些数以万计的华侨工人携带家眷在矿区生活，构成了短暂的华侨自治群体，但他们的性质一如清代的华侨矿工，呈现流动性强的特点，一旦工程结束，往往另觅出路，或返回故乡，或分散至缅甸其他行业，故难以进行长期追踪统计。

英国在建立起对缅甸的殖民统治后，开始定期进行人口普查。根据英属缅甸政府的人口普查数据，1911年，缅甸华侨总数约121 000人；1921年，缅甸华侨总数是149 060人；1931年，缅甸本部的华侨总人口达193 594人，其中男性127 049人，女性66 545人。② 这些华侨人口中包括自中国进入缅甸的新移民

---

① 肖泉：《缅甸滇籍华侨调查访问集》，暨南大学，未刊本，1983年，第48～50页。
② 《缅甸华侨人数调查报告表》，载《南京国民政府外交部公报》，1935年第8卷第4期；《缅甸华侨总数十九万三千余》，载《海外月刊》，1933年第11期。

和出生于缅甸的土生华侨两类，其中，1921年，自中国进入缅甸者102 344人；1931年，自中国进入缅甸者114 270人。这些数据比较准确地显示了缅甸华侨的人口分布情况，反映了民国时期缅甸华侨的社会结构特点。具体的统计数据如表6-4和表6-5所示。

表6-4　1921年和1931年自中国至缅甸的移民数量

地　区	1921年入缅人数/人	1931年入缅人数/人	增减人数/人	增减百分比/%
一、缅甸本部总数	74 282	86 249	11 967	16.1
1. 三角洲	40 785	49 181	8 396	20.6
2. 阿拉干沿海	585	622	37	6.3
3. 丹那沙林沿海	7 527	7 626	99	1.3
4. 中部	5 902	8 267	2 365	40.1
5. 北部	19 483	20 553	1 070	5.5
二、钦邦	23	53	30	130.4
三、萨尔温	430	377	-53	-12.3
四、掸邦	27 609	27 591	-18	-0.1
全缅总数	102 344	114 270	11 926	11.7

资料来源：巴素著，郭湘章译：《东南亚之华侨》，台北："国立编译馆"，1966年版，第82~83页。

表6-5　1931年缅甸华侨分布情况

区　域	数量/人
阿拉干区	978
伊洛瓦底区	26 050
勃固区	54 001

续上表

区　域	数量/人
丹那沙林区	27 593
马圭区	21 296
曼德勒区	6 050
实皆区	2 123
南北掸邦	64 703
总　　计	202 794

资料来源：《缅甸华侨概况调查大纲》，转引自何凤娇编：《东南亚华侨资料汇编》（一），台北："国史馆"，1999年版，第165页。注：原文中的缅甸地区中文名称为民国时期的译名，笔者均已对应改为当代通用译名，总计为笔者统计。

据上文数据可知，首先，缅甸华侨数量持续增长。从1911年、1921年到1931年，缅甸华侨的增幅先后为23%、30%，1931年较1911年的增幅为60%，1921年到1931年自中国进入缅甸的新华侨增幅为11.7%。这说明，民国时期的缅甸华侨规模呈比较稳定的持续增长态势。

其次，缅甸女性华侨的数量大幅度增长。据清末游历缅甸之人观察，当时缅甸华侨中并无女性，这一论断虽不能绝对相信，但当时华侨女性极其稀少应是事实。然而，民国时期妇女解放运动的兴起、交通航海技术的发展、缅甸居住环境的改善等因素，促使越来越多的中国女性走出国门，远赴南洋求生。到1931年，英属缅甸政府的普查首次对华侨男女人口明确进行分别统计，这说明女性华侨人数已经相当引人注目。统计结果显示，缅甸华侨的男女比例已近2∶1，极大改变了传统缅甸华侨社会以男性为主的格局。鉴于缅甸惯于将土生华侨女性视作缅人，可以推断，这些华侨女性绝大多数应该是民国时期才从中国进入缅甸的。缅甸华侨女性人口的增长，有利于缅甸华侨社会稳定，有利于扼制华侨社会的"黄""赌""毒"不良风气，并因减少华侨男性与当地女性通婚的现象，而在一定程度上延缓或逆转了清代老一辈华侨的同化进程。

再次，缅甸华侨的籍贯和区域分布结构基本延续了清末奠定的格局。据1931年统计，缅甸闽籍华侨占50 038人，粤籍华侨占33 990人，其余绝大部分为滇籍华侨。闽粤籍华侨多居于下缅甸的勃固、伊洛瓦底、丹那沙林地区，滇籍华侨则主要分布在上缅甸。①

不过，以上具体统计数字不可尽信。英国对缅甸半个多世纪的殖民统治，自始至终伴随着缅甸人民的反抗，英属缅甸政府的人口普查工作无法有效覆盖所有缅甸基层社会。一般来说，缅甸各大城市的人口统计数据相对可靠，而乡村地区的统计质量则难以保证。对于英属缅甸统计的华侨总人数与各籍贯华侨人数，时人认为"均非确数"，有人以此询问缅甸的闽粤籍华侨，闽粤籍华侨"皆知置疑"。②尽管如此，因殖民地时期大量华侨聚集在港口、商贸城市，英属缅甸的统计结果还是能够反映华侨的基本布局和结构特点。

遗憾的是，1941年的缅甸人口普查资料因太平洋战争而散佚，后人难以得知1931年至1941年间缅甸华侨规模的变动情况。中国驻仰光总领事馆也曾办理华侨登记，要求每户缅甸华侨领一份登记证。截至1941年1月31日，领事馆共发放登记证34 315份，如果按平均每户4人计算，则在领事馆登记的缅甸华侨人数约14万。仰光领事馆的登记要求不具有强制约束力，加上仰光之外的缅甸各地华侨难以一一通知到位，因此其统计结果

---

①② 龚书炽：《缅甸华侨之遭遇》，载《新中华》，1946年第4卷第11期。

更难精确,距离实际数字更远。有报道称,1933年,缅甸华侨总数增长到约245 000人。一般估计,截至太平洋战争爆发之前,缅甸华侨的总数应在三十万人以上。①

值得注意的是,以上各方面对缅甸华侨的统计数据均缺少大量中缅混血人口的数量。在近代以前和近代初期,缅甸华侨的性别结构以男性为主,他们惯于与缅甸当地女性通婚,并自然发展出"生男从父、生女从母"的血统认定准则,意即土生女性华裔不被视作中国人,而被视作缅甸人。因此,经过上百年的繁衍生息,缅甸境内的土生女性华裔及其男女后代可能数以百万计。民国时期的缅甸华侨称:"旅缅同侨人数将近百万,而为英人所调查之十九万余人以外,类皆此种华缅混血种人,此种人,英人不视为华侨也。此种华侨,复历三代,亦蜕化为缅人矣。"②

随着英国殖民者的自由移民政策吸引大量移民涌入缅甸,缅甸就业市场逐渐饱和。至太平洋战争爆发前夕,缅甸已开始尝试加强对外国人入境的管控。1940年3月28日,缅甸通过《外国人登记法》,要求外国人出入缅甸均须向当局报告。③ 在1941年以前,华侨经滇缅边境出入无需护照和签证。1941年,缅甸正式宣布,自4月1日起,中国公民无论从陆路或空路进入缅甸,均须持中国外交部发放的护照和英国领馆发放的签证。④ 但是,

---

① 《缅甸华侨概况调查大纲》,转引自何凤娇编:《东南亚华侨资料汇编》(一),台北:"国史馆",1999年版,第165页;《缅甸华侨二十四万余人》,载《侨务月报》,1935年第2卷第4期。

② 龚书炽:《缅甸华侨之遭遇》,载《新中华》,1946年第4卷第11期。

③ "The Registration of Foreigners Act", Accession No.: 21, Series No.: 15/3(9), p.4, National Archives Department, Yangon, Myanmar. (缅甸国家档案局)

④ "Memorandum", Accession No.: 36, Series No.: 15/3(15), p.20, National Archives Department, Yangon, Myanmar; "Entry of Chinese into Burma—New Rules", The North China Herald (《北华捷报》), Mar 12, 1941.

1941年底，太平洋战争爆发，上述措施几乎没有实施。缅甸于1942年出台《豁免令》，出于战时人员流动需要，不对中、美、荷公民出入缅甸施加手续限制。①

第二节　缅甸华侨社会组织的发展

民国时期，缅甸华侨社团的数量持续增长，并出现两种不同的趋势。首先，自清代开始勃发的血缘、地缘、业缘组织和秘密会社仍在发展，奠定了缅甸华侨社会的基本格局。其次，随着近代民族主义观念的兴起，缅甸华侨开始出现超脱"三缘"的商业、政治、文教、青年、妇女等各种性质的组织，尤其是抗日战争引发的爱国运动，成为华侨突破地域、融入国家命运的契机，即使是传统"三缘"组织，也开始在国家观念下整合、重组。缅甸华侨社会逐渐从地域认同向民族认同、国家认同转变，其标志就是成立各类"中华会馆"。1922年7月，缅甸直通的粤、闽、滇籍华侨共同组织成立"直通中华会馆"，附设中华学校；1923年1月，曼德勒的粤、闽、滇各籍侨领联合发起了"缅京中华会馆"；1923年，缅甸勃固区岱吁的侨领饶潜川联络滇、闽、湘等各籍华侨决定，将原有的旧式地域社团解散，改组为"岱吁中华会馆"，附设中华医院、中华学校；等等。② 据《缅华四十年大事记》记载，1921—1925年，缅甸华侨成立了12个"中华会馆"；1925—1935年，缅甸华侨成立了10个青年会。此

---

① "The Registration of Foreigners Act", Accession No.: 21, Series No.: 15/3 (9), p. 4, National Archives Department, Yangon, Myanmar. (缅甸国家档案局)

② 李竹瞻:《缅甸华侨团体调查》，载《华侨半月刊》，1932年第9期。

外,还有数目不等的学生联合会、妇女联合会成立。①

因华侨社团大多是自发成立,并不及时向殖民政府或中国领事馆报备,有的持续时间不长,有的知名度不高,故很难留下一份完整名录。根据有关资料推算,1911年至1941年,缅甸华侨成立的社团情况见表6-6。

表6-6 1911—1941年缅甸华侨成立的社团数量统计

社团类别	数量/个
血缘、地缘、业缘组织	14
青年组织	14
妇女组织	1
抗日救国组织	196
慈善组织	1
政治组织	17
福利组织	6
宗教组织	1
工商组织	3
娱乐组织	3
文化教育组织	5
其他	38
总计	299

资料来源:陈孝奇:《缅华四十年大事记》,转引自范宏伟:《战后缅华社会政治地位变迁研究》,厦门大学博士论文,2004年,第30页。

---

① 范宏伟:《战后缅华社会政治地位变迁研究》,厦门大学博士论文,2004年,第30~31页。

另外，据中国驻仰光总领事馆统计，截至 1941 年太平洋战争爆发前，领事馆能够查实的重要缅甸华侨社团共计 124 个，参见表 6-7。

表 6-7　1941 年缅甸重要华侨社团统计

序号	社团性质	社团名称	数量/个
1	救国及慈善救护事业团体	救灾总会（设于仰光，各地有支会或分会） 抵制日货总会 航空建设协会仰光分会 华侨红十字会 中国伤兵之友社缅甸分社 缅甸文化界救亡协会 店员救亡联合会 妇女慰劳会仰光分会 救灾仲裁委员会 各途商筹赈会 粤侨筹赈会 救亡工作团 学生救亡联合会	13
2	商业团体	华商商会 兴商总会 实得力米商商会 仰光华侨门市业公会 各途商公会 缅属土产商业公会 咖啡同业公会 华商和航局 理发业公会 皮商公会	10

续上表

序号	社团性质	社团名称	数量/个
3	地域团体	福建公司 广东公司 云南会馆 客属公会 宁阳会馆 三山会馆 安宁会馆 海澄公会 五邑会馆 冈州会馆 肇庆会馆 泉晋公所 龙岩同乡会 温陵会馆 南安公会 永定会馆 安溪会馆 惠安会馆 同安会馆 应和会馆 禾山公会 鹭江公会 福晋南公所	23

续上表

序号	社团性质	社团名称	数量/个
4	家族团体	李家馆　陈家馆 植德堂　曹氏公会 曹氏馆　梁家馆 龙山堂　三省堂 古城会馆　朱家馆 林氏馆　黄家馆 连枝馆　延陆联合会 何家馆　张家馆 爱莲馆　阮家馆 荥阳馆　陇西馆 晋阳堂　颍川堂 建德堂　华南堂 敦煌堂　汝南堂 许家馆　敦亲堂 四知堂　至德堂 渤海堂　四美馆 西河公司　九龙堂 胡氏宗祠　庐山堂 侯氏侨祠　高阳堂 太原堂　清河堂 江夏堂　济阳堂 江氏家族会	43

续上表

序号	社团性质	社团名称	数量/个
5	教育及文化团体	华侨教育会 华侨体育会 公立书报社 景栋华侨文化促进会 缅中文化协进会 教育人协会	6
6	职业团体	仰光职业公会 粤侨工商总会 华侨总工会 汽车职业公会 华侨职业协进会 店员联合会 金业协进会 行船公会 革履公会 机缝公会	10
7	宗教团体	中国佛学会 中国佛学青年会 缅甸华侨基督徒联合会 妇女佛教促进会 云南回教促进会	5
8	妇运团体	南渡华侨妇女协进会	1

续上表

序号	社团性质	社团名称	数量/个
9	一般性质之团体	华侨联合会 勃生华侨青年社 华侨业余社 崇竺圣会 宋割中华青年会 竖榜强华社 巨轮社	7
10	娱乐团体	民友 消闲别墅 乐群社 乐天社 艺术社 艺新票房	6

资料来源：《缅甸华侨概况调查大纲》，转引自何凤娇编：《东南亚华侨资料汇编》（一），台北："国史馆"，1999 年版，第 167~169 页。

一、秘密会社的发展

民国时期，以缅甸洪门为代表的华侨秘密会社由盛转衰，进入守成阶段。以缅甸洪顺总堂为例，自清末保皇派与革命派论战以来，海外华侨社会也被卷入爱国运动浪潮，而原在缅甸居于领导地位的洪顺总堂未能把握时机，影响力不及从前。1913 年，李遐礼被推举为洪顺总堂大哥。李遐礼是前任负责人李乃喜的第六子。洪顺总堂原本寄期望于李遐礼挽回颓势，但事与愿违。李遐礼出生于缅甸本土，从小接受西式教育，对中国政治大势变迁、缅甸华侨社会事态，有一膜之隔。李遐礼就任时，正值缅甸

东南亚华侨史丛书

华侨社会政治觉悟日益增强,并随着民主思潮、抗日运动的发展,涌现出大量政治性、专门性新式社团,极大改变了清末民初"三缘"社团和秘密会社主导华侨社会的局面。对此,洪顺总堂在李遐礼的领导下,未能及时适应形势发展,只遵循旧章,没有更化创新。这一阶段,洪顺总堂的主要建树,是在李遐礼、欧阳锦松的领导下,筹建起育德学校,在十余年间招收了千余名缅甸华侨子弟,使其接受祖国文化教育。自1912年至1941年,洪顺总堂的入堂成员共计8 473人。

秘密会社为了扩大影响力,逐步在总堂之外遍设分堂,形成了广泛的组织网络。例如,缅甸洪顺总堂下属的南渡义兴馆,前身是南渡中华公所群义馆,成立于1921年,会员人数截至1952年约共700人。因该馆不能团结,遂由伍其达等呈报仰光武帝庙,委派五虎将,改组为洪顺总堂的分堂。土瓦广兴馆成立于1928年,会员人数截至1952年共约300人。① 缅甸洪门青莲堂在总堂之外还有洪门青莲群忠社、洪门青莲清芳阁等,均属这一组织的支派。

缅甸洪门既然主要分为洪顺、青莲两堂,久而久之,自然出现摩擦、交流及融合。部分洪门人士为了寻求华侨社会的和平稳定,建立起打破两堂界限的组织。1915年,仰光"和义馆"成立,这是闽、粤籍洪门人士都可以参加的组织,在第二次世界大战前全体成员达到千人之多。"和义"的含意,既取自"和平侠义",又说明最初的会员,分别来自缅甸洪门的两大支派——"和"即"青莲堂和胜总公司","义"即"洪顺总堂"(亦称义兴馆或义兴公司)。1935年,缅甸又出现了一个"胜兴馆",同样是闽、粤籍洪门人士都可以参加,其命名方式同样取自"和

---

① 曹枯桐:《洪顺总堂之成立及经过概况》,载《缅甸洪顺总堂百周年纪念刊》,1952年。

胜""义兴",表达两堂联合的意愿。①

民国时期,除了下缅甸较早成立的洪门组织洪顺堂、青莲堂和建德堂等,上缅甸华侨中还出现了另一个不同源流的帮会组织——哥老会。

关于哥老会的起源,迄今仍众说纷纭。综合各种说法和目前所能见到的有关材料,有学者认为,哥老会发源于乾隆初年四川的啯噜会,而啯噜是清代社会矛盾的产物,是四川破产劳动者自发组成的秘密互助结社。到嘉庆、道光年间,由于南方天地会势力的北移,啯噜会与川楚一带的白莲教、啯噜党势力相会合,经过相互渗透、相互融合,才形成哥老会的组织名目。同治、光绪年间,随着湘军等军伍的遣撤和破产劳动者、游民队伍的急增,哥老会即勃然而兴。民国时期,哥老会又有了另一个流行名称——红帮。哥老会(红帮)最初的活动范围,主要局限于长江中上游地区,特别是四川、湖广等地,后来随着活动扩张,在湖广地区与活跃于安徽、江苏、浙江等长江下游的青帮接触,遂出现"青红不分家"的说法。②

民国时期,英国殖民者对缅北矿区加大开发力度,华侨矿工中逐渐出现了哥老会组织,或曰青红帮组织。哥老会如何传入缅甸,尚无明文可查,很可能是南方各省的底层劳动者将其带到了滇缅边境和缅北矿区。缅北矿区的华侨矿工季节性强、流动性大,就目前所知,并没有留下固定的哥老会会所和典籍,但不少华侨矿工都回忆,在20世纪三四十年代,哥老会控制着矿区华侨社会。

---

① 方雄普:《朱波散记——缅甸华人社会掠影》,香港:南岛出版社,2000年版,第187页、352页。

② 蔡少卿:《中国近代会党史研究》,北京:中国人民大学出版社,2009年版,第166~171页、233~235页。

东南亚华侨史丛书

哥老会的首领一般称为"袍哥"。在缅北矿区,华侨大小工头即为哥老会的大小袍哥。华侨工人只有先加入哥老会,才能找到工作,并避免遭受欺侮。入会时,要由一人担保,并先缴纳5~10元不等的帮会费,即可拿到帮会证,俗称"红纸"。

矿区哥老会的实际运作方式同样结合了血缘、地缘因素。在俗称老银厂的锡矿公司,最大的工头兼大袍哥是侨领梁金山,管辖云南保山一带的工人,其次是虞德昌,管辖云南云祥的工人。

矿区哥老会一方面是协助英国公司管理、控制矿工的工具,另一方面也与其他秘密会社一样,是矿工的互助自治组织。例如,华侨按照传统习惯应庆祝春节,但开发老银厂的英国公司不准休假,华侨矿工便组织起来,进行罢工斗争,最终迫使英国公司让步,同意放三天年假。①

二、商会组织的兴起

民国时期华侨经济的迅速发展,促使商会日益在华侨社会中发挥举足轻重的作用。缅甸华侨社会几乎同时存在两大最富于代表性和动员力的商会组织——缅甸华商商会和缅甸华侨兴商总会。

缅甸华侨商会组织的兴起,既与英属缅甸殖民地的资本主义经济发展有关,也与清末新政时期的改革措施有关。1901年,慈禧太后以光绪皇帝的名义颁布变法上谕,开始推行"新政"。从1901年到1905年,清政府连续颁行一系列新政措施,包括筹措军饷、训练新兵,振兴商务、奖励实业,废除科举、育才兴学,改革官制、整顿吏治,改革法制、修订新律等。其中,在振兴商务、奖励实业方面,1903年,清政府成立商部,倡导官商

---

① 肖泉:《缅甸滇籍华侨调查访问集》,暨南大学,未刊本,1983年,第78~81页。

创办工商企业。1904年，商部为了促进商业发展，决定仿照西方国家的商会模式，拟定《商会简明章程》，倡导海内外的华商广设商会。南洋各国是华侨资本集中的地方，为了推动海外华侨商会的设立，商部还派遣张振勋到新加坡、马来亚等地活动。清政府的兴商热情，对华侨商业的发展起到了一定的促进作用。

1909年（一说1908年），缅甸华商商会的前身——中华商务总会（一说"商务团体会"）成立，这是缅甸华侨最早成立的跨行业商业团体，会址设于仰光百尺路下段一座二层楼房，上层是商会，下层是会员俱乐部，名为"六也轩"。辛亥革命之后，中华商务总会更名为"中华总商会"。1930年，该会又更名为"缅甸华商商会"（Burma Chinese Chamber of Commence），并向英属缅甸政府注册备案，正式成为当地合法团体。

1911年6月26日，缅甸华侨兴商总会的前身——兴商公司成立，三个月后更名"缅甸兴商总会"，英文会名为Burma Chinese Trade Association。1926年，该会中文名称最终定名为"缅甸华侨兴商总会"，并向中国国民政府备案，于1928年3月奉侨务委员会指令修改章程，增加第124条章程——"本章程由会员大会通过呈奉主管机关核准施行"。兴商总会的宗旨是"固结团体、联络感情、振兴商业"，该会会员初期仅数十人，后来逐年递增，到1950年发展到652人。① 兴商总会对内调解华侨商业纠纷，对外代表华侨与仰光政府交涉，对华侨商业发挥了一定的整合促进作用。1928年12月，缅甸华侨兴商总会交易场在仰光落成启用。土产交易是缅甸华侨商业的重要内容，各地土产一般由火车、轮船运到仰光集散，但交易场所分散在各处，仅有固定时间地点，而无固定设施和管理人员。1928年，仰光进行市政建设，拆除、改建火车站和码头，兴商总会遂租赁空地，

---

① 《缅甸华侨兴商总会四十周年纪念特刊（1911—1951）》，1951年。

东南亚华侨史丛书

盖起交易所,从此中、缅、印各籍土产经营者在此进行集中交易。①

缅甸华商商会和缅甸华侨兴商总会虽然都在缅甸华侨社会有广泛影响,虽然都是多次华侨运动的主要组织者,但二者的性质有明显区别:前者本土化倾向比较明显,在英属缅甸政府备案,成员多来自中上层华侨社会;后者中华认同感强烈,曾向国民政府备案,成员多来自中下阶层华侨社会。

华商商会成员多是缅甸本土化的华裔大商人,既与缅甸政府和上层社会联系紧密,也是国民政府笼络华侨的重点合作对象。早期的华商商会成员兼有闽粤两籍的华侨商人,其职员亦是双方平均选举产生。当时的缅甸议会条例规定,华人占立法议员的一席,由华商商会提名产生。②另外,缅甸华侨教育会较早附设于华商商会,抗战时期的救灾总会也附设于华商商会。如此一来,华商商会专管商务,教育会在领事馆的直接支配下负责学务,救灾总会负责募捐,而这三个组织设于一处,且三个组织中负责秘书事务者均为国民党党员陈孝奇,由此形成国民政府控制和支配缅甸华侨社会的枢纽。太平洋战争爆发后,正是陈孝奇携带这三个重要组织的印信文件,撤退到重庆后方。新中国成立后,华商商会再度成为缅甸华侨运动的重要领导机关。

华侨兴商总会成员以华侨商店的"外口"职员为主,"外口"即闽语外务之意,指营业职员,因此群众基础更加广泛,在普通华侨中更有动员力。后来,因一些"外口"职员变成了店东,店东在兴商总会中的比例逐渐提高,最后该会也成为结合

---

① 陈步墀:《缅甸华侨兴商总会交易场沿革纪述》,载《缅甸华侨兴商总会四十周年纪念特刊(1911—1951)》,1951年。

② 陈孺性:《〈缅甸华侨史略〉节录》,转引自德宏州志编委办公室编:《德宏史志资料》(第三集),1985年版,第92页。

劳资双方的商会。据统计，到1935年，该会在仰光区的会员之中，店东占33.26%，店员占30.82%。① 该会由闽籍侨领徐赞周发起，早期发起人和参与人有许多原缅甸同盟会、益商学校、《光华日报》中的人员，如陈朝初、陈清楚、陈颇瑞、陈甘敏（陈宗珍之父）、陈得胜等，因此该会爱国精神浓厚，进步革命色彩突出。一些早期的发起人和参与人后来长期担任兴商总会的正副会长和职员，其中比较知名的有林金瓯、林天赐、李伯桑、陈吉昌、曾省三、陈通书、陈水成、叶庚寅、苏子尊、林宗巧、陈宝珠、冯淇船（冯励冬之父）、林庆星、郭老卖（徐四民岳父）、曾得胜、苏玉雷等。华侨兴商总会多次主导兴学办报、救助侨胞、赈济灾难、抗日救国活动，如1928年济南"五三惨案"后组织"济急总团"，筹集51万多盾巨款，1929年协助被土瓦铁矿解雇的163名滇籍矿工回乡，等等。②

缅甸华侨的重商氛围，催生了一批华侨巨贾，如广东台山籍的李乃喜、李遐礼父子从承包烟酒等行业起家，发展至经营米厂、矿务、橡胶园；福建同安籍的曾广庇从经营米业发家，终成巨富；福建同安籍的林振宗从经营米业起家，扩展至海运、农产品、采矿、代理石油产品；东南亚著名的"虎标"药业大王、福建永定籍华侨胡文虎，最早也是从继承其父胡子钦的仰光永安国药行起家；等等。在这种氛围下，一批"商而优则仕"的侨领，在缅甸华侨中产生了广泛影响。据1941年中国驻仰光总领事馆统计，部分知名侨领情况见表6-8。

---

① 陈孺性：《〈缅甸华侨史略〉节录》，转引自德宏州志编委办公室编：《德宏史志资料》（第三集），1985年版，第104页。

② 冯励冬：《缅华百年史话》，香港：镜报文化企业有限公司、缅华互助会，2002年版，第46~47页、49~51页。

表6-8 1941年缅甸知名侨领统计

地点	姓名	职业	影响力
仰光	李文珍	商业	华商商会主席
	许善明	商业	华商商会副主席
	吴文举	商业	华商商会副主席
	苏德隆	律师	仰光市议会华人议员
	洪金命	商业	仰光市议会华人议员
	崔杰南	商业	在群众中有号召力
	林闹外	商业	在群众中有号召力
	张瑞龙	商业	在群众中有号召力
	龚子宏	商业	客属华侨领袖
	胡庶茂		缅甸众议院议员
	李华林	商业	
	邱贻厥	商业	
勃生	许文顶	商业	
毛淡棉	苏兆征	商业	
土瓦	李炳燊	商业	当地侨领并国民党党部主持人
	柯清源	商业	矿商领袖
曼德勒	谢兆丰	商业	
南坎	梁金山	矿商	在上缅甸号召力颇大
	谢嗣征	商业	滇侨领袖

资料来源：《缅甸华侨概况调查大纲》，转引自何凤娇编：《东南亚华侨资料汇编》（一），台北："国史馆"，1999年版，第169~171页。

第三节　缅甸华侨的经济状况

自缅甸逐步沦为英属殖民地后，缅甸华侨商业亦随之转型，从互通有无的传统中外贸易，转为依附英国主导的资本主义世界市场。20世纪的前三十年，是缅甸华侨经济发展的"黄金时期"。这一时期，缅甸政治和经济环境相对稳定。从1914年到1918年的第一次世界大战发生于欧洲战场，不但没有直接影响缅甸，反而暂时阻碍了欧美资本在缅甸的扩张，使缅甸华侨商业获得发展机遇。在两次世界大战之间，西方各国竭力恢复和发展经济，客观上带动了英属缅甸殖民地的经济发展。

截止到1929年世界经济危机爆发前，缅甸华侨在大米、土产贸易、零售、加工等行业取得了一定的优势地位。缅甸本土的出口商品，主要是大米和柚木。当时缅甸"柚木及粟两大宗，多操之华人之手"，缅甸华侨资产虽不如英属马来亚、荷属东印度的橡胶、锡矿等行业巨头，但也相当富足，缅甸华侨商人"拥厚资以雄霸一方，为缅甸人所崇仰者，所在多有"[①]。据1927、1928年统计，当时缅甸华侨经营的商业行当有米谷、土产、杂货、木材、铁器、制衣、药材、餐馆、茶居、矿业、保险、包捐、轮船、汇兑等。

大米是下缅甸地区最大宗的出口商品，主要销往英属印度、锡兰、海峡殖民地，荷属东印度，英国，日本等地。大米的种植者均为缅甸农民，而大米贩运出口工作则由欧洲商人、华侨商人和印度商人进行。在经济危机之前，米业的总体形势是欧洲商人领先，华侨和印度人势均力敌，其中华侨占据了内地贩运方面的主导地位，令外人几无插足之地。成功米业华侨商人的代表，当

---

① 赵伯南：《缅甸华侨之将来》，载《华侨半月刊》，1932年第8期。

东南亚华侨史丛书

属闽籍华侨曾广庇。在从事米业的华侨中,半数为闽籍华侨,属于华侨的碾米厂有九十余所,贩运商号六七百家,资本规模上多者几百万,中者几万,少者数千。相比之下,欧洲商人的米业财力雄厚,规模庞大,资本多者能达上千万甚至上亿。因此,缅甸大米的价格及销路,皆处于欧洲商人的掌握下,华侨只能跟随市场而动。

木材业是缅甸华侨的优势行业之一。其经营模式,是从缅甸当地购买木材,或直接向英属缅甸政府承包树林砍伐木材,然后转卖给木厂进行加工。这些木厂大多由闽粤华侨经营。其中,粤籍华侨设立的木厂,仅仰光一处就有八九十所,另外缅甸各城邑几乎都有一两所华侨经营的木厂。仰光的木材店中,能明确记录下名号的有永源记、协惠记等三十余号,由木材业衍生出的木桶店有盛兴、复源成等十余号,寿板店有永源记、永发等若干号。

缅甸华侨工业以建筑业为第一,是粤籍华侨首屈一指的优势行业。粤籍华侨建筑工艺精湛,在缅甸广受欢迎,"无论政府私人,凡筑造屋宇桥梁,罕不假手于粤人"。建筑业商号首推粤籍华侨的曹灼记,缅甸政府的大型建筑物多归其承办。因早期建筑多为土木结构,故建筑业与木材业联系紧密,而粤籍华侨的木工技艺也在建筑业中得以发扬。木工行业大多实行包工制,从业者收入丰厚。除了粤籍华侨占木工多数外,其次还有闽籍华侨,少数为江苏华侨。

土产杂货店是缅甸华侨的常见营生。华侨店铺虽然个体资本量较小,不及印度商人,但胜在分布广泛,大到通商巨埠,小到乡间村落,都有华侨土产杂货店的身影。土产店主要售卖英属印度、海峡殖民地等处出产的副食品,从业者以闽籍华侨居多,滇籍华侨次之,粤籍华侨又次之。杂货店主要售卖各类日用品,兼营国货,并压榨食用油出售,占有相当市场份额。这些华侨商店的店员大致分为书记、司库、买卖、厨司四类,是商人必不可少

第六章　太平洋战争前的缅甸华侨社会（1912—1941年）

的助手，店员收入除月薪外还有红利，因此成为普通华侨的常见职业。

矿业原是上缅甸华侨的传统行业之一，在英国殖民统治下又有新特点。矿业可分为玉矿、锡矿和铁矿等。玉矿集中在上缅甸，滇籍华侨自明清以来就从事玉石的开采和售卖，这一传统在英属殖民地时期得到延续，上缅甸的玉矿、宝石矿、银矿中的矿工以滇籍华侨为主，粤籍华侨次之，矿工多达数万人。锡矿和铁矿集中于下缅甸的丹老和土瓦，主要在英国殖民统治时期才开始大规模开采。因英国统治者规定只有英国公民才有权采矿，故经营矿厂的华侨都是少数拥有英国国籍的缅甸土生华侨，矿厂数量有十几家，雇佣的矿工多数是闽粤籍华侨，如下缅甸丹老的铁锡矿中以粤籍华侨为主，有数千人。

包捐业，又称包税业，是指英属缅甸政府实施包捐制度的屠宰、当铺、酒廊等行业。缅甸华侨商人在英国殖民者初来时即抢占了先机，故明显占据垄断性优势，"执此业者，完全为华人"。这类店铺定期招商包办，到期后重新招标，华人每每争相投标，导致中标价节节攀升，而英国统治者坐享收益。

汇兑业主要是为侨胞服务。缅甸每年有数十万华侨要向中国汇款，而官办的邮局、银行或是汇费昂贵，或是不受理小额业务，因此华侨自营批信局，融通信与汇款于一体，基本垄断了华侨的汇款业务。

裁缝业是缅甸华侨手工业的首选。仰光裁缝店计有兴亚、时兴等数十家，男女裁缝工数百人，如果连同勃生地区的裁缝工在内，有一千人左右。裁缝从业者以福建永定人为主。缅甸天气炎热，当地多穿拖鞋，且欧美皮鞋价格昂贵，因此华侨生产的拖鞋、成衣等成本又低、销路又广，在华侨手工业中号称第一。

铁器、金器、石器店也是缅甸华侨手工业的主要组成部分。铁器店的发展在一定程度上获益于第一次世界大战。缅甸华侨的

东南亚华侨史丛书

铁器店有上百家，货源既有欧洲制品，又有华侨自制品。第一次世界大战期间，欧洲货源中断，华侨依靠存货数倍获利。第一次世界大战后，华侨自制品虽然质量不及欧美制品，但价格低廉，受到当地人喜爱。仰光铁器店有怡茂栈、合顺栈等，其中规模较大的也兼营建筑行业。仰光金器店以公益、绍昌两家为著，其他还有祥益、顺益等数十家，从业者在千人以上。仰光还有永泉义等若干石器店。

餐饮业是缅甸华侨的常见营生，在仰光尤其兴盛，其中又分为西餐和中餐。经营西餐馆的主要是海南琼崖人，经营中餐馆的主要是广府华侨和闽籍华侨。中餐因比西餐便宜可口，广受缅甸当地人欢迎，不少餐馆还雇佣女招待以促进生意。

除此之外，缅甸华侨的常见行业，还有剪发、洗衣、种植等。仰光剪发店有粤民、华新等十余所，洗衣铺有同利等若干所。种植业者为下缅甸各城市提供农副产品，从业者只需交纳少量地租，便可垦荒种菜，享有蔬菜专卖权，收入不亚于小商人。[①]

缅甸华侨的经营范围，亦带有比较明显的地缘与业缘相结合的色彩。按籍贯统计，粤籍华侨大多经营典当业、中国杂货业、土木建筑业、旅店行业等；梅州客家华侨大多经营酒业；闽南华侨多经营土产及米厂；闽北华侨多经营咖啡业、洋杂货；滇籍华侨则经营玉石、锡矿、土产、杂货。[②]

从整体上看，殖民地时期的缅甸华侨职业具有明显的"重

[①] 黄泽苍：《英属缅甸华侨之概况》，载《东方杂志》，1928年第25卷第5号；陈菊友：《仰光华侨工业一瞥》，载《仰光日报（六周年纪念特刊）》，1927年，第9~10页。

[②] 《缅甸华侨概况调查大纲》，转引自何凤娇编：《东南亚华侨资料汇编》（一），台北："国史馆"，1999年版，第190页。

商主义"特点。缅甸华侨职业的一大特色,即极少靠出卖体力谋生。缅甸华侨受雇于人的职业,往往是在华侨工商业中担任店员、技工等,具有一定的知识和技术含量,并非简单出卖劳动力。除了在矿区之外,这一特色强烈体现于上缅甸和下缅甸的各个城市中,与当时盛行于美洲、马来亚各地的"苦力"劳动形成鲜明对比。时人大多注意到这一特点,如《东方杂志》报道称,缅甸华侨"拉人力车者,则无一人"①,《华侨先锋》也指出"在南洋各处,华侨充当劳工的甚多,但缅甸独例外",除了极少数临时从事搬运工作外,"真正旅居缅甸之华侨,作工者实百无一二"。② 国外观察者也注意到缅甸华侨"重商"的职业特点。据英国学者巴素统计,1931 年缅甸华侨中商人占 41%,木匠、铁匠和皮匠占 38%,半熟练工占 9%,低级劳动者占 5%,杂业占 7%。从事饲养牲畜和种植蔬菜者仅 21 436 人,其中 18 802 名为男性,2 634 名为女性,而且除了少数种植蔬菜以供应市场的菜农外,没有真正从事农耕的华侨。在缅甸几乎所有城镇中,都能发现华侨经营的杂货店,华侨在许多市镇上是唯一贩卖煤油产品的代理商。③ 第二次世界大战前夕,日本人在南进时也注意到缅甸华侨的经济特征,指出缅甸华侨"比较其他地方的华侨,是有一特色的","其中除锡矿夫外,几全是商人,而无都市的劳动者"。④ 种种描述说明,缅甸华侨的经济活动确实以

---

① 黄泽苍:《英属缅甸华侨之概况》,载《东方杂志》,1928 年第 25 卷第 5 号。

② 连士升:《缅甸华侨动态》,载《华侨先锋》,1940 年第 2 卷第 3 期。

③ 巴素著,郭湘章译:《东南亚之华侨》,台北:"国立编译馆",1966 年版,第 87 页。笔者按:巴素(Victor Purcell),一译布赛尔。

④ 海容:《东亚各地华侨之分布及其经济势力》,载《南洋研究》,1936 年第 6 卷第 1 期。

商业和技工为主,极少从事纯粹的苦力劳动。之所以出现这种情况,主要是因为英国殖民地时期的缅甸华侨仍以自由移民为主。囿于缅甸的自然条件,英国殖民者在缅甸以发展商业为主,缅甸没有形成需要大规模劳动力的种植园、橡胶园,也极少出现被集中贩运的"猪仔"华工、"苦力"华工。

缅甸华侨商业的主要竞争对手,是英属印侨商业。缅甸自1886年沦为英国殖民地至1937年印缅分治之前,一直被作为英属印度殖民地的一个省进行管辖,在此期间,印缅之间没有边界管控,印度人在英国殖民当局"以印治缅"的政策默许下,大量涌入缅甸活动。缅甸境内的印度人多数从事体力劳动,少数经商,其中来自印度南部齐智地区的商人以善于经营商业和信贷业著称。齐智人积极在缅甸拓展信贷业务,构建金融网络,并购抵押土地,逐渐在金融、信贷、农业领域占据优势地位。据统计,1929年齐智人在缅甸的资产估计达到8亿卢比,到第二次世界大战前夕,齐智人在缅甸的钱庄已经多达1 900多家。1929年经济危机爆发后,许多借贷人破产,齐智人却作为债权方并购作为抵押物的土地,乘势做了地主。在下缅甸农业区,齐智人占有的土地比例从1920年的19%增长至1937年的50%,在部分地区甚至高达60%~70%。① 在雄厚的资本支持下,印度商人在缅甸的经济实力仅次于英国人,不仅控制着缅甸的信贷和农业,而且在商业领域占有突出地位。相比之下,缅甸华侨的经济优势主要集中在小商业、加工业等领域。小商业如典当、酒廊、土产、杂货、餐饮等,经营模式一般是购入各地产品,为当地普通消费者服务;加工业如碾米、木材、矿产等,经营模式一般是在缅甸当地生产者和英国大型企业之间充当中介作用。整体来看,缅甸华

---

① 汪爱平:《殖民地时期缅甸的印度齐智人社会研究》,载《学术探索》,2014年第5期。

侨经济力量分散，资本总量有限，因此逐渐在英国资本的压制和印度商人的竞争中失去优势。

除英印资本的竞争外，缅甸华侨经济遭受的更大打击，是世界经济危机。自1929年至1933年，一场严重的资本主义经济危机席卷世界，普遍危及南洋各地的华侨商业。这场经济危机造成世界经济大萧条，国际矛盾尖锐，最终诱发了第二次世界大战。经济危机的冲击，暴露了缅甸华侨经济原本隐藏的自身弱点，导致缅甸华侨经济急剧衰落。1929年，中国驻仰光领事馆指出："南洋华侨之衰象，以缅甸为最。"仰光领事馆总结了缅甸华侨经济衰退的九大原因：①缺乏新商业管理知识；②缺乏金融流通机构；③缺乏组合之能力；④缺乏与外国厂家直接之关系；⑤缺乏运输上之便利；⑥受高税制压迫之影响；⑦受米业不振之影响；⑧受印商势力扩大之影响；⑨受无谓消耗之影响。① 以上9点不无道理，基本囊括了缅甸华侨经济面临的内忧外患。概括来讲，缅甸华侨经济自身主要存在以下弱点，以致难以承受经济危机的打击。

1. **依附英印政策和资本，自身经济力量分散，缺乏金融保障。**

缅甸华侨商业对英国殖民当局的依附性，集中体现在包捐制度上。英国殖民者刚刚占领下缅甸时，便利用包捐制度，招募华侨开发下缅甸，缅甸华侨从此在酒廊、典当等包捐行业形成垄断传统。包捐制乍看有其优越性，中标者只需向殖民政府交纳固定数额的捐税，便可在一定期限内拥有经营权而不必担心竞争。然而，包捐制的主动性完全掌握在殖民政府手中，招标价格逐年提升，华侨只能被动竞标，竞标激烈时中标价竟然"增至原价数

---

① 《缅甸华侨商务衰落之九大原因》，载《南京国民政府外交部公报》第六辑，1929年第2卷第6期。

十倍"。殖民政府又有意利用华侨社会内部的竞争心理,导致"其叔投标,其侄夺之",华侨被人左右而不自知,殖民政府则坐收渔利。①

　　缅甸华侨商铺虽然分布广泛,但力量分散,难以与资本雄厚、组织严密的大型英国企业竞争。普通华侨商铺的资本量,往往只有数万元,而英国企业的资本可以比华侨商铺多出几十倍。例如,榨油业曾经一度是缅甸华侨的优势行业。早在第一次世界大战前,缅甸华侨便率先设立了新式机器榨油厂,所产食用油味香色美,供不应求。第一次世界大战后,英国榨油厂数量不断增加,生意起初不如华侨,但英国榨油厂规模大、资本雄厚,不断改进机器设备,提高出油率,降低生产成本,所产的食用油价格低廉,"华厂不逮之",于是缅甸食用油的销路逐渐被英国商人垄断。②

　　缅甸华侨商业在金融流通、资金周转上,严重依赖外国金融机构。仰光是缅甸经济中心和金融中心,也是华侨数量和华侨经济活动最集中的地方。仰光的华侨除经营碾米厂、锯木厂外,其余大多从事土产、杂货的进出口贸易,而"金融机关,全在英人之手"③。据统计,1929 年,仰光有大银行 17 家,其中直接属于英国者 10 家,间接属于英国者 3 家(印缅人所办),属于华、美、日、荷者各 1 家,而这唯一的华侨银行还不是缅甸华侨自己创办的,而是来自新加坡的分行,资本不足 200 万。如此一来,"占全缅三分之一商业势力之华侨,仅有一金融机关",华侨资

---

　　① 黄泽苍:《英属缅甸华侨之概况》,载《东方杂志》,1928 年第 25 卷第 5 号。
　　② 《缅甸华侨制油工业地位之衰落》,载《南京国民政府外交部公报》第十一辑,1931 年第 3 卷第 12 期。
　　③ 《缅甸华侨状况之一斑》,载《工商半月刊》,1930 年第 2 卷第 1 期。

金平时多被英国银行吸收而去，一旦遭遇资金紧张而他国银行不予借贷，华侨商业便一筹莫展。仰光领事馆对此评论称："设政府或华侨有自设资本雄厚之银行，安能为他人所挟持耶？华侨商业安至于失败而不能发展耶？"① 相比于华侨对金融业的忽视，印度商人明显重视金融活动，尤其是印度齐智人成为典型的高利贷群体。部分华侨商人在资金不足时，甚至要求助于齐智人的高利贷资本。这种情况一直到 1938 年底，中国银行才在仰光设立了分行，交通银行也在仰光筹建分行，缅甸华侨商业的金融条件才略有改善。②

2. 依赖私人经营传统，缺乏实行现代商业经营意识。

缅甸华侨早在殖民时代之前就抵达缅甸开展贸易，这既造就了缅甸华侨商业在殖民早期的传统优势，也导致了缅甸华侨普遍秉承家庭式私营套路、缺少现代经营理念的缺点。华侨商店的经营方式往往毫无组织性可言，"一人掌理百务，遇事苟且"，服务意识匮乏，货物随意放置，卫生状况糟糕，不重形象包装，不做广告宣传，在商业竞争时代"仅挟十八世纪乡村营业之方法"。③1930 年，《工商半月刊》为调查缅甸华侨的广告宣传情况，在四个月时间里统计了缅甸的三家华文报纸，共计三百余份，结果发现，报上 218 则广告中，有 136 则来自外国公司，49 则来自华侨代理公司，31 则来自华侨商店，2 则来自关内分公司。④ 调查者选取的样本，既非英文报纸，亦非缅文报纸，而是

---

①③ 《缅甸华侨商务衰落之九大原因》，载《南京国民政府外交部公报》第六辑，1929 年第 2 卷第 6 期。

② 连士升：《缅甸华侨动态》，载《华侨先锋》，1940 年第 2 卷第 3 期。

④ 《缅甸华侨经商广告术之缺点》，载《工商半月刊》，1930 年第 2 卷第 5 期。

华文报纸，即便如此，报上仍然充斥着外国商业广告，少有华侨商业广告，可见缅甸华侨缺少商业宣传意识，广告观念薄弱。

　　缅甸华侨内部的竞争乃至倾轧，也削弱了华侨商业的整体竞争力。广大海外华侨分属不同籍贯地，各个地缘群体之间语言文化差异大，加之现代民族观念尚未普及，华侨往往只重乡土亲缘，不重民族同胞感情。尽管辛亥革命在一定程度上唤起了华侨的国家荣誉感，但华侨社会内部的整合力仍有待加强。正如时人所评："华侨眼光欠发达，欠团结，固步自封，因袭旧习，门户之见太深，只有小同乡和亲友的联系，缺少广泛的团结和组织，逐成华侨经济不能企业化的主要障碍。"[①] 缅甸华侨同样存在这个问题。缅甸华侨主要来自云南、福建、广东三大籍贯地，不同行业甚至同行之间的缅甸华侨各立门户，生存竞争激烈。当时缅甸华侨商人"唯昔素无联络，各立门户，不相往来，如一盘散沙。甚至同业相拓，互相水火，势不两立"[②]。缅甸华侨社会凝聚力的欠缺，加剧了商业资源的分散，致使缅甸华侨商业难以有效整合资源、抗衡外部竞争。

　　3. 个别缅甸华侨出于牟利目的，从事不法活动。

　　俗话说："无商不奸。"一些华侨商人在起步阶段往往手段刻薄，锱铢必较，积少成多，而成巨富。例如，"放青"是米谷商人在乡村从事盘剥的方法之一，其具体做法是趁缅甸农民青黄不接时，向其赊货放款，条件是该农民立下约定，承诺收成时以米谷抵账，米谷价格比正常价格低四五成。这种方法极易招致缅

---

　　① 方钢：《南洋华侨经济的现状》，载《华侨先锋》，1947年第9卷第1~2期。

　　② 李采芹：《侨商处境之危机》，《缅甸华侨兴商总会二十五周年纪念特刊》，转引自范宏伟：《战后缅华社会政治地位变迁研究》，厦门大学博士论文，2004年，第25页。

甸农民嫉恨,"陡起劫杀者,时有所闻",但华侨为利益驱动,甘愿冒险。另外,少数华侨私贩鸦片、吗啡等违禁物品,屡被查获,驱逐出境。① 这些不法行为,对华侨的整体信誉造成了损害,也滋生了缅甸当地人对华侨的不满情绪。

缅甸华侨经济的自身弱点,加上世界经济危机的打击和英印资本的激烈竞争,导致缅甸华侨经济逐渐失去了第一次世界大战前的优势地位,难敌印度商业的扩张。仰光是殖民时期缅甸华侨经济的中心,在20世纪20年代时,"仰光唐人坡及海墘街之商店,尽为华人所经营,难得空铺",而到30年代中期时,"唐人坡之商店几尽被印人所占夺。吾华商插足其中不过十余家耳"。仰光的广东大街西段原本是华侨商业中心,30年代末已"渐为印人侵入,其范围日蹙"。② 除了华侨独占的典当、酒廊等包捐行业外,缅甸的农工商各业纷纷"由华人而转入印人之手"。以碾米业为例,华侨所占份额不断缩减,据1940年统计,缅甸碾米厂共有640家,其中欧洲人占45家,规模宏大,雇有25 000名工人;华侨占107家,工人仅有5 000余人;其余近500家大多数属于印人,工人约50 000人。③ 缅甸华侨自身也明显察觉生计艰难,感慨"华侨生意在南洋者,日落一日,贫者相率而辍业,即富者亦倒闭时闻。劳工困苦,欲归不得"④。

当缅甸华侨的经济处境日渐窘迫时,民国政府正努力号召海

---

① 黄泽苍:《英属缅甸华侨之概况》,载《东方杂志》,1928年第25卷第5号。

② 《缅甸华侨概况调查大纲》,转引自何凤娇编:《东南亚华侨资料汇编》(一),台北:"国史馆",1999年版,第190页。

③ 范宏伟:《战后缅华社会政治地位变迁研究》,厦门大学博士论文,2004年,第24~25页。

④ 刘仁航:《华侨前途之危机与救济法》,载《仰光日报(九周年纪念特刊)》,1930年,第1页。

东南亚华侨史丛书

外华侨回国投资经营、支援祖国建设,先后公布了《华侨回国兴办实业奖励法》《非常时期华侨投资国内经济事业奖励法》。自 20 世纪 30 年代起,不少缅甸华侨出于逃避压制和支援祖国的双重目的,纷纷回国投资实业。1935 年,缅甸国民党总支部决定招募当地华侨,投资开发云南澜沧江矿产。云南建设厅指定了滇南靠近缅甸的车里、滇越、南峤、仰海四县作为回国侨胞农垦实验区,用于种植药用植物和经济作物,并制订各种优惠办法欢迎侨胞投资经营。福建建设厅也统计了省内矿产情况,列表成册分发给华侨,号召华侨回国经营。①

继严重的世界经济危机之后,第二次世界大战接踵而来。1941 年太平洋战争爆发后,日本迅速占领了缅甸。缅甸遭受了极大的破坏,华侨经济也一时陷于停滞倒退的局面。

第四节　缅甸华侨教育的发展

清代的缅甸华侨教育长期处于私人教育阶段。家境殷实的华侨为了让亲族子弟接受教育,便从国内聘请读书人到缅甸开设家塾、私塾,进行传统的中式启蒙,传授内容多为"三字经"、"千字文"等启蒙典籍,授课地点或设于私家,或附设于各宗亲会馆、庙宇祠堂等集体活动场所。这种传统中式教育虽能给缅甸土生华侨打下一定国学基础,但毕竟不适应缅甸的社会和经济生活需求,因此土生华侨长大后往往熟知英文、缅文,而不谙华文。

除了传统私人教育外,较早在华侨中兴办教育的还有近代外

---

① 《缅甸华侨拟集资开发澜沧矿产》,载《中国实业》,1935 年第 1 卷第 8 期;连士升:《缅甸华侨动态》,载《华侨先锋》,1940 年第 2 卷第 3 期。

国传教士。至迟在 1903 年，曼德勒唐人街至少已存在一所"中西学堂"。中西学堂由法国传教士铎德丰神父创办，专门教育华侨子弟，对家境富裕者照例收取学费，对家境贫困者则分文不取。学堂遵循英属殖民地惯例，实行多种语言教学，"以汉文为体，以英文为用，兼课缅文"。① 后来，在整个民国时期，缅甸华侨社会中一直有少量教会学校存在，这些教会学校既是西方殖民主义背景下文化渗透的产物，也是华侨教育资源的组成部分，为华侨子弟学习近代西方语言文化和科技知识、融入世界近代化潮流做出了贡献。

到 20 世纪初，清末维新思想和革命思想在缅甸的传播，促进了缅甸华侨新式学校的萌生。戊戌变法失败后，以康有为、孙中山等人为首的政治群体积极在海外开展宣传动员，号召广大华侨振兴中华，缅甸华侨日益认识到发展教育的必要性。1903 年，缅甸闽籍侨领林国重、徐赞周、庄银安、林金在等在仰光创办了第一所近代华侨学校，名为"中华义学"。在民国成立之前，缅甸华侨教育的发展，与革命党人开启民智、宣传革命的目标息息相关。1907 年，同盟会接管了中华义学，在校内附设益商夜校。1909 年，闽籍华侨又在仰光创办了福建女学，后更名福建女师范，这是缅甸华侨的第一所女子学校。② 在中华民国成立之前，仰光一共只有中华学校、福建女学、共和学校三所华侨学校，三校均由华侨商人捐建而成，每校学生约三百人，其余各地的新式华侨教育暂未获得明显发展。③

1911 年辛亥革命的成功和 1912 年中华民国的诞生，极大鼓舞了广大海外华侨的民族自尊心，激励着海外华侨传承中华文

---

① 《缅甸旧都中西学堂序文》，载《鹭江报》，1903 年 7 月 24 日。
② 龚书炽：《缅甸华侨教育》，载《新中华》，1945 年第 3 卷第 11 期。
③ 《缅甸华侨教育情形》，载《中国与南洋》，1922 年第 3 卷第 6 期。

化,凝聚民族认同。同时,英属缅甸政府对于民间办学的政策比较宽松,通常不予干涉。因此,自中华民国成立至20世纪30年代,缅甸华侨学校如雨后春笋纷纷成立,缅甸华侨教育发展进入全盛时期。这一时期,缅甸华侨学校分布范围广、兴废变化大、备案登记少,难以留下确凿数据,但根据各方在不同时间的大致统计,今人可以一窥民国时期缅甸华侨教育的基本规模和发展趋势。

据大略统计,1918年,缅甸华侨学校数量达到70余所,1922年达到100余所。侨校的教员配备视学生数量而定,一般十几人至三十人设一二名教员,五十至八十人以上则设五六名教员,不少学校实行男女同班。随着华侨子弟基础教育日渐普及,创办华侨中学成为当务之急。1921年,经过缅甸闽籍华侨杨子贞、曾广庇、张永福、胡文虎等人的倡导和缅甸各华侨团体的赞助,"旅缅华侨中学"落成,该校后更名为"缅甸华侨中学",是缅甸华侨创办的第一所中学,学生二百余人,设有师范科,以培养师资,学校常年经费由闽籍曾邱两姓公司和其他华侨赞助。① 1933年,缅甸中华总商会又倡议创办了一所中华中学。②

缅甸华侨学校最初仍依附于各血缘、地缘团体,力量分散,直到粤籍华侨率先开展学校整合工作。粤籍华侨学校原由各姓氏团体各自建立,计有武帝庙办的育德小学、陈家馆的培正小学、李家馆的求真小学、黄家馆的粤秀小学等,这些小学的设备均比较简陋。1921年,仰光粤籍华侨组织了"学务统一委员会",由侨领李遐养爵士、中国驻仰光领事张国威出面,邀请诸族长集议,劝导各学校合并。最终,以上各校合并为粤籍华侨公立的育德学校(男校)和育德女校,男校位于仰光河滨街,女校初设

---

① 《缅甸华侨教育情形》,载《中国与南洋》,1922年第3卷第6期。
② 《缅甸华侨中学筹备讯》,载《华侨周报》,1933年第42期。

于广东观音古庙右侧,后由侨领李秀庚在仰光二十条街独资捐建了新校舍。① 遗憾的是,粤籍华侨的教育资源整合运动,当时尚未成为整个教育界的共识,多数华侨学校仍然各自为政。

1936 年,据中国驻仰光领事馆统计,当时的缅甸华侨中小学中,能够明确登记学校名称、创办时间、学制、等级、校董姓名、教员人数、学生人数、年度收支、备案情况等详细信息的,至少有 86 所。② 1937 年,仰光华侨救灾总会依据各地华侨学校捐款单据统计,全缅有近 300 所华侨学校。其中,中等学校有 7 所,即位于仰光的缅甸华侨中学、华侨女中、中国女中、福建女师、育德女中,位于勃生的一所初中,和位于毛淡棉的一所初中。除育德女中由粤籍华侨创办外,其余均由闽籍华侨创办。华侨小学设于仰光的有 18 所,位于其他城市村镇的有 260 所,其中十分之四由闽籍华侨创办,十分之二由粤籍华侨创办,其余十分之四由滇籍华侨等其他派别创办。③

截至 1941 年太平洋战争爆发前,有人统计,缅甸各地华侨学校总数已达 350 余所,其中,中等学校 6 所,高、初两级小学约 120 所,初级及私塾式小学 200 余所,这些学校普遍存在于缅甸全境,在大城市如仰光有多达 30 余所,中等城市一般各有三四所,小市镇但凡侨胞达到 50 人左右,至少有初小 1 所。④ 1941 年,据中国驻仰光总领事馆汇报,缅甸华侨学校有 300 余所,其中曾加入华侨教育会缅甸分会的有 152 所,1940 年奉命填送调

---

① 《华侨志》编纂委员会:《缅甸华侨志》,台北,1967 年版,第 172 页。

② 《缅甸华侨教育之近况》,载《南京国民政府外交部公报》,1936 年第 4 期。

③ 龚书炽:《缅甸华侨教育》,载《新中华》,1945 年第 3 卷第 11 期。

④ 《缅甸华侨教育概况》,载《教育通讯》,1948 年第 5 卷第 4 期。

查表的79所。① 中国驻仰光总领事馆所能查明情况的学校总计110所，见表6-9。

表6-9 1940年中国驻仰光总领事馆所查华侨学校列表

序号	地点	名称	数量/所
1	仰光（Rangoon）	缅甸华侨中学 华侨女子中学 福建女子师范中学校 中国女子中学 育新小学 粤侨育德女校 粤侨育德小学 培民小学 平民小学 中华国民小学 扬德女校 敏求小学 逸仙小学 挽华小学 佛学会夜学 立本小学 育英小学 强华学校 醒民小学 中华公共学校 崇德学校 中华小学 树人小学	23

① 《缅甸华侨概况调查大纲》，转引自何凤娇编：《东南亚华侨资料汇编》（一），台北："国史馆"，1999年版，第173页。

续上表

序号	地点	名称	数量/所
2	勃生（Bassein）	勃生华侨中学 新民小学 养民小学	3
3	勃固（Pegu）	敏华小学 普育学校 世华小学 启明学校 培英义务学校 荣华学校 高华学校 育南学校	8
4	望濑（Monywa）	光华小学 集英小学	2
5	曼德勒（Mandalay）	礼义小学 广育小学 育群小学	3
6	吉力（Kgaiklat）	敦化小学 启文小学	2
7	壁榜（Pyapon）	兴亚小学 育德小学	2
8	毛淡棉（Moulmein）	培原小学 培植小学	2
9	卑谬（Prome）	育华学校 中兴学校	2

续上表

序号	地点	名称	数量/所
10	渺名（Myaungmya）	新亚学校 培梅学校 强亚学校 兴华学校	4
11	土瓦（Tavoy）	甘保同民小学 中山小学	2
12	恭文倪（Kyovmongue）	笃育小学 育群小学	2
13	腊戌（Lashio）	中正学校 化南小学	2
14	仁安羌（Yenangyaung）	仁安小学	1
15	彬达扎（Pyuntaza）	辉南小学	1
16	敏建（Myingyan）	建和小学	1
17	兴实塔（Hungoda）	中华小学 铭新学校 复德学校	3
18	直塘（Thaton）	中华小学 培民小学 国民学校	3
19	良礼笓（Nyaurmgleben）	兴华小学	1
20	礼低（Dedaye）	中华学校	1
21	锡唐（Sitang）	建文学校	1
22	瓦卡马（Wakema）	公育学校	1

续上表

序号	地点	名称	数量/所
23	雅达希（Yadashe）	益华小学	1
24	岱吁（Duiku）	中华学校	1
25	东墩枝（Taungdwingyi）	东文学校	1
26	苗旺（Myanaung）	育华学校	1
27	木各具（Pakokku）	育华学校	1
28	茂礼（Boyale）	启民小学 华侨小学 育才小学	3
29	荷西光（Othegon）	觉华学校	1
30	端低（Twante）	共华学校	1
31	密支那（Myitkyina）	育成小学	1
32	八莫（Bhamo）	中华学校	1
33	甘白（Kanbalo）	培元小学	1
34	南渡（Namtu）	培德小学	1
35	彬文那（Pyinmana）	中兴学校	1
36	岱枝（Taikkyi）	强民小学 中华学校	2
37	包德温（Bawdwin）	兴华学校	1
38	东吁（Toungoo）	培德学校 培南学校 振东学校 榕光学校	4 后来四校合并
39	皎脉（Kyaukse）	思源小学	1

续上表

序号	地点	名称	数量/所
40	绕彬较（Gyohingenk）	培风小学 公华小学	2
41	丹老（Mergui）	华侨公学	1
42	宋砌（Thazi）	文华学校	1
43	东枝（Taunggyi）	明德学校	1
44	马斗（Madauk）	培英义学	1
45	日仑古早	培英小学	1
46	敏早光（Myinkakone）	新民小学	1
47	恭直尔（Kyon Cane）	养华学校	1
48	皎边（Kyukpyu）	培侨两级小学	1
49	宫漂（Kyonpyow）	启蒙学校	1
50	大其力（Tachileik）	中正公学	1
51	实芽枝（Sagagyi）	克明学校	1
52	皎勃东（Kyaukmyaung）	东华学校	1
53	那直粦（Nattalin）	觉复学校	1
54	吉桃（Kyauktaw）	育材小学	1
55	敏直捞（Meiktila）	思源学校	1
总计			110

资料来源：《缅甸华侨概况调查大纲》，转引自何凤娇编：《东南亚华侨资料汇编》（一），台北："国史馆"，1999年版，第173～181页。注：原文中的缅甸地名为民国时期的译名，笔者已改为当代通用译名，总计为笔者统计。

表6-9虽然不能全面覆盖所有华侨学校，但基本反映了缅甸华侨教育的发展特点：一、华侨学校地域分布呈现集中与分散

相结合的格局。首先，在中国驻仰光总领事馆掌握的110所学校中，位于缅甸首都仰光者占据首位，达23所，同时仰光的华侨中学数量亦居全缅之首位。其次，位于勃固的有8所，位于勃生的有3所，位于曼德勒的有3所，其余大量华侨小学零星散布于缅甸各地城镇。二、缅甸华侨女子教育发展显著。在民国之前，缅甸华侨几乎没有开设专门的女子教育机构，而近代平等思想的兴起、教育观念的更新，促使缅甸华侨设立专门的女子学校，或实行男女合校。在仰光的华侨中学中，竟然大多数是女子中学。三、缅甸华侨教育表达了强烈的中华认同和鲜明的时代特色。以华侨学校的名称为例，"中华"一词的重复使用率最高，其次常见"兴华""中兴""育华"等带有中华特色的词语，甚至还出现"逸仙""中正"等中国政治人物名号，这些无一不在表达缅甸华侨对祖国的向往。

　　华侨教育会是缅甸华侨教育的领导机构。1917年，缅甸华侨组建了华侨教育会。1937年，南京华侨教育总会决定在海外各地设立分会，该会奉命更名为"华侨教育会缅甸分会"。在缅甸华侨教育会的带领下，缅甸华侨教育积极争取自由发展空间，抵制英属缅甸政府的影响。1919年，英属缅甸政府曾设想为华侨学校提供辅助经费，被华侨学校一致婉辞拒绝。1937年，英属缅甸政府教育部曾向缅甸众议院提出一项法案，要求缅甸境内的学龄儿童进入政府"认可"之学校，意即学校须向政府申请备案。侨校认为，备案可能妨碍教育自治权，因此缅甸华侨教育会连同缅甸华侨商会向教育部和众议院递交意见，促使议案被搁置。①

　　缅甸华侨学校绝大多数坚持自办、自治方针。侨校经费一般来自成功华侨商人和华侨团体的捐助。教员起初皆自中国聘请而

---

① 《缅甸华侨教育概况》，载《教育通讯》，1948年第5卷第4期。

来,后来逐渐拥有了本地培养的师资力量。教材一般使用民国审定通行的教材,有利于加强土生华侨与祖国的文化纽带。教学内容包括文科、理科、体育等科,突破传统私塾,具备现代教育形式。难能可贵的是,缅甸侨校能够跟随时代潮流,或开设女校,或实行男女同班,重视女子教育权利。总体而言,缅甸华侨学校在传播中华传统文化、普及时代新知、强化中华民族认同等方面发挥了重要作用。

但是,民国时期的缅甸华侨教育也明显存在种种不足,导致教学效果大打折扣,其问题主要存在于以下几个方面:

1. **经费不足,保障不力。**

缅甸华侨学校的经费,大多仰仗捐款。1928 年,缅甸的两百多所华侨学校中除了有十几所是教会学校外,其余均由华侨自行创办。教会华侨学校隶属英属缅甸教育局,其费用一半来自侨商,一半由英属缅甸政府补助,课程安排要听从英属缅甸教育局支配。其余的绝大部分华侨学校,因坚持自治、自给,费用皆来自华侨同胞,其中一部分由学校所在地的侨胞按期提供,一部分由合作侨商从盈利中分拨,不得已时也向社会募捐。① 如此一来,华侨学校的经费缺乏稳定保障。1929 年经济危机发生后,华侨学校经费来源也受到波及,学校数量虽有增加,质量却呈下滑之势,只能勉强维持。

2. **学制杂乱,教材不合,师资不济,生源分散。**

缅甸华侨学校自发性强,缺乏统一的办学规范,教学内容和教学方法随意性大,尤其是占侨校数量大半的小学,质量更是参差不齐:"中学教授采用协动教授法,以国语为中心。小学则新旧学制,闽粤滇音,纷综错乱,无一系统;大要各授其方言为多

---

① 黄泽苍:《英属缅甸华侨之概况》,载《东方杂志》,1928 年第 25 卷第 5 号。

数。"侨校所用教材通常购自中国,且经教育部审定出版,但中国教材内容并不完全适合缅甸侨情,"与南洋风俗互相背驰者实非鲜少"。这样的教材,既难以满足当地华侨需求,也难以引起学生兴趣,妨碍了教学效果。

　　侨校最受诟病的问题在于师资,一方面是师资匮乏,另一方面是师资不善。部分教员资质低下,"学识两空,管教不谙","对于教授事宜,多散漫不相联络"。缅甸华侨生源散布各处,客观上也不利于资源整合,不少乡村地区的华侨小学人数不过十几人至几十人,学业程度横跨五六个年级,教员只有一二人,"今欲一二人之精神,六小时之时间,而课五级以上之学生",教学效果自然不理想。① 从1936年中国驻仰光领事馆的统计看,近半数缅甸华侨学校中仅有一名教员、十几名至几十名学生。② 像这样的华侨学校,随时可能因师资问题面临停课甚至停办的危机。

　　3. 派系分立,人心涣散。

　　缅甸华侨社会内部的籍贯之争,同样导致了华侨学校之间的分门别派。闽、粤、滇等各籍华侨各自创办侨校,各自培养本籍学生,彼此之间不相沟通,非但不能整合办学资源,反而相互竞争倾轧。中国驻仰光总领事馆曾指出:"惟其分布情形,殊为不合理,每有同一地方,华侨人数不多,学校则有数所(例如东吁地方,华侨不过六百人,学校即有四所……),故力量分散,且往往演成对峙之局,互相倾轧,引起纠纷。"③ 这种情形由来

---

①　黄泽苍:《英属缅甸华侨之概况》,载《东方杂志》,1928年第25卷第5号。
②　《缅甸华侨教育之近况》,载《南京国民政府外交部公报》,1936年第4期。
③　《缅甸华侨概况调查大纲》,转引自何凤娇编:《东南亚华侨资料汇编》(一),台北:"国史馆",1999年版,第173页。

已久，中国政府对此鞭长莫及，缅甸华侨教育会亦难以作为，其工作成效不尽如人意，不免受人诟病。时人有议论称，缅甸教育问题"实缘于缺乏有力之教育总机关，统率全局，主持大政，进而尔为尔，我为我，各不相谋"①，"责负指导之教育总会，又仅拥虚名，以致各校有各校之设施，各校有各校之办法，门户各立，为政各殊"②。

缅甸华侨教育的"内斗"状况，直到1937年中国进入全面抗战阶段才有所改善。在外敌入侵的压力和国内的宣传动员下，闽、粤、滇、客各籍缅甸华侨萌生团结对外意识，各籍各派的学校也逐渐从分办改为合办，其标志性事件是缅甸华侨中学重组。1937年，仰光华侨慈善公会将缅甸华侨中学接收改组，请闽籍华侨吴文举等、粤籍华侨何恭盈、客家华侨龚于宏等联合组成校董会，将该校办成了拥有初高两级的完整中学。③ 改组后的缅甸华侨中学，成为缅甸华侨在国难当头时摈弃前嫌、合作共赢的象征之一。

第五节　缅甸华侨报业的情况

缅甸的华侨报业最初起源于辛亥革命时期的宣传动员。1912年中华民国成立后，原缅甸同盟会的机关报《缅甸公报》更名为《觉民日报》。《觉民日报》是中国国民党缅甸总支部的机关报，也是已知缅甸华侨社会中创刊最早的华文报纸，在民国时期

---

① 《对缅甸华侨教育会之刍议》，载《侨务月报》，1935年第2卷第4期。

② 黄泽苍：《英属缅甸华侨之概况》，载《东方杂志》，1928年第25卷第5号。

③ 龚书炽：《缅甸华侨教育》，载《新中华》，1945年第3卷第11期。

广泛获得缅甸爱国华侨支持。除此之外,缅甸华侨还先后创办了《仰光日报》《中国新报》《缅甸晨报》《兴商日报》等。

据1928年统计,当时仰光有三家华侨报馆,即《仰光日报》《觉民日报》《缅甸日报》。《觉民日报》成立时间最早,《仰光日报》次之,《缅甸日报》最晚。《仰光日报》与《缅甸日报》的内容相对来说更加贴近社会。① 《缅甸日报》后来逐渐销声匿迹,可能囿于规模小、资金少、销量有限,受经济危机的冲击而消亡。1941年,中国驻仰光领事馆向外交部呈称,缅甸华侨报纸中规模最大的是《觉民日报》《仰光日报》《中国新报》三家。② 以下对民国时期缅甸华侨社会存在的主要报纸作一简介。

《觉民日报》于1913年9月1日创刊,首任经理是同盟会成员陈钟灵,首任主笔是梁冰弦。1914年,同盟会仰光分会改为中华革命党,1918年以后又改为中国国民党缅甸总支部,《觉民日报》成为其机关报。据1941年中国驻仰光领事馆称,当时的总编辑是廖崇圣,系国民党中央党部海外部所派,该报每天销量约三千份,其言论立场毫无疑问是拥护南京国民政府的。该报于1942年2月日军攻占仰光时终刊,刊行近29年,是民国时期维持时间最长的缅甸华文报纸。

《仰光日报》由仰光闽南华侨创办,于1921年11月11日创刊,创办人为陈守金、陈允洛、许麾力,后来长期由陈守金担任总经理兼总编辑。《仰光日报》的内容除国际新闻、本地新闻、闽粤新闻外,还有《波光》副刊。从1927年至1930年前后,

---

① 黄泽苍:《英属缅甸华侨之概况》,载《东方杂志》,1928年第25卷第5号。

② 《缅甸华侨概况调查大纲》,转引自何凤娇编:《东南亚华侨资料汇编》(一),台北:"国史馆",1999年版,第172页。

东南亚华侨史丛书

《仰光日报》每年出版一本周年纪念特刊,其中有不少涉及缅甸华侨社会、经济、历史、文化的资料。该报在第二次世界大战前的缅甸华侨社会有较大影响。据1941年中国驻仰光领事馆称,该报每天销量约两千五百份,暂时没有特殊背景,但言论比较"左倾","皖南事变"发生后,《仰光日报》的新闻报道和评论大多倾向于新四军。该报亦于1942年2月日军攻占仰光时终刊,刊行20年,是维持时间较长的缅甸华文报纸。

《中国新报》于1938年8月16日创刊,创办人兼经理许麈力原本是《仰光日报》经理,因与《仰光日报》董事会意见不合而离开,另外创办了《中国新报》。该报编辑有陈兰生等10余人,后来,中国新闻教育家顾执中从重庆抵达仰光,也加入其中。据中国驻仰光领事馆1941年称,该报没有特殊背景,每天销量约两千五百份。该报亦于1942年2月日军攻占仰光时停办。

《缅甸晨报》是缅甸华侨独资办报的典型,由"万金油大王"胡文虎独资创办,于1923年11月5日创刊,编辑为鲍慧僧,副编辑为刘韵仙女士。刘韵仙是缅甸华侨社会中第一位服务于华文报业的女性,为此传为佳话。该报创办一年后,因报务不振,由侨商杨子贞接办,改名为《缅甸新报》,于1924年12月1日出版,总编辑为陈震,经理为陈元通,编辑有杨章炎、张正藩等。1928年,《缅甸新报》又由1918年成立的缅甸中华工党接办。中华工党是一个带有左翼政治色彩的职工团体,报社编辑有吴怀世(景新)、王思科(锡戈)、汤道耕(艾芜)。1929年,该报因经济不景气、报务无法维持而终刊。

《兴商日报》是缅甸华侨兴商总会的机关报,由缅甸华侨兴商总会出资3万盾购买原《缅甸新报》改办,于1930年3月1日创刊,经理为陈伯诚,编辑为黄栽生等。不到两年,该报又因亏本而脱离兴商总会,改为由明明印务公司承办的《晨刊》。

此外,民国时期的缅甸华侨报纸还有《紫电报》《的报》

《曼德里报》《土瓦导报》等,均规模甚小,销量无多,但据说言论立场都拥护南京国民政府。另外,缅甸的救亡宣传工作团办有一份缅文刊物《正谊》,目的在于向缅甸人宣传中国的抗日工作。①

民国时期,缅甸华侨社会所处的政治环境多变、中文人才缺乏、资金来源不稳,种种因素导致缅甸华侨报业的整体规模有限。侨报日销量一般仅为几百至几千份,销量两三千份已算是相当可观;侨报维持时间一般为几年至十几年,上述报纸中时间最长的《觉民日报》也只有29年。除了报纸外,缅甸各华侨团体也出版过不少期刊,但远不及报业繁荣,许多期刊仅出版数期便告停止。总体看来,缅甸华侨报刊业是在夹缝中艰难生存。太平洋战争爆发后,日军于1942年初侵占缅甸,建立傀儡政权,缅甸华侨报业均陷于停顿。

民国时期的缅甸华侨文化教育事业尽管存在种种不足,但相比起民国之前,已经发生了质和量的飞跃。缅甸华侨学校、华侨报馆等文化教育机构的蓬勃发展,对于强化缅甸华侨的中华文化认同、加强缅甸华侨与祖国的政治关系,发挥了不可替代的作用,为广大缅甸华侨支援祖国的革命和建设奠定了基础,为缅甸独立后的华侨文教事业打下了基础。

第六节　缅甸华侨的参政现象

缅甸华侨热心参政的现象,是对所谓近代海外华侨不关心当地政治、不融入主流社会这一刻板印象的有力反证。民国时期,

---

① 《缅甸华侨概况调查大纲》,转引自何凤娇编:《东南亚华侨资料汇编》(一),台北:"国史馆",1999年版,第172页;方雄普:《朱波散记——缅甸华人社会掠影》,香港:南岛出版社,2000年版,第200~202页。

缅甸华侨的参政活动引起不少方面的关注。缅甸华侨之所以能活跃在政坛上，主要归因于两大前提：一是华侨在缅甸本土的社会地位和公众形象；二是英属缅甸的政治制度和华侨政策。

　　总体而言，近代缅甸华侨与本土族群的相处比较融洽。缅甸华侨经过长期生息，在当地的社会关系基础比较稳固。在前殖民地时期，华侨男性常常与缅族、孟族等当地女性通婚，与缅甸本土居民保持密切来往，因此华侨与缅甸本土族群在语言、文化、血缘等方面融合程度非常高。部分成功的华侨商人与缅甸王室合作经商，时常出入王宫，结交王公贵族等缅甸上流社会成员，享有较高的社会地位。这种现象一直延续到英国殖民统治初期，当时"华侨之地位，在缅甸国内，极为优越"①。1911年，一名英国《泰晤士报》记者指出："在仰光，华人人数也极为众多，大多来自社会上最富有与最有影响力的区域；他们在那里受到别人的尊重，而自己也在半个世纪里一直恪守端正的言行并履行优良的公民义务。""在仰光，身为华人这一事实便足以保证能够得到来自别人（譬如当地警察）的尊重。"②

　　在英国殖民统治时期，缅甸华侨的地位、形象和社会关系逐渐遭受挑战。首先，大量华侨商人和劳工在英国招募下迅速涌入，加剧了缅甸的经济竞争，增加了缅甸的社会问题。其次，民国时期的华侨女性数量增长，导致华侨男性与缅甸当地通婚减少，加之华侨文教事业不断强化中华认同，华侨与缅甸当地居民的隔阂无形中被拉大。同时，英国殖民统治激发了缅甸的民族主义意识，缅甸人民不断掀起反英活动，并开始出现一定程度的排外、排华情绪。

---

　　① 赵伯南：《缅甸华侨之将来》，载《华侨半月刊》，1932年第8期。
　　② 《泰晤士报》著，方激编译：《帝国的回忆——〈泰晤士报〉晚清改革观察记》，重庆：重庆出版社，2014年版，第342~343页。

尽管如此，缅华亲善仍是英国殖民统治时期的主流意识。缅甸的排外情绪，集中体现于"排印"而不是"排华"。殖民地时期，印度齐智人大量进入缅甸从事金融资本行业，惯于通过在缅甸民间发放高利贷获利，因此缅甸民间对印度移民的排斥情绪更为强烈。相比之下，缅甸民间对华侨的态度仍然相对友好。当缅甸本土公民与华侨发生冲突时，往往有赖于中缅混血人士居中调停。① 如果从横向上比较，各国华侨之中，缅甸华侨"与当地感情或可称最融洽"②。缅甸华侨的良好社会关系和社会地位，是华侨融入主流社会、赢得竞选、跻身政界的前提。

英属缅甸政府对华侨的政治态度，是华侨参政的直接条件。因东西之间文化风俗迥异，英国殖民者为了便于管理华侨，常在各地实施"以华治华"方针，使华侨享有一定自治权。在这一方针下，缅甸知名侨领时常接受英属缅甸政府的委任，协助处理华侨事务，在英国殖民者和普通华侨之间发挥协调功能。日本学者长田纪之的研究指出，在20世纪前十年间，因仰光的闽籍建德会馆与和胜会馆之间纷争激烈，仰光市邀请各派侨领组成了一个华侨咨询委员会，对于个别严重危害公共秩序的华侨，由该委员会提名、仰光警察局批准驱逐出境。③ 这种以侨领协助执法的制度广泛存在于缅甸各地。后来，英属缅甸政府在各重要市政区域的警署内，以市政会的名义，聘请数名华侨领袖为名誉审判官，专门处理华侨的违法问题。1935年，仰光市政会在警署聘用的名誉审判官，是李华林、华口明、陈汉地三人，这被誉为中

---

① 龚书炽：《缅甸华侨之遭遇》，载《新中华》，1946年第4卷第11期。
② 《缅甸华侨近况》，载《中南情报》，1934年第7期。
③ Noriyuki Osada, Politics over Expulsion of Undesirable Chinese: Rangoon Town Police, Chinese Advisory Board and Deportees' Testimonies around the 1910s, International Burma Studies Conference, 2014.

东南亚华侨史丛书

国"历来旅外华侨之罕有荣誉"。① 英国的"以华治华"方针,客观上为部分侨领进入政界、积累政治经验创造了条件。

英国仿照本国政治体制,在殖民地创建代议制、选举制的政治实践,为华侨参与竞选、跻身政坛创造了条件。英国统治者为了稳定社会秩序,往往有意在缅甸的议会和政府机构中设定不同党派、不同族裔的代表名额,其中就有单独预留给缅甸最大的华侨商会组织——华商商会的名额。除了笼络侨领之外,英国统治者对政府文官选拔也实行多语言政策。在太平洋战争之前,缅甸的 LCS(印度文官)考试允许采用中文为副科语文,可见华裔在缅甸政治体系中享有一席之地。② 按照英属缅甸规定,华侨不论是否入籍都拥有选举权,但只有加入当地国籍者才有被选举权。因此,缅甸华侨在政坛上比较活跃,拥有当地国籍的土生华侨尤其积极参与英式议会民主实践和选举活动。

1923 年是英属缅甸殖民地历史上的一个关键时间。英印当局在缅甸民族主义者的呼吁下,经过反复考量,终于仿照印度先例,在缅甸推行有限的二元制政制,给予缅甸当地人民一定范围的自治权限,以选区选举的形式,选出部分缅甸立法委员会成员。在 1923 年之后的二元制下,缅甸立法会议议席扩大至 103 名,其中 80 名为民选。在首次选举中,华侨共有 4 人当选,其中一位是李遐养,由华商商会选举产生,其他三位华侨议员分别从仰光西区、土瓦区、勃生区通过民选产生。同时,在 1923 年之后的英属缅甸殖民政府中,除了总督、财政、国防等关键部门仍牢固掌握在英国统治者手中外,缅甸当地人士可以担任农业、

---

① 《缅甸华侨之荣誉市政会议聘华侨为审判官》,载《中南情报》,1935 年第 2 卷第 4~5 期。

② 《华侨志》编纂委员会:《缅甸华侨志》,台北,1967 年版,第 123 页。

工商业、教育、公用事业等政府部门的部长。

缅甸二元制政治改革虽然没有从本质上改变英国殖民者对缅甸的掠夺和统治，但确实在一定程度上拓宽了缅甸本土人士的从政渠道，促进了缅甸的自治进程，给华侨提供了争取本族群利益的合法途径。例如，粤籍华侨何金星（Hoe Kim Seing/Ho Kim Sen）于1932年成为勃固北区（Pegu North）的民选代表，并曾以华人政治家身份参加1931年的英缅伦敦圆桌会议，参与讨论缅甸独立事宜，要求给予自治后的缅甸华侨更多政治空间。[①]

1935年，英国政府和议会经过长期准备，终于着手宪制改革，出台了《1935年印度政府组织法》，其中第二部分是《1935年缅甸政府组织法》，规定自1937年4月1日起实行印缅分治，缅甸不再从属于印度，成为一块单独的英国殖民地。印缅分治之后，缅甸建立起两院制的议会，以及形式上对议会负责的自治政府。缅甸议会仿照英国，设上、下议院，下议院议员132席，由各选区自行选出。在1935年的选举中，华侨在13个选区共推选出16名候选人（包括华商商会的推选人）参加竞选，最后有4人入选。[②] 据1941年的统计结果，当时缅甸议会除了有一名固定名额的华商商会议员外，还有一名华侨议员占据了不限种族之议员名额，因此一共有两名华侨议员。

除了议会之外，华侨也活跃在英属缅甸政府和地方市政机构中，曾屡次出任缅甸政府部长、参加市长竞选等。另外，缅甸的

---

① 李轶：《英印殖民时期的缅甸华人及其政治参与——从1923年仰光华社迎接英印总督访缅谈起》，载《华侨华人历史研究》，2015年第2期，第53页。

② 许麾力：《缅甸立法机构与华侨》，《新仰光报》，1963年12月31日，转引自范宏伟：《战后缅华社会政治地位变迁研究》，厦门大学博士论文，2004年，第26页。

税务所、港务局、铁路局、仰光大学董事会等机构中,皆有华侨代表参与。以仰光为例,民国时期的知名侨领中,有仰光市议会议员苏德隆、洪金命,缅甸众议院议员胡庶茂等。①

当然,总体看来,无论是在缅甸议会中,还是在政府机构中,华侨代表都属于绝对少数派别,难以对英属缅甸的大政方针产生明显影响,也难以改变华侨整体上仍然遭受压迫的大势。在殖民地社会中,能够得到统治者青睐的华侨,往往只是拥有显赫身家、跻身上层社会的少数人而已,普通华侨仍然难以充分享有权利和尊严。这一点,从1923年仰光华侨社会迎接英属印度总督访问仰光的事例可以看出。

1923年12月21日至1924年1月3日,即缅甸刚刚迎来二元制政制改革之时,英属印度总督里丁伯爵(the Earl of Reading)及夫人访问了属于印度管辖的缅甸省。1923年9月,仰光为了迎接里丁总督来访,组织了150余人的筹备委员会,包括各族群代表,其中大约有10名是来自仰光的华界人士,以祖籍广东的李遐养(Lee Ah Yain)和祖籍福建的曾祖慨(Chan Chor Khine)领衔。李遐养在筹备委员会会议上公开表态:"华社已决定秉承其向来之好客精神,为殿下建立一座迎宾亭。"据史料记载,12月21日下午,总督一行人抵达仰光,各族群和社团共竖起10座迎宾亭(牌坊),中国牌坊是最漂亮的一座,按照北京高官宅邸的样子修建,还琳琅满目地装饰有精美的中国刺绣、挂毯、雕刻和绘画。当总督一行在华社牌坊停下时,广东人何金炯(Ho Kim Kyone)和"荣吉"(Eng Keat 音译,可能是福建人)的女儿们,分别向总督和夫人献花。此外,闽籍华侨的庆福宫还在仰光市政局和华商总会的邀请下,动员属下各学校积

---

① 《缅甸华侨概况调查大纲》,转引自何凤娇编:《东南亚华侨资料汇编》(一),台北:"国史馆",1999年版,第166页、170页。

极参与准备活动，并特别要求"各姓氏耆老届时一齐出迎；礼服采用长衫马褂、裤腿（裹腿）、碗帽（瓜皮帽），颜色不拘"。照此看来，英印总督访华仿佛是仰光华侨的一场荣誉盛会。然而，同时期途经仰光的中国访客江亢虎却记载了另一个故事版本："华侨醵赀特建欢迎牌坊，总督到日，各界代表站班，全城士女倾动，而军警竟驱逐华侨，不听近前，不令就座。当场争执。竟开枪伤华侨多人。至今虽与交涉，讫无结果"。江氏于是感叹："而欢迎牌坊尚矗立市中，此与北京克林德碑背景不同，而耻辱则一。乌乎华人，求为奴隶而不可得也。"①

尽管如此，华侨在缅甸政界的存在，至少代表了英属缅甸政府对华侨政治权利的认可，也使华侨拥有主动表达诉求的政治通道，而不仅仅是被动受制于人。英属缅甸政府需要借助华侨吃苦耐劳的开拓精神、遍布南洋的商业网络促进缅甸经济发展，因而对华侨的态度相对比较公允。相较于同时期美、澳等国公然立法排华的行径和各地辱华事件层出不穷的严峻形势，缅甸华侨的社会地位和参政活动值得充分肯定。同时，英属缅甸给予华侨的参政渠道，有利于华侨融入主流政治环境，以合法手段向当地统治者争取公正待遇，形成良性互动。对此，中国驻仰光领事馆曾坦陈，"大体而言，华侨在缅所受待遇尚属公允"，在法律规定和事实操作层面，英属缅甸政府对华侨"尚为宽大，并无歧视"，即使有所限制，也是"对于所有外侨一体实施"，而非专门针对华侨。②

---

① 李轶：《英印殖民时期的缅甸华人及其政治参与——从1923年仰光华社迎接英印总督访缅谈起》，载《华侨华人历史研究》，2015年第2期，第52页。

② 《缅甸华侨概况调查大纲》，转引自何凤娇编：《东南亚华侨资料汇编》（一），台北："国史馆"，1999年版，第190页。

综观英属缅甸殖民时期的华侨参政现象，可以发现以下三个特点：

1. 参政华侨以闽、粤两籍为主，滇籍华侨极少。

首先，这与各籍华侨的地域分布和居留特点有关。滇籍华侨大多来自云南南部，至上缅甸地区经商，地理距离不甚遥远，常在两地之间往返，"行商"多、"坐贾"少，甚至土生滇籍华侨也会返回云南生活，故缺少参与缅甸本土政治的动力和条件。相比之下，闽、粤籍华侨大多经海路抵达下缅甸地区，路途遥远，常年定居缅甸，与当地族群通婚后，土生闽粤籍华侨大多在缅甸当地生长，接受英式教育，自然产生了融入缅甸主流社会的需求。

其次，英属缅甸的政治中心设在仰光，而非传统的缅甸王都曼德勒，这直接便利了闽粤籍华侨参与英属缅甸议会、政府和仰光市的政治活动，而滇籍华侨主要聚居于八莫、曼德勒等地，在英属殖民统治时期拥有的政治空间较仰光偏少，反而是更多地在云南故乡产生影响。

自近代以来，下缅甸华侨以闽、粤两籍为主，英属缅甸政府对此亦有清晰认识。因此，在提名参选、任命官员等事务上，英属缅甸政府常常秉持均衡原则，或是同时兼顾两籍人选，或是让两籍代表轮流出任。例如，1925年10月25日，庆福宫（福建公司）收到广东公司信函，告知仰光市政局的"议员闽粤各提一名，并请尽力协助其选举"。1929年，一名缅族议员在立法会议的辩论上公开指出这一惯例："华人两派之间早有共识，由闽粤轮流派员，参加三年一次的选举。"①

---

① 李铁：《英印殖民时期的缅甸华人及其政治参与——从1923年仰光华社迎接英印总督访缅谈起》，载《华侨华人历史研究》，2015年第2期，第53页。

2. 参政华侨具有明显的家族化特征。

缅甸第一代侨领大多以白手起家、积少成多的成功华侨商人为主，第二代华侨政治精英则以出身侨领之家、接受英式教育的土生华侨为主。例如，曾妈庇（Chan Ma Phee）是从经营三角洲稻米生意起家，成为仰光当地巨富，其子曾祖慨走上政途，任职于英属缅甸行政委员会。李乃喜是19世纪末仰光无可争议的广东侨界领袖，其子李遐养先在英国接受法律教育，在伦敦获取律师资格，后走上政途，曾任职于市政局，当选缅甸立法会成员，担任缅甸农林与公共建设部部长等，是英属缅甸殖民政府中少数几名具有华裔血统的部长之一。

3. 参政华侨与传统宗族关系、社团组织有千丝万缕的联系。

"三缘"组织是缅甸华侨社会的基础，也是侨领参政的重要后援力量。曾妈庇是仰光最有势力的福建宗亲会——龙山堂的重要董事。李乃喜是1868年仰光唐人街的广东观音庙重修时的大总理，其子李遐养虽步入政途，另一子即李遐养的兄弟李遐礼则继续在传统的华侨血缘、地缘社团中发挥影响，担任观音庙（广东公司）、洪顺堂、宁阳会馆、李家馆等重要社团的领袖。

近代缅甸华侨参与英式民主政治的现象存在之后，既有对华侨传统血缘、地缘社会关系的继承，又有适应近代民主化、法治化进程的变革。在近代民族主义浪潮和民主、法治思想的传播下，早期华侨赖以依靠的血缘、地缘社团乃至秘密会社逐步改头换面，走上公开化、合法化道路，并不可避免地走向衰落。取而代之的是缅甸土生华侨逐渐融入当地社会，以新的公民组织和政治、法律手段维护自身权益，并在战后迈上了从华侨到华人的集体身份转变这一道路。

缅甸华侨除了参与当地政治外，也密切关注国内政局。自清末改革运动开始，缅甸华侨对家国命运的关怀日渐高涨。1911年，一名英国《泰晤士报》记者指出："清国的改革运动已经在

东南亚华侨史丛书

仰光见多识广的华人们中间被争相谈论。在我参观那里时,有关资政院活动的话题尤其引发人们最为敏锐的兴趣。每一条上谕、每一个官方的改革法案,或是每一次宣扬的洗牌,都是人们的议论主题,其中有一些评论,还相当具有远见卓识。"①

中华民国成立后,国民党高度重视华侨工作,在海外各地华侨中广泛设立支部,将华侨状况纳入国内外政治动态的观察范围。1933年,国民党驻缅甸总支部为派人参加定于1935年召开的国民党五大,特地举行了代表选举会议,进行投票选举。现场的监选人是缅甸总支部的执监委员曹畴五、黄天照、邝金保、陈伟义等9人,选举结果是,黄壬戌24票,覃焕征18票,陈伟义18票,李炳燊14票,此四人当选为国民党五大代表。② 国民党还非常注重联络华侨上层人物,部分缅甸侨领同时兼任国民党党部成员,如土瓦侨商李炳燊既是当地侨领,也是当地国民党党部主持人。③ 中国驻仰光领事馆与缅甸各主要华侨团体长期保持密切联络,随时动员缅甸华侨响应国内政治运动。例如,1935年,蒋介石提倡新生活运动,仰光领事馆立刻通函各华侨团体、各侨校召开大会,讨论如何进行,与会团体代表三十余人组成筹备委员会,定名为"缅甸华侨新生活运动促进会",推举十五人,以团体为单位,以领事馆为当然委员,以国民党驻缅总支部、华商商会、兴商总会、妇女联合会、福建公会、《仰光日报》《觉民日报》、中华工党总部、青年团、五三社为筹备委员,促进会地

---

① 《泰晤士报》著,方激编译:《帝国的回忆——〈泰晤士报〉晚清改革观察记》,重庆:重庆出版社,2014年版,第343页。

② 《缅甸总支部代表已选出》,《华侨半月刊》,1933年第26期。

③ 《缅甸华侨概况调查大纲》,转引自何凤娇编:《东南亚华侨资料汇编》(一),台北:"国史馆",1999年版,第171页。

址暂设于领事馆。①

　　缅甸侨领率先参与中国政治运动，有利于唤起缅甸华侨的爱国热情、凝聚缅甸华侨的向心力。尤其是在抗日救国运动中，这些与中国政府关系密切的华侨代表发挥了重要的组织领导作用。但是，华侨与中国政治形势的"联动"特点，也导致缅甸华侨社会后来在国共两党之争中逐渐发生分裂。

---

① 《仰光华侨推进新生活筹备委员会已成立》，载《华侨半月刊》，1935 年第 63 期。

东南亚华侨史丛书

第七章 缅甸华侨的抗日活动和进步运动

第一节 缅甸华侨对中国抗战的支援

日本对中国存在侵略野心由来已久。在第二次世界大战正式爆发之前,中国人民已经开始了局部的抗日斗争。在长达十几年的中国抗日活动中,缅甸华侨在人力、物力、财力上努力支援祖国,为中国人民最终赢得抗战胜利做出了重要贡献。

1928年5月,日军攻占济南,杀害中国军民和外交人员,制造了"济南惨案",因大规模屠戮始自5月3日,故又称"五三"惨案。消息传到仰光,缅甸华侨兴商总会当即于5月9日成立"济急总团"。该团成立后,为避免英属缅甸政府干涉,以慈善名义劝募救国捐款,缅甸华侨兴商总会全体出动参加募捐工作。缅甸各地华侨热烈响应募捐,"捐输之踊跃,为此前所未有",济急总团先后筹得缅币51万盾有余,汇交南京国民政府。①

1931年9月18日,日军偷袭东北军北大营,炮轰沈阳城,制造了震惊中外的"九一八事变"。缅甸华侨闻讯群情激愤,与三年前济南惨案发生时不相上下。国民党缅甸总支部组织了

---

① 《缅甸华侨兴商总会四十周年纪念特刊(1911—1951)》,1951年。

"缅甸华侨救国总会"发动募捐,后又委托缅甸华侨兴商总会组织"闽侨救国筹赈会"代为筹款。但是,经过三年经济危机的打击,缅甸华侨各行业皆不景气,筹款工作难度大增。尽管如此,单单"闽侨救国筹赈会"经手的捐款就有20万盾,此外还有华侨向救国总会认捐或直接汇回国内的捐款没有统计在内。①这些款项,估计应在几十万盾。1935年6月,因缅甸华侨救国总会、缅甸华侨救济会均各捐款10万元以上,"热忱爱国,慨输巨资",南京国民政府特颁给金质奖章,明令嘉奖,以昭激励。②

1937年7月7日,日军进攻宛平县城和卢沟桥,发动"卢沟桥事变",即"七七事变",中国进入全面抗战阶段。7月29日,在缅甸华侨兴商总会的倡议下,缅甸华侨的重要团体各派两名代表,共同在仰光成立了"缅甸华侨救灾总会",并在各地设立分会,主持各地救国事宜。此次救国运动,是缅甸华侨历史上规模最大、历时最久的一次,一直延续至1942年缅甸沦陷于日军之手为止。除救灾总会外,缅甸还成立了各种专门性的救国组织,如航空协会、救国公债、伤兵之友、红十字会等。③

1938年10月10日,缅甸华侨救灾总会积极响应陈嘉庚先生的倡议,参加了在新加坡召开的南洋华侨筹赈祖国难民代表大会。会议决定,成立"南洋华侨筹赈祖国难民总会",简称"南侨总会",总会会址设于新加坡。南侨总会的成立,表明南洋各地的八百万侨胞团结为一体。从此,缅甸华侨的抗日救国运动与南洋各国华侨密切联系,彼此支持,共同成为祖国的坚实后盾。

---

①③ 《缅甸华侨兴商总会四十周年纪念特刊(1911—1951)》,1951年。

② 《褒奖缅甸华侨团体慨输巨资》,载《内政公报》,1935年第8卷第16期。

东南亚华侨史丛书

国难当头,缅甸华侨捐款愈发踊跃。仅 1938 年一年,缅甸华侨捐助祖国的抗战救灾款就达 1 848 000 余元。① 截至 1940 年 11 月底,缅甸华侨捐款达缅币 3 471 300 余卢比,国币约 90 800 元,公债票 1 740 余元。这些款额,分别由救灾总会、中国航空建设协会仰光支会、中国伤兵之友社缅甸分社经收。以上统计数字尚且不完全,如缅甸华侨红十字会经收的大量捐款和华侨提供给国内的大量地方性捐款均缺乏统计。②

抗战期间,国民政府为募集资金,发行了 5 亿元救国公债,向国内外募捐。缅甸华侨积极响应,组建"缅甸华侨公债劝募委员会",推销救国公债。一些缅甸华侨社团甚至毁家纾难,变卖会馆产业,以购买救国公债,如仰光南安公会、温陵会馆、安溪会馆、惠安会馆、三山会馆等。一时间,缅甸救国公债销量大增。据统计,自 1937 年 10 月至 1939 年 9 月,缅甸华侨购买公债汇回祖国的款项,约为 279 万元,其中含从香港中国银行转汇的救国公债 113.896 5 万元,中国驻仰光领事馆 1937 年 12 月 8 日电汇的救国公债 7.284 5 万元,经香港中国银行转交的国际公债 157.799 5 万元。③

在南洋各国华侨中,缅甸华侨的经济实力并不突出,但捐助祖国抗战的款额却毫不逊色,"如以人数比例,缅甸华侨实居第二"④。整个抗日战争期间,缅甸华侨捐款总额为国币 9 733 079 元,如以缅甸华侨人口 30 万计,则人均捐款 32.1 元。无论从捐

---

① 龚书炽:《缅甸华侨之遭遇》,载《新中华》,1946 年第 4 卷第 11 期。

② 《缅甸华侨概况调查大纲》,转引自何凤娇编:《东南亚华侨资料汇编》(一),台北:"国史馆",1999 年版,第 188 页。

③ 台湾《华侨革命史》编纂委员会:《华侨革命史》(下),台北:正中书局,1981 年版,第 699 页。

④ 《缅甸侨胞近况》,载《现代华侨》,1940 年第 4 期。

款总额还是人均数额来看，这一数字都处于东南亚各国前列。①因条件所限，当时的各类捐款统计数字，都不足以覆盖缅甸华侨提供给祖国的全面捐款，但仅仅是这些不完全统计，已经反映出缅甸华侨高涨的救国热情和巨大贡献。

缅甸华侨的救国热情，没有仅仅止步于捐款，不少华侨青年自发回国抗日，共赴国难。1932年1月28日，日军从所占领的上海日本租界向闸北、江湾、吴淞等区域发起进攻，缅甸华侨自行组织义勇军回国抗日，至1932年4月，共计118人抵达南京。因缅甸华侨抵达时，上海的战斗已基本结束，国民政府侨务委员会特地出资将义勇军分别遣送回缅甸或祖籍地：回缅甸者，侨委会派员送至厦门，代购船票，且每人发给50元费用；回广东、福建者，每人发给100元费用；回云南者，每人发给130元费用。经查，这些缅甸华侨青年有18人返回缅甸，其余皆返回闽、粤、滇原籍。②无论是返回缅甸还是祖籍地，缅甸华侨往往都会以各种形式继续参与抗日。

1937年全面抗战爆发后，更多的缅甸华侨陆续回国参加抗日战争和救护工作，甚至为国牺牲。例如，1938年9月14日，缅甸华侨一行39人（其中有印籍医师3人）由青年医生陈雅云带队，带着缅甸华侨红十字会劝募的5部救护车和一大批药品，经香港回国，到抗日前线担任救护工作。③

在20世纪30年代，缅甸华侨商人普遍展开抵制日货行动。

---

① 肖泉：《抗战前期缅甸华侨献金捐物运动》，载《东南亚研究》，1987年第3期，第79页。

② 《本会为办理缅甸华侨义勇军归国及遣送南归之经过情形通告缅甸华侨各团体之快邮代电》，载《华侨周报》，1932年第1卷第4期。

③ 吴灿辉：《抗日战争时期的缅甸华侨》，转引自泉州华侨历史学会编：《华侨史》（第7辑），1995年版，第109页。

他们放弃战争期间最易盈利的对日贸易,部分华侨商人甚至因此破产。个别不抵制日货的华侨商人,则受到主流华侨社会的谴责与排斥。1933年,缅甸华侨救国总会发现仰光福建公司"不顾国体"贩卖日货,立即告知全体侨胞,"对于买卖仇货,一律拒绝",如福建公司仍不知悔改,则"决采强硬手段对付,以维爱国运动"。①

正当中国面临存亡危机之际,汪精卫等人公然叛国投日,建立汪伪政权,且竭力与国民政府争夺海外华侨的支持。在民族大义面前,缅甸华侨以各种方式表示对南京国民政府的拥护。1937年,缅甸华侨公议订制了一座仰光大金塔,请国民政府侨务委员会委员长陈树人转交蒋介石。②1940年7月7日,仰光华侨救灾总会召开"七七事变"三周年纪念大会,并追悼殉难军民,誓要铲除汉奸。大会筹款多达百万元,汇呈国民党中央,作为缉拿汪精卫的赏金。③

缅甸华侨还利用身在国外的便利条件,筹款购买国内亟须的战争设备,送回国内战场。抗战时期,中国空军力量严重匮乏,中国航空建设协会仰光支会遂发动侨胞开展捐款献机运动。1938年,缅甸华侨筹得国币40万元,购买了4架战斗机,命名为"缅甸华侨号",国民政府财政部长孔祥熙特题赠"义薄云霄",以资鼓励。1939年,缅甸华侨募集国币100万,购得飞机"缅甸华侨号"3架、"缅甸学生号"2架、"缅华特委号"1架、

---

① 《缅侨反对福建公司买卖仇货》,载《华侨半月刊》,1933年第32期。

② 《缅甸华侨制塔献蒋委员长》,载《新新月报》,1937年第3卷第5期。

③ 《仰光华侨筹款百万缉拿汪逆》,载《现代华侨》,1940年第6、7期合刊。

"缅华各途商号"1架、"仰光米厂号"1架。1940年,缅甸华侨再次捐献飞机5架。至此,缅甸华侨共捐款190余万国币,献机19架,为充实中国空军力量做出重要贡献。1941年,国民政府签署嘉奖令,向航空建设协会仰光支会颁发金质奖章。①

广大缅甸华侨民众和华侨妇女也积极行动起来,为中国官兵将士和广大难民制作、捐献大量衣物,输送回国。从1937年10月至1939年9月,仅缅甸华侨红十字会征集的衣物,即有衣服813捆、32.52万件,新棉衣29捆、1.16万件,用于做战场沙包的新旧麻袋367捆、18.35万件。1937年10月,仰光华侨妇女组织了"缅甸华侨募捐难民棉衣会",以仰光蓬枝街64号李庚秀夫人的住宅为会所,发动华侨妇女募集棉花、线碌、布匹、钱款等,并在武帝庙内开设缝纫工场,自制棉衣,捐赠给祖国同胞。②

从整体上看,缅甸华侨数量有限、财力薄弱,却能在广大海外华侨的抗日救国运动中表现突出,这与当地严密的组织架构、积极的宣传动员、诚挚的合作精神密不可分。"抗战期间,南洋各地华侨救国组织之严密与普遍,以缅甸华侨为最佳。"③ 缅甸的国民党党部与各主要侨团保持合作关系,从不单独行动,使缅甸主要侨团的工作与中国国内抗日团体的主题一脉相承。当时缅甸华侨的救国团体,主要有十个:①救灾总会;②抵制日货总会;③救灾仲裁会;④航空建设协会仰光支会;⑤中国伤兵之友

---

① 黄小坚:《海外侨胞与抗日战争》,北京:北京出版社,1995年版,第244页。

② 黄小坚:《海外侨胞与抗日战争》,北京:北京出版社,1995年版,第251页。

③ 台湾《华侨革命史》编纂委员会:《华侨革命史》(下),台北:正中书局,1981年版,第698页。

社缅甸分社;⑥缅甸文化界救亡协会;⑦店员救亡联合会;⑧妇女慰劳会仰光分会;⑨学生救亡联合会;⑩救亡工作团。各救国团体之间,有统有分,分工合作。其中,救灾总会是缅甸华侨救灾运动的最高机关,由缅甸各侨团推举代表联合组成,缅甸境内的捐款原则上由其统一解汇,该会总会设于仰光,有十处分会设于缅甸各地。在国共合作抗日、共赴国难的背景下,中国驻仰光总领事馆虽注意到缅甸文化界救亡协会、店员救亡联合会、学生救亡联合会等组织的主持人较"左倾",但尚能有所克制,暂未采取破坏共同抗日大局的举动。

在国民政府和缅甸侨团的引导下,缅甸华侨的宣传动员工作可分为两类:一类是针对侨胞的宣传,一类是针对英、印、缅人的宣传。对于前者,缅甸华侨报纸和学生均非常努力,报纸及时刊登有关中国抗战的消息,学生以演讲、话剧、海报、展览等形式开展宣传,"收效颇宏"。对于后者,则是通过出版英文、缅文书刊,向外国人宣传中国抗日工作,揭发侵略者暴行,争取国际友人合作。①

在抗日救亡运动期间,国民政府借机强化了对缅甸华侨的整合和管控。1935年,缅甸华侨兴商总会在国民政府的授意下,决议选派固定代表加入缅甸华商商会,"共同整理会务",所派代表为兴商总会正、副会长陈吉昌、冯淇船和常务职员钟国器、龚其七。次年2月,因冯淇船卧床,兴商总会又补派陈步墀代替冯加入华商商会。缅甸华侨兴商总会与缅甸华商商会的合作,客观上有利于统领缅甸华侨救国运动,但也便于国民党和国民政府

---

① 《缅甸华侨概况调查大纲》,转引自何凤娇编:《东南亚华侨资料汇编》(一),台北:"国史馆",1999年版,第184~185页。

对缅甸华侨社会施加影响。①

在抗日救亡运动期间,中国共产党也不断在海外华侨中扩大影响,积极领导缅甸华侨左翼组织响应国内抗战大局。例如,1937年,原由缅甸华侨共产党人丘巴宁组织的"励学社"联络缅甸华侨文艺界人士成立了"文救会",下设多个委员会。其中,闽籍华侨曾冠英负责"抵制日货委员会",还联合缅甸人、印度人一起成立"中印缅抵制日货委员会",他们的工作内容包括组织劝告队,调查、登记商店内的日本货等,旨在令日货退出市场。②

第二节 滇缅公路与南侨机工的贡献

滇缅公路是抗日战争时期中国西南后方至关紧要的国际交通运输线,甚至一度成为中国与外部世界联系的唯一运输线,为中国赢取抗日战争的最后胜利做出了卓越贡献。滇缅公路东起云南昆明,西行经下关到畹町出境,直通缅甸境内的腊戌,全长1 146.1公里。自腊戌起,滇缅公路与通往仰光的铁路相连,成为一条直通印度洋的出海交通线。

1937年全面抗战爆发之后,武汉、广州于1938年相继陷落,日军封锁中国东南沿海,切断国民政府的物资供应,重庆国民政府亟须打通西南地区的国际交通线。当时,滇、缅之间已经存在交通基础,一条线路是从昆明经保山、腾冲至缅甸八莫,还

---

① 冯励冬:《缅华百年史话》,香港:镜报文化企业有限公司、缅华互助会,2002年版,第124页。

② 《缅甸归侨曾冠英——虎口余生说春秋》,厦门市归国华侨联合会——侨界人物,2013年5月30日,http://www.xmqs.org/news-look78.aspx。

有一条线路是从昆明到下关的公路,称为滇西公路,距缅甸不远。1937年10月,国民政府交通部次长王芃生抵达昆明,会同云南省政府及全省公路总局,共商滇缅公路有关事宜,后确定滇缅公路线由下关向西延伸出界,经费由中央拨款200万元,命云南省政府限期4个月修通滇缅公路,打通国际交通线,以利抗日。1938年1月,中缅双方经协商达成一致,以木姐作为滇缅公路衔接点,中国方面负责修筑从下关到畹町的中国境内路段,缅甸方面负责修筑从腊戌经木姐至畹町的缅甸境内路段。①

滇缅公路的筑成通车,几乎是建筑工程史上的奇迹。1937年12月,滇缅公路的下关至畹町段正式开工。滇缅公路的修筑条件极其艰苦,沿途多为高山峡谷、急流险滩,还要穿过疟疾猖獗的"瘴疠区"。滇西各县征调了15万至30万人充当筑路民工,连女工都包括在内。筑路民工劳动强度极大,施工环境恶劣,工程条件简陋,几乎每天都有死亡现象,加之各级官吏克扣民工补贴,因而时常有民工逃离。据统计,民工主要死于爆破、坠崖、落江,死于土石重压、恶性疟疾与其他疾病的有3 000多人,死亡率高达1.5%。工程技术人员有8人献身,即龙潞段的沙伯川、潞畹段的杨汝光、王纪伦、李华、潘志霖等。尽管如此,滇缅公路还是以惊人的速度完成了施工。1938年5月,下关至畹町段完工。8月,滇缅公路中国段全线畅通。在整个修筑过程中,国民政府支出900余万元,云南当局也动用了大笔款

---

① 谢自佳:《抗日时期的西南国际公路交通线——滇缅公路和中印公路》,转引自中国人民政治协商会议云南省昆明市委员会文史资料研究委员会:《昆明文史资料选辑》(第6辑),内部发行,1985年版,第2页;徐以枋:《我参加滇缅公路修建工程的经过》,转引自西南地区文史资料协作会议编:《抗战时期的西南交通》,昆明:云南人民出版社,1992年版,第76页。

项。随后，缅甸境内的路段也在预期内完成，使得滇缅公路与腊戍铁路相连。1938年12月，首批军需物资经滇缅公路运入昆明，标志着滇缅公路成为一条重要的国际援华路线。滇缅公路的修筑进度震惊了英美各国，赢得国际盛誉。[①]

滇缅公路的主要任务是运送美国等国的援华军用物资和其他物资。中国负责该线运输业务的主要官方机构先后是西南运输处和中缅运输总局。除了英国在绥靖政策下于1940年7月18日至10月18日关闭滇缅公路3个月外，从1939年至1942年5月，滇缅公路的运输量日益增长，尤其是在1940年9月以后，日军切断滇越铁路，中国最主要的陆路国际通道只剩滇缅公路。据统计，滇缅公路货量在1939年为27 980吨，1940年为61 934吨，1941年为132 193吨。[②] 滇缅公路除了向国内输送军用物资外，还向外输送生丝、瓷器等中国外贸出口商品。1941年12月，行驶在滇缅公路上的中国军、公、商车共有7 582辆，其中军车3 116辆，公车2 201辆，商车2 265辆，涉及十多个运营机构。[③] 滇缅公路为中国抗战提供了强有力的军事和财力支持。到1942年初，滇缅公路还承担起运送中国远征军入缅的任务。直至1942年5月，日军侵略缅北，滇缅公路被切断，美国援华物资遂转而依赖飞越喜马拉雅山的中印航线（俗称"驼峰航线"）。

南洋华侨机工为滇缅公路的物资运输做出了巨大贡献。当

[①] 谢自佳：《抗日战争时期滇缅公路的修建》，转引自中国人民政治协商会议云南省委员会文史资料委员会：《云南文史资料选辑》（第37辑），昆明：云南人民出版社，1989年版，第29页；朱振明：《抗日战争时期的滇缅公路》，载《云南社会科学》，1982年第4期，第74页。

[②] 龚学遂：《中国战时交通史》，北京：商务印书馆，1947年版，第98~99页。

[③] 冯君锐：《西南运输处始末》，转引自西南地区文史资料协作会议编：《抗战时期的西南交通》，昆明：云南人民出版社，1992年版，第34页。

时,南洋各地惯于将驾驶汽车称作"开机器",将汽车司机和修理工人统称为"机工"。滇缅公路通车后,沿线物资均依赖汽车输送,亟须大量技术熟练的汽车驾驶员,但国内懂得汽车驾驶和修理技术的人员远远不能满足需求。为此,西南运输处主任宋子良代表国民政府联络南洋华侨筹赈祖国难民总会(简称"南侨总会")主席陈嘉庚,要求协助招募南洋华侨司机和修理工人回国服务。陈嘉庚和南侨总会接到消息后,立刻于1939年2月7日发出《征募汽车修机人员回国服务》的第六号通告:"本总会顷接祖国电委,征募汽车之修理人员及司机人员回国服务,凡吾侨具此技能之一,志愿回国以尽其国民天职者,可向各地华侨筹赈会或分支各会接洽。"南洋华侨报名者甚众,从1939年2月至9月,南侨总会组织回国的华侨机工共计有15批3 129人,他们来自新加坡、马来西亚、泰国、缅甸、印度尼西亚、菲律宾等各个国家,分别从越南、仰光、香港三条路线回到祖国。回到祖国的南洋华侨机工经过短期军训后,由西南运输处编入各运输大队,每名机工开一辆车,车上配备一名卫兵负责保护。南洋华侨机工拥有极大的爱国热情和相当的技术水平,成为滇缅运输线上的一支生力军。据统计,南洋华侨机工在滇缅公路运送的军用物资总数近40万吨,为抗战胜利发挥了关键作用。同时,南洋华侨机工也为抗战付出了沉重代价。据统计,从1939年至1945年,因车翻人亡、日军杀害、饥寒交迫、瘴气感染等原因而殉难者达1 000人以上,占南洋华侨机工总数的三分之一。幸存的南洋华侨机工完成运输任务后,有些返回了祖籍地,有些在战后经国民政府协助重返南洋各国。为了表彰华侨机工的爱国精神,1946年5月,云南省政府主席卢汉题词曰:"墨翟善守,公输善攻,工利其器,克壮军容,扩而克之,惟南之功!"1947年11月,马来亚雪兰莪华侨筹赈会在吉隆坡的广东义山亭为殉难机工建立了一座纪念碑。①

　　缅甸华侨除积极回国担任司机和维修工外,也为滇缅公路的运输任务捐献了不少车辆。因国内缺乏合适的运输车辆,西南运输处函请南侨总会协助提供,南洋各地华侨遂积极购车捐献。1940年2月,缅甸华侨救灾总会在仰光举行捐献救护车典礼活动,15所侨校师生积极参加,募得缅币145 901盾,购买救护车10辆,编为缅华学生1号至10号,献给祖国使用。1941年,缅甸侨界又发起规模宏大的献车运动,仅一个月便募得缅币30多万盾,购得新式卡车150辆,交给西南运输处,其中有缅甸华侨社团合捐的"缅甸华侨号"27辆,救灾总会技术委员会捐献的10辆,缅华学生会的12辆,土瓦华侨中小学师生的2辆,以及高聪敏一人独捐的2辆。②

　　仰光是南洋华侨机工回国服务的中转站之一。自1939年2月起,缅华华侨救灾总会按照南侨总会和中国西南运输处的安排,在仰光设立了"西南运输处仰光分处",并在仰光和腊戍建立两个机车装配厂,分别负责接送途经仰光回国的南侨机工和机动车辆。从3月13日至5月22日,西南运输处仰光分处先后接送了在马来亚组队、取道仰光回国的南侨机工6批538人,还转运了洋毡、棉被、蚊帐、棉背心和卫生衣计7 800件及部分机动车辆。其中,第一批机工364人于4月12日到达仰光,寄宿于华侨中学,西南运输处仰光分处联合华商总会,提供了每人每日缅币5安托的膳食费,缅甸华侨筹赈会还拨出缅币6 880盾,作

---

　　① 陈克振:《陈嘉庚与华侨机工》,载《八桂侨刊》,2005年第3期,第48~49页;龙岗:《千里滇缅公路抗战运输线上的南洋华侨机工》,载《上海档案》,2003年第2期,第16页。

　　② 黄小坚等:《海外侨胞与抗日战争》,北京:北京出版社,1995年版,第251页。

为机工从仰光赴云南的旅费。①

因滇缅公路穿过缅甸境内,不少缅甸华侨成为滇缅公路的运营维护者。滇缅公路畅通期间,缅北各段公路上的养路工人达一万多人,铁路工人也有两千多人,其中很多是缅北的滇籍华侨,缅北各车站的搬运工也有大量滇籍华侨。

滇缅公路开通后,除了服务于中国抗战外,还在客观上促进了中缅经济文化交流和缅甸滇籍华侨的增长。云南人民通过滇缅公路,可以更便利地入缅垦殖。据1940年对芒市40个村的调查统计显示,因村民不断移居缅甸,五年内芒市村民户数减少了25%。1939年12月的缅甸各界访华团和1940年的缅甸记者访华团都是乘车沿滇缅公路返回,中国佛教国际访问团等访问缅甸时,也是由滇缅公路入缅。1941年1月,缅甸记者访华团副团长宇敦丹在告别讲话中说:"我更希望对中国有帮助的滇缅公路,可以变成一条金链,使两国商业和文化的关系日臻密切。"② 1940年,鉴于缅甸的战略地位日益凸显、中缅之间的人员和物资流动日益频繁,中国驻仰光领事馆升格为中国驻仰光总领事馆。

第三节　缅甸华侨中共产党组织与华侨进步运动

抗日战争时期,缅甸的战略重要性显著提升,国民党和国民政府不断加强在缅甸的力量,中国共产党也开始对缅甸给予重视。这一时期,马克思主义思想通过各种形式在缅甸华侨社会广

---

① 吴灿辉:《抗日战争时期的缅甸华侨》,转引自泉州华侨历史学会编:《华侨史》(第7辑),1995年版,第114~115页。

② 朱振明:《抗日战争时期的滇缅公路》,载《云南社会科学》,1982年第4期,第80页。

为传播，华侨共产党及其领导的进步组织逐渐在缅甸华侨的支持下发展壮大。缅甸华侨中共产党组织领导的各类团体积极投身抗日救国运动、进步群众运动，与国内的抗日民主运动相互呼应，共同为抗战胜利贡献了力量。

缅甸的共产主义运动大致起源于20世纪30年代前后。1927年第一次国共合作破裂后，部分共产党人和进步人士为躲避国民党的迫害，流落到海外。据说，马来亚共产党曾派吴怀世（原名吴景新）到缅甸，联合王斯科、汤道耕（艾芜）、丘巴宁、林环岛、郭荫棠等人建立起缅甸华侨的早期共产党组织，即成立于1928年10月10日的"书记公会"。这是一个旨在联合缅甸华侨商店里的文书、会计人员的组织。吴景新、林环岛据说都在上海参加过共产党，艾芜后来成长为中国近现代著名作家。1930年1月，该组织创办了缅甸第一份宣传马列主义理论的华文报刊《新芽小报》，揭露国民党政府的贪污腐败和"攘外必先安内"政策，抨击缅甸华侨社会中的国民党势力。"书记公会"很快被认定为马共组织。1931年1月，英属缅甸政府将林环岛、王斯科、艾芜、郭荫棠等人驱逐出境，唯独丘巴宁由仰光曾、邱两姓的"龙山堂"出面担保，免遭驱逐，《新芽小报》也告停刊。《新芽小报》的存在时间虽然短暂，但对缅甸华侨知识青年和工人阶层产生了很大影响，是共产党组织在缅甸华侨中撒下的第一批革命种子。

1933年5月4日，留在仰光的丘巴宁组织一批爱国知识分子、店员成立了缅甸仰光华侨"励学社"，共有27位社员，包括郑祥鹏、陈杰夫、曾冠英等，社址设于社员谢征尘的照相馆内。谢征尘原是国民革命军第十九路军的秘书，因不满蒋介石的不抵抗政策，战败后先回福建老家，后抵达仰光。"励学社"继承了"书记公会"出版《新芽小报》的宣传风格，在《觉民日报》开辟"卜间"专刊。"卜间"是当地华侨对"市场"的习

惯叫法,"卜间"专刊的内容有诗歌、杂文、小说等,颇受读者欢迎。

1935年,中国共产党派遣王琴鹤(王质文)到缅甸工作。王琴鹤计划与《椰风》的主编黄绰卿、段丛贵等成立党支部,但因段丛贵不久被驱逐出境而未果,只能转而从事爱国抗日宣传工作。"一二·九"运动爆发后,王琴鹤等组织了"青年学会",并在《仰光日报》上出版"明天"会刊,声势颇大,但因提出反蒋的过左口号引发内部意见分歧,又因受到国民党和英属缅甸当局破坏,最后青年学会自行解散。王琴鹤于1937年三四月间被押解离开缅甸,杨章熹接替了他的工作。

经过中国共产党、马来亚共产党的带动和众多进步人士的努力,20世纪30年代的缅甸华侨社会中涌现出大量宣传抗日民主思想的团体组织、文艺副刊和进步书籍,极大促进了缅甸华侨的思想启蒙。当时规模较大的进步文学社团有以粤籍青年为主的《椰风》杂志社、以闽籍青年为主的"励学社""巨轮社"等。这些社团出版了大量的进步报刊,如椰风社的《椰风》,巨轮社的《十日谈》《晓声》《芭雨》《文艺》《兴商日报》,晶晶社的《野草》等,各刊物还经常转载《大众生活》《永生》《世界知识》等国内救亡刊物的文章。当时,各种团体组织和刊物之间的论战此起彼伏,抨击国民党对内镇压抗日民主运动、对外卖国投降,呼吁停止内战、联共抗日,形成了缅甸华侨社会爱国进步的主流,为中国共产党领导的爱国运动奠定了思想和群众基础。①

　　共产主义思潮的传播也极大促进了缅甸华侨的工人运动。自民国初期，缅甸华侨劳工阶层为了捍卫自身利益，开始自发成立一些劳工组织，如 1918 年成立的"中华工党"。中华工党并不是政党，以党命名，大概是受民国初年政治风气的影响，并借以表达跟国民党的对立情绪。中华工党的成员最初是商店的财务副手、店员、工人等，后亦有小商人参与，无论闽、粤籍华侨均可参加。中华工党在高峰时发展至缅甸境内设有 14 个分部，20 个通讯处，会员达 8 000 余人。自 1927 年之后，中华工党在受共产党影响的左翼人士领导下，有了新的发展。1928 年，即共产党领导的"书记公会"诞生同年，中华工党举行第一次全缅代表大会，一时在侨团工作中影响力甚广，号称与国民党缅甸总支部并驾齐驱。同年，中华工党集会纪念"五一"劳动节，并出版了一本纪念特刊。1929 年，中华工党接办《缅甸新报》，并筹办《劳动晨报》，还积极鼓励各行业工人组建自己的工会，这被视作缅甸华侨社会主义工作的开端。在共产党和中华工党的号召下，1930 年，华侨印刷工人互助社、海员工人互助社、苦力工会先后在仰光成立。1931 年，华侨教员联合会成立，到 1936 年改组为缅华教师联合会。此外，还有机缝工会、维轩公会、金业协进社、华侨职业公会等，这些组织皆以工人为中心，积极向雇

---

　　① 林望中：《缅侨党组织建立的前后》，载《党史研究资料》，1993 年第 4 期，第 21~22 页；冯励冬：《缅华百年史话》，香港：镜报文化企业有限公司、缅华互助会，2002 年版，第 90~94 页；《缅甸归侨曾冠英——虎口余生说春秋》，厦门市归国华侨联合会——侨界人物，2013 年 5 月 30 日，http://www.xmqs.org/news-look78.aspx。

主争取工资待遇。①

　　1937年抗日战争全面爆发后，国共达成第二次合作，加之英国殖民地对中文书刊管理宽松，大量关于中国共产党的书刊流入缅甸，进一步促进了缅甸华侨青年的思想进步。仰光新开设了生活书店、复活书店等，允许学生青年长时间在店内翻阅书刊文章。书店可以买到毛泽东的《论持久战》，斯诺的《西行漫记》（Red Star over China），艾思奇的《大众哲学》，陈昌浩的《抗日民族统一战线教程》《联共党史》等，报刊有上海的《抗日三日刊》《生活周刊》，香港的《华商报》，新加坡的《南洋商报》，甚至法国巴黎共产党的中文报《救国时报》等。闽籍华侨共产党人杨章熹创立了"缅华书报社"，完全对外开放，可借阅各种书刊，书刊随时添购充实，这是缅甸华侨第一次有自己的公共图书馆。各类进步中文书报的传播，极大增进了缅甸华侨对中国社会和政治形势、对中国共产党的了解，在无形中影响着缅甸华侨的思想觉悟和政治立场。②

　　20世纪三四十年代的抗日救亡、爱国进步思潮，促使缅甸华侨社会中涌现了一批爱国救亡的群众团体。其中，比较活跃的有缅华救亡宣传工作团、华侨业余社、缅华妇女协会、缅华店员救亡联合会、缅华学生救亡联合会、缅华歌咏工作者救亡联合会等。这六个社团经常联合活动，后又联合发表了《保卫苏联宣言》，加上一些活跃分子如冯励冬、王英秀、陈杰夫等经常跨社团活动，因而得名"六联团"。

---

　　① 郑祥鹏：《黄绰卿诗文选》，北京：中国华侨出版公司，1990年版，第346~347页、358~359页；冯励冬：《缅华百年史话》，香港：镜报文化企业有限公司、缅华互助会，2002年版，第118~119页。

　　② 冯励冬：《缅华百年史话》，香港：镜报文化企业有限公司、缅华互助会，2002年版，第155~156页、158~159页。

"六联团"中,缅华妇女协会成立最早,成员均为进步的爱国妇女,黄绰卿、杨章熹也是其赞助者,会址设于杨章熹创立的缅华书报社。缅华救亡宣传工作团的骨干多为从厦门到仰光的革命知识分子,领导人有邱廑兢等。华侨业余社成员多为从厦门到仰光的职工青年,往往是厦门双十中学、大同中学、英华中学等学校的毕业生。缅华店员救亡联合会以职工为主,侧重维护华侨商店的店员职业保障和生活福利,成功促使缅甸华侨各行业开始实行"星期日休业"。缅华学生救亡联合会于1939年6月正式成立,以缅甸华侨中学的学生为主,陈杰夫在其中发挥领导作用。缅华歌咏工作者救亡联合会最早从林亭玉领导的"救亡歌咏团"发展而来,后由吴章彬领导的"叱咤合唱团"继承发展后,联络"学联"改组而成,主要演唱救亡歌曲。"六联团"的不少成员后来都加入了共产党,并在新中国成立后继续发挥作用。①

1938年10月,广州遭到日军攻占,广东形势发生变化,中共随后成立了广东东南特委,派遣缅甸华侨林望中携其妻江木兰返回缅甸开展秘密工作。这一次,廖承志指示林望中要避免公开暴露,多做调查研究,团结进步青年,建立稳定的联络点。林望中之父是缅甸的成功华侨商人之一,与国民党上层多有联络。林望中回到缅甸后,利用家庭和身份的有利条件,建立起"国泰戏院"作为外围掩护,并与国民党争夺对华侨学校的控制权,成功掌握了勃生华侨中学。

缅甸中共华侨党组织的正式建立,始于1940年。在此之前,缅甸华侨曾成立自发的党组织。1938年10月21日,马共派遣的李华与缅甸华侨杨章熹、黄绰卿等人成立自发侨党,又吸收了

---

① 冯励冬:《缅华百年史话》,香港:镜报文化企业有限公司、缅华互助会,2002年版,第160~165页。

东南亚华侨史丛书

胡伯年、陈杰夫、冯励冬、丘巴宁、朱志辉、王英秀等人加入,后因内部意见分歧而一度发生分裂。1940年下半年,中共南方局派遣李国华回缅甸工作,主要任务是建立缅甸华侨党组织,并与缅共接触。李国华也是缅甸华侨,抗战初期曾去延安抗日军政大学(简称"延安抗大")学习。1941年2到3月,李国华与林望中正式建立联系,从此李国华负责仰光和全面工作,林望中分管勃生和国泰戏院的工作,参与对缅甸自发侨党的领导,在勃生建立起党组织。1941年,中共南方局正式批准建立"缅甸华侨中共总支委",常委包括总支书记李国华、组织部长林望中、宣传部长郑祥鹏,委员有李华和杨章熹,建党时间从1940年11月算起。

　　抗日战争期间,尤其是在1941年皖南事变后,中共从云南、四川等地疏散了大量进步文化人士到缅甸,他们给缅甸华侨社会注入新的活力,促进了缅甸华侨的文教事业,并推动了中共在缅甸华侨社会中的思想宣传工作。最早疏散到缅甸的,是原《新华日报》总务主任徐迈进及家人,随后,又有张光年、赵讽夫妇,李凌,刘惠之,石铭夫妇,毕朔望、陶朔玉夫妇,任以沛,黄雨秋等先后抵达缅甸,他们都与缅甸华侨共产党关系密切。缅甸华侨社会对这些进步文化人士表现出极大热情。张光年即《黄河大合唱》的词作者光未然,抵达仰光时,就住在仰光曾、邱两姓的"龙山堂",杨章熹介绍他在仰光华侨学校教书。张光年到缅甸后,与林望中等合作出版《新知周刊》,在爱国华侨中引起较大影响,国民党缅甸总支部下令禁止阅读《新知周刊》,但收效甚微。《新知周刊》直到日本攻占缅甸时才被迫停刊。

　　国民党在海外华侨尤其是粤籍华侨中,原本拥有深厚根基,这与孙中山的影响和辛亥革命的成功有直接关系。在第一次国共合作期间,国民党实行联俄联共、扶助农工政策,积极进行北伐,获得广大侨胞的热情支持。但是,随着孙中山逝世和第一次国共合作破裂，国民党右派日渐暴露反革命面目，引起侨胞反感，缅甸的国民党内部逐渐出现进步反蒋力量的抗争。1925年，缅甸国民党人黄笠庵发起粤籍华侨的"同乐社"，公开拥护孙中山的联共政策，并在廖仲恺遭到暗杀后，主持了国民党进步党员悼念廖仲恺的活动。1933年，粤籍华侨国民党员朱碧泉、黄俊生发起"乐天社"，并在缅甸各地设立分社，团结了一批进步粤侨力量。1934年4月，国民党第五次全缅代表大会选举第五届执监委员，以乐天社为代表的反蒋少壮派击败老一辈拥蒋派，取得完全胜利，而拥蒋派老党员拒不交权，导致缅甸国民党内发生纠纷，党务停顿，直到1941年9月底，才有国民党中央强制"第五届执监委员宣誓就职，由专员缪培基为监誓员"的记载。朱碧泉原名朱乾泮，大革命时期在广州岭南大学求学，与廖承志是同学，在亲历广州"沙基惨案"后返回缅甸，组织乐天社，惜英年早逝。黄俊生后来长期支持祖国的革命和建设，与黄慕康、黄重远、黄绰卿并称为粤籍华侨的"黄巢集团"。[①]

在抗日战争期间，国民党官员常借抗战之名，在海外搜刮钱财；国民党特务分子频频前来缅甸，竭力拉拢青年。更有甚者，国民党还千方百计地镇压华侨进步力量。1936年，原仰光华侨女中教师、福建永定籍华侨陈月容回国探亲，突遭逮捕枪杀。陈月容是缅甸华侨抗日救国运动中的妇女积极分子，曾参加椰风社，组织妇女协会、青年学会等进步团体，做过大量进步宣传工作。[②] 缅甸华侨一方面继续积极支援国内抗战，一方面对国民党的腐朽风气和倒行逆施深恶痛绝。早在缅甸沦陷前，国民党已经

[①] 冯励冬：《缅华百年史话》，香港：镜报文化企业有限公司、缅华互助会，2002年版，第124页。

[②] 冯励冬：《缅华百年史话》，香港：镜报文化企业有限公司、缅华互助会，2002年版，第95页。

给缅甸侨胞留下如是印象：加入国民党只为升官发财；特务分子敲诈爱国侨胞；疏散大员先乘汽车逃走。①

中国共产党经过不懈努力，逐渐在海外华侨社会中赢得越来越广泛的支持。缅甸闽籍华侨对中国共产党的支持尤为坚定。1940年，著名南洋华侨领袖陈嘉庚率领"南洋华侨慰劳团"回国访问，特地前往延安，亲眼对比了国民党的腐败和延安的实况。陈嘉庚明确表示，"所闻所见与他处传闻多不同，如共产党政治，没收民众财产，与及男女不伦，生活惨苦，均非事实"。陈嘉庚结束访问后，首先来到仰光，向仰光华侨详细介绍国内情况，并提出"中国的希望在延安"。② 陈嘉庚对国共两党的清醒认知，进一步推动了缅甸华侨进步政治立场的确定。

---

① 郑祥鹏：《黄绰卿诗文选》，北京：中国华侨出版公司，1990年版，第361~362页。

② 范宏伟：《战后缅华社会政治地位变迁研究》，厦门大学博士论文，2004年，第35页。

第八章　太平洋战争期间的
缅甸华侨（1941—1945 年）

第一节　缅甸华侨的撤退工作

第二次世界大战充分凸显了缅甸的战略价值。缅甸西接印度，北连西藏和云南，南至马来亚半岛，是南亚、中国、东南亚之间的枢纽地带。抗日战争爆发后，滇缅公路是中国至关重要的国际交通线和物资供给线。对于中英双方，缅甸都具有重要战略意义。

1941 年 12 月，日本突袭珍珠港，太平洋战争爆发。早在战争爆发之前，日本就不断向包括缅甸在内的东南亚各国渗透。日本以反抗西方殖民主义、促进亚洲民族独立为借口，努力培植亲日势力，部分东南亚民族主义者受其欺蒙，决定与日本"合作"，反抗西方殖民统治。在缅甸，以昂山为代表的一部分民族主义者实行"联日反英"方针，在日本的支持下创建了缅甸本土军队。太平洋战争爆发后，这支缅军积极协助日军攻打英军，以致日本迅速侵占了缅甸。

缅甸华侨在日本侵缅战争中损失惨重。据国民政府侨务委员会 1942 年统计，在日本进攻缅甸期间，缅甸华侨的生命和财产遭受了惊人损失：缅甸华侨 193 594 人中，逃难回国者有 97 000 人，死于战争者 13 510 人；缅甸华侨财产总价值 229 391（单位：千美元），因战争造成的损失高达 160 574（单位：千美元）。① 按照这一数字计算，缅甸华侨遭受的财产损失比例高达70%。在南洋各国华侨中，缅甸华侨的财产损失不是数额最大的，却是比例最高的。至于日本统治缅甸期间的华侨损失，尚且无法计算。

1941 年 12 月 23 日，仰光遭到日机空袭。自 1942 年初，大量缅甸华侨陆续向北撤退、回国避难，这方面的主要负责机构是南洋战区侨民疏散协助委员会（简称"南侨疏散会"）。1942 年 2 月 12 日，南侨疏散会的缅京分会先于总会在曼德勒成立，选举 41 名当地知名华侨为委员，借曼德勒广东会馆办公。该会在曼德勒设立了 9 处难民收容所，第一收容所位于曼德勒古城会馆，第二收容所位于陈家馆，第三收容所位于李家馆，第四收容所位于玉石会馆，第五收容所位于同乐社，第六收容所位于三山会馆，第七收容所位于国民党支部，第八收容所位于育群学校，第九收容所位于广东会馆。2 月 15 日，缅华救灾总会邀请宿居腊戍的缅甸、马来亚各属侨领集议成立南侨疏散会总会，推举胡文豹等 133 名爱国华侨为委员，曾养甫、吴文举、李文珍、许文顶、侯西反、荷葆仁、白三江等 15 人为常务委员，滇缅铁路督办曾养甫为主任委员，谢仁秋、陈孝奇为正、副秘书，在腊戍化南学校内办公。南侨疏散会的主要任务是协助侨民疏散、联络友邦人士等。3 月，蒋介石抵达腊戍，接见李文珍、吴文举、许文顶等十余名侨领，批准将缅甸华侨救灾总会的余款拨充南侨疏散会的经费，共计有 5 万余盾。随后，南侨疏散会在八莫和西保设立分会，在腊戍设立多处侨民招待所，在曼德勒、腊戍等地创办青年战地服务团，并在云南保山设立华侨接待站。南侨疏散会积极配合中国驻仰光总领事馆开展撤侨活动，总领事馆在曼德勒设

---

① 龚书炽：《缅甸华侨之遭遇》，载《新中华》，1946 年第 11 期。

立侨民登记处，陈孝奇协助办理，于两周内协助 5 000 余名华侨回国。南侨疏散会组织了一批难民输送车，不仅免费运送华侨回国，而且按成人每人 10 盾、儿童每人 5 盾的标准发放救济款。此外，南侨疏散会还积极慰劳中国远征军、赴战地医院看望伤兵、联络英美盟军等。4 月底到 5 月初，腊戍、瓦城接连失守，西保、八莫侨胞紧急撤离，南侨疏散会委员也陆续撤退回国。7 月 30 日，南侨疏散会被迫迁移至重庆办公，附设在重庆林森路九道门 7 号国民外交协会内，继续开展境外难侨的疏散和入境侨胞的安置工作。①

在南侨疏散会等机构的协助下，1942 年初，缅甸各华侨学校先后停课疏散、躲避空袭、撤退回国。1942 年 5 月，缅甸华侨中学决定迁校，师生一行人由南至北行进，从仰光出发，经八莫、保山、昆明，辗转抵达重庆，还向重庆捐赠了一批教学用具。1943 年，重庆国民政府对缅甸华侨中学发出褒奖令。与此同时，缅甸华侨教育会也逐步向北转移。1942 年 5 月 4 日，缅甸华侨教育会驻保山办事处被炸毁。理事陈孝奇携带残余重要文件抵达重庆，在林森路设立"缅甸华侨教育会驻渝办事处"，由陈孝奇、王辉分别任正、副主任，直到 1945 年在仰光复办。②缅甸华侨教育机构的成功撤退，有效保存了有生力量，为战后缅甸华侨教育的迅速复兴打下基础。

因敌机轰炸、路途艰险、遭遇劫杀等因素，许多缅甸华侨在撤退回国途中不幸遇难。1942 年 4 月 3 日，日军派敌机轰炸曼德勒，造成大量伤亡，华侨死伤惨重，财物损失不计其数，其中

---

① 陈孝奇：《缅华四十年大事记》，载《缅甸华侨兴商总会四十周年纪念特刊（1911—1951）》，1951 年。

② 《缅甸华侨教育概况》，载《教育通讯月刊》，1948 年第 5 卷第 4 期；吴铁民：《缅甸华侨中学之前后》，载《华侨先锋》，1943 年第 8 期。

东南亚华侨史丛书

青年战地服务团团员邓步等6人殉职,王天生等12人下落不明。5月4日,为了阻止日军向保山推进,滇缅公路的咽喉、连接怒江两岸唯一的桥梁——惠通桥被炸断,大量华侨难民和华侨机工被阻挡在怒江沿岸,惨遭日军杀害。同日,日军派飞机轰炸保山,民众死伤达数千人,国立保山第二华侨中学女生宿舍中弹,死亡百余人,而缅甸华侨中学迁校师生等大量华侨过境保山,死难和损失更难以计数,其中有身兼华侨中学、华侨女子中学等数所侨校财政工作的缅甸华侨吴文举和南侨疏散会常务理事许镜莹等。因此,1942年5月4日成为缅甸华侨记忆中的"五四"惨日。吴文举拥护祖国,热心公益,生前担任缅华救灾总会两届常务理事、中航建协直属仰光支会常委、华侨教育会缅甸分会常务理事、仰光吴氏延陵联合会会长、南侨疏散会常务理事等职务。重庆国民政府得知后,下令褒奖,并给吴文举、许镜莹各发5 000元治丧费,以昭激励,而慰英灵。5月10日,缅甸的同盟会元老、中国国民党驻缅甸支部第一届副部长、缅甸华商商会主席、缅华教育总会会长、缅甸政府慈善理事会华方代表、中航建协直属仰光支会会长、国防公债劝募委员会主任委员、华侨救灾总会监察委员张永福先生,在撤退回国途中,因年迈不胜长途跋涉,病逝于滇西楚雄县医院,并葬于该县庄甸村,时年73岁。6月29日,缅甸福州籍华侨一行人沿滇缅公路疏散回国后,乘车前往福州,不幸翻车,全车58人中死亡46人,仅余12人生还。另外,日本攻打缅甸期间,缅甸华侨还在多地遭到当地人趁乱劫杀,如溪渊埠华侨一次被杀害306人,等等。① 以上种种,还仅

---

① 吴铁民:《缅甸华侨中学之前后》,载《华侨先锋》,1943年第8期;陈孝奇:《缅华四十年大事记》,载《缅甸华侨兴商总会四十周年纪念特刊(1911—1951)》,1951年;吴灿辉:《抗日战争时期的缅甸华侨》,转引自泉州华侨历史学会编:《华侨史》(第7辑),1995年版,第117~118页。

仅是少数影响较大、留下记载的事件，其余零散遇难华侨更是不计其数。

战时，南洋各地华侨纷纷回国避难。据1942年初国民政府侨务委员会和所属闽、粤、滇等各地侨务局登记，南洋归侨总人数为183 285人，其中缅甸归侨29 391人。① 因大批归侨在短时间内涌入国境，国民政府难以统一安置，归侨的去向以遣送至祖籍地为主，少数无家可归者予以收容。缅甸华侨的祖籍主要是云南、福建和广东，经历重重磨难撤退回国的缅甸陆路归侨大多先栖身昆明、重庆，然后辗转返乡，海路归侨多在福州、厦门、汕头、广州等港口登岸后返乡，社团机构则大多安置于战时陪都重庆，积极开展华侨自治，支援抗战救国，准备战后复兴。1943年，南洋各属留渝侨领联合组成"重庆华侨励志会"，作为归侨与政府接洽的总机构，其中缅甸理事有许文顶、白三江、邱新样、陈芳锦、陈清话等。1944年，重庆华侨励志会受英国驻重庆总领事委托，开始办理海外归侨战后重返英国属地登记。

国民党中央海外部和国民政府为战时归侨提供了一些救济和优惠政策。1942年，国民党中央海外部设立海外党部计划委员会及海外党务研究会，安置留渝失业的海外党务工作者，其中缅甸党员占多数。国民党中央又以"海外侨民运动指导委员会"的名义，委任归国侨领担任委员，其中以缅甸归侨居多。1943年，国民党中央海外部拨款100万元，在重庆落成华侨新村，留渝富裕归侨皆受其惠。国民党中央和国民政府还时常召集重庆归侨召开座谈会，讨论南洋华侨教育问题等，为战后华侨工作做准备。②

---

① 谢培屏：《战后遣返华侨史料汇编1》（缅甸篇），台北："国史馆"，2003年版，第2~3页。

② 陈孝奇：《缅华四十年大事记》，载《缅甸华侨兴商总会四十周年纪念特刊（1911—1951）》，1951年。

东南亚华侨史丛书

太平洋战争时期,国民政府的贪腐无能日益引起华侨的反感。无论是修筑滇缅公路,还是输送抗战物资,或是安置战时归侨,国民政府官员往往借机实行盘剥侵吞,大发国难财,进一步加剧了抗战后方的物资紧缺和秩序混乱。1942年8月,撤退到昆明的战工队员陈秀仕经中南橡胶厂昆明办事处副经理黄道渊介绍,购买用于前往重庆的汽油,不料在取货时被西南运输公司的司机谋财害命,陈秀仕当场殒命,黄道渊身受重伤。事件轰动了整个昆明,导致避难华侨人人自危,当局迫于舆论压力,才不得不缉拿并枪毙凶手。[1]

除贪腐问题外,太平洋战争期间,国民党只将华侨工作重点放在笼络上层侨领和富裕华侨身上,引起广大基层华侨的不满。1942年10月,国民党中央海外部召开海外工作检讨会议,出席者均属留渝富裕归侨,而在缅甸实际从事救亡工作者反而无权出席。经过白三江等缅甸侨领的抗议,会议才允许曾任救灾总会秘书的陈孝奇等三十余名"无产阶级"归侨列席会议,缅甸归侨认为此举"至为不平"。[2] 第二次世界大战期间,缅甸中下阶层的华侨群众获得广泛动员,国民党对这一阶层的忽视、敌意和共产党对这一阶层的积极争取,逐渐消解了国民党在海外华侨社会中的原有优势。

第二节 缅甸华侨中共产党人与战工队的贡献

1941年底,太平洋战争爆发,中共南方局指示将缅甸华侨

---

[1] 林望中:《缅侨党组织建立的前后》,载《党史研究资料》,1993年第4期,第26页。

[2] 陈孝奇:《缅华四十年大事记》,载《缅甸华侨兴商总会四十周年纪念特刊(1911—1951)》,1951年。

的进步力量撤退回国。为此，缅甸华侨中的共产党组织决定成立"缅甸华侨战时工作队"（一说为"缅甸华侨青年战时工作宣传队"，简称"战工队"），以适应战时的工作环境，开展反法西斯宣传。战工队先在仰光筹备，仰光遭到空袭后，又集中到曼德勒正式成立。战工队队员有来自国内的进步文化人士、缅甸华侨党员、缅甸华侨进步人士等，人数有七八十人，总领队为张光年，队委有魏磊、李凌、赵讽、郑祥鹏、黄雨秋，队员有王汉斌、肖岗、吴章彬、陈尊法等。战工队提出"中缅印英人民团结起来，抵抗日本法西斯侵略，保卫缅甸"的口号，开展对缅甸人民、英军和中国远征军第五军的宣传活动。战工队利用英军提供的交通工具，在曼德勒、眉苗、腊戍等地巡回演出，并为英军和中国远征军安排专场演出，上演了《黄河大合唱》等鼓舞军民斗志的节目。战工队还到医院慰问远征军伤病员，为远征军提供英、缅文翻译，等等。

战工队在曼德勒的抗战宣传活动，与《侨商报》相互支持、相互配合，使《侨商报》成为缅甸全面沦陷前最后的华侨宣传喉舌。在太平洋战争爆发前夕，刘惠之、毕朔望就到曼德勒筹备《侨商报》。刘惠之利用他在云南同乡中上层的社会关系筹募股金，自任社长和主编，毕朔望任编辑，兼负责收听广播和翻译英文电讯。战工队在曼德勒成立时，任以沛、徐迈进、石铭、贾寅鸣、陈秀仕等也到报社担任记者，黄绰卿、黄重远、黄俊生等人开办的开明印刷厂支持报纸印刷。1941年12月16日，《侨商报》正式发行，战工队的成立宣言正是刊登于该报。《侨商报》从1941年12月创刊到1942年4月终刊，前后仅存在3个月余，发行量由最初的500份增至约1 000份。在仰光遭日军侵占、各华文报纸被迫停刊的情况下，《侨商报》担负起了传递国内外战争信息的使命。

1942年春，日军逼近曼德勒。4月3日，日军轰炸了战工队

的驻地云南会馆，队员李乃、尹坚君和炊事员杨师傅不幸殉难，黄君珊和陶素玉身受重伤。战工队遵循组织决定，开始陆续经八莫向昆明撤退，途中，队委魏磊为了帮助一位掉队的中国远征军军官而不幸溺亡，队员陈淑玉、疏散至缅甸的共产党员李启、国泰戏院副经理林伟民因霍乱去世。此后，除了缅甸华侨共产党员陈吉福（又名陈杰夫）没有撤出外，其他战工队队员于1942年5月底先后分批抵达昆明。

根据中共南方局的指示，撤退回来的缅甸华侨共产党员和进步人士要隐蔽精干、分散安置、保存力量、以待时机。在云南省地下党和民主人士李公朴、郑易斋等人的帮助下，战工队队员均获得妥善安排。据统计，战工队队员到滇军第18师2团3营（民运队）者11人，编入滇西抗日武装者7人，担任教师者14人，调到重庆《新华日报》者5人，回福建者4人，到延安者5人，进西南联大者1人。①

因伤滞留在缅甸的共产党员兼战工队队员陈吉福在缅甸沦陷期间，秘密团结华侨和当地抗日人士，开展联络盟军、传递情报的工作。在此期间，陈吉福与后来的缅甸反法西斯人民自由同盟主席昂山、自由同盟成员兼缅甸社会党秘书长吴巴瑞（1956年任缅甸总理）、缅甸白旗共产党主席德钦丹吞、红旗共产党主席德钦梭等建立了良好的关系，有助于中缅两国人民共同开展反法西斯斗争。②

---

① 林望中：《缅侨党组织建立的前后》，载《党史研究资料》，1993年第4期，第26页；方雄普：《朱波散记——缅甸华人社会掠影》，香港：南岛出版社，2000年版，第201页；吴灿辉：《抗日战争时期的缅甸华侨》，转引自泉州华侨历史学会编：《华侨史》（第7辑），1995年版，第116页。

② 冯励冬：《缅华百年史话》，香港：镜报文化企业有限公司、缅华互助会，2002年版，第93~94页。

第三节　日本残暴统治下的缅甸华侨

从 1942 年到 1945 年，日本侵略者给缅甸人民和缅甸华侨造成了深重灾难。日军在攻占缅甸的过程中，往往先派遣间谍深入内地，收买内奸纵火劫掠、屠杀平民、扰乱后方，以配合日军进攻。一旦侵占某一城市，即纵容士兵劫掠、强暴妇女，实施高压统治，大肆搜捕抗日人士。1942 年 1 月 19 日，日本侵略者骑象偷渡缅泰边境，从缅南进攻毛淡棉。2 月 24 日，仰光以南的溪渊镇被内奸侵扰，华侨男女老幼被杀害者达 306 人。3 月 7 日，勃固失守。3 月 8 日，日本侵略者正式占领仰光。至 1942 年 6 月，日军陆续侵占缅甸全境。在日本法西斯的占领下，缅甸交通中断、水电不足、粮油匮乏、缺医少药、疾病流行。仰光、曼德勒等城市十室九空，沦为黑暗之城。

日军在仰光实行恐怖统治，凡是曾经热心抵制日货和从事救灾运动的华侨，大多被列入黑名单，遭到搜捕杀害。缅甸华侨兴商总会创始人之一、曾任安溪公会会长的闽籍华侨林金欧，因倡议抵制日货和积极组织捐款救灾，遭到日军逮捕，被严刑拷打以致重伤，直至病危时才允许保释。林金欧出狱三天后，于 1942 年 6 月 16 日含恨逝世，时年 64 岁。日本投降后，1946 年 3 月 2 日和 6 月 23 日，旅缅安溪会馆和林氏九龙堂分别为林金欧举行了追悼会。又如，1942 年 6 月 11 日清晨，驻仰光日军突然包围华侨聚居区，拘捕华侨 600 多人，进行严刑拷打。随后，日军从中拘禁数十人，将其他人陆续释放，被拘禁者包括中国航空建设协会直属仰光支会委员、福建同安会馆常务委员杨名题，同安会馆常务委员林家樵、叶楷书，以及李伯桑、曾文照等。7 月 17 日，日军将上述 5 人以"破坏东亚新秩序，妨害皇军进展"的罪名解往九文台福建公墓枪决。杨名题等人的眷属 58 人翌日被

日军用卡车载往缅北,放逐回国。此一行人多为妇孺,历经数十天的长途跋涉后,死亡过半,抵达保山时仅剩11人。①

　　日本侵略者在统治缅甸期间,实施"以华治华"政策。日军于1942年3月扶植起傀儡机构"缅甸华侨联谊会",以白圻章为主席,总部设于仰光,并在缅甸各地设立分支机构。1943年,仰光日军防御困难,缅甸华侨联谊会设立"兰贡市华侨警防队"(日语将仰光译作"兰贡"),白圻章兼任队长,主持协助日军运输、出巡灯火管制、指导街道卫生等工作,另附设警卫团负责守更巡逻。1943年9月29日,仰光日本宪兵部强迫华侨聚居区升旗庆祝日本天皇诞辰,结果变成空袭目标,引来盟军猛烈轰炸,第二十街的数百名华侨因此罹难,第十九街、海滨街亦先后遭受空袭,均有死伤。联谊会后来曾召开"二十条街被炸难民追悼会",以欺蒙侨胞。

　　日据时期的缅甸华侨联谊会客观上履行了一些维持秩序、调解纠纷、清洁环境、发展医疗等职能,但根本上是作为爪牙维护日本统治。缅甸华侨联谊会时常监视华侨,镇压华侨抗日活动,推行奴化教育,宣扬"大东亚共荣圈"谬论,甚至诱骗华侨苦工为日军修筑"死亡铁路",种种劣迹不一而足。1945年日本战败后,缅甸华侨联谊会随之解散。

　　日本侵略者还努力粉饰太平,美化侵略。日军设有"宣抚班",专门对居民集中训话。仰光市区设有一些日军的酒楼餐室、"慰安所",戏院里播放宣传奴化思想的影片。日军还窃用原来缅甸华侨的抗日宣传物名称,授意缅甸华侨联谊会模仿创办

---

　　① 吴灿辉:《抗日战争时期的缅甸华侨》,转引自泉州华侨历史学会编:《华侨史》(第7辑),1995年版,第116~117页;陈孝奇:《缅华四十年大事记》,载《缅甸华侨兴商总会四十周年纪念特刊(1911—1951)》,1951年。

傀儡《正谊》报,由陈起森、卢仰民负责,宣传侵略奴化谬论,鼓吹南京汪伪政权。日本侵略者竭力施行奴化教育,仰光华侨被迫开办了一所新中华学校,由日本宪兵部派员教授日语。华侨联谊会也曾举办一个"日语速成学校",由日军宣传部派人授课,以便为日军服务的汉奸通晓日语。①

缅甸华侨尽管面临种种困境,还是没有放弃抗争的希望。他们在仰光之外的避难华侨较集中的市镇复办了一些侨校,如铭新小学、育智小学、知本小学、中华小学、启育小学等。② 1943年6月,部分缅甸华侨有感于侨胞在沦陷期间意志消沉,希望用音乐来鼓舞乐观的情绪和对盟国胜利的信心,遂成立"仰光华侨音乐研究社"。③

第四节　中国远征军与缅甸华侨

太平洋战争期间,中国远征军两度开赴缅甸战场抗击日军,留下了不朽战绩,也付出了惨重代价。

1941年12月23日,中、英在重庆签订了《中英共同防御滇缅路协定》,标志着中英军事同盟形成。为了配合英国在缅甸的对日作战,也为了确保滇缅公路这条最后的国际交通运输线保持畅通,1942年3月,中国远征军奔赴缅甸,展开对日作战。远征军先后在东吁、仁安羌、东枝等地取得局部胜利,赢得国际

---

① 郑翔鹏:《黄绰卿诗文选》,北京:中国华侨出版公司,1990年版,第372~377页。

② 《缅甸华侨教育概况》,载《教育通讯月刊》,1948年第5卷第4期。

③ 陈孝奇:《缅华四十年大事记》,载《缅甸华侨兴商总会四十周年纪念特刊(1911—1951)》,1951年。

东南亚华侨史丛书

盛赞。但是,彼时英军败局已定,英、美指挥者又相互龃龉,中国远征军不得不撤退转移。因缅北环境恶劣、路况不熟等条件限制,中国远征军撤退时损失惨重,仅在野人山便减员数万。1942年8月,部分中国远征军部队陆续抵达英属印度蓝姆伽,改称中国驻印军,接受美式训练。1943年初,国民政府另在滇西楚雄建立了一支中国远征军。从1943年到1945年,中国驻印军和滇西远征军先后进入缅甸,参与对日反攻,与英、美盟军一道取得了太平洋战争缅甸战场的最终胜利。

中国远征军是中国在世界反法西斯战争中与盟国直接进行军事合作的典范,也是中国自甲午战争以来第一次派遣军队出国作战。中国远征军战功赫赫,为世界反法西斯战争做出了巨大贡献,极大提高了中国的国际声望和国际地位。

中国远征军在缅甸处境险恶,既要对日军作战,又要防范缅人进攻,还要应对陌生的路况和恶劣的环境。所幸的是,远征军得到缅甸爱国华侨的积极协助。中国远征军入缅时,不少缅甸归难侨从云南随军队一同动身,担任向导、翻译等工作。缅甸境内的华侨组织积极为远征军提供地图、语言、后勤等方面的协助,一些中国远征军的伤病员就安置于曼德勒的云南会馆。南侨疏散会设立国军休息所,招待过境军队,并前往腊戌医院、西保医院、战地医院等慰问远征军伤兵,送上慰劳品和慰劳金。杜聿明将军在回忆起入缅作战时,对缅甸华侨甚为感激:"缅甸除先进分子积极支援中国远征军抗日外,一般都抱着观望的态度,反动党派且为日本利用,甘作缅奸,到处进行破坏的活动。同时缅甸人民普遍仇视英军,遇机即杀,造成当时缅战中极其错综复杂的情况。如不是广大爱国华侨积极援助,我军就不免要全军覆没了。"①

在太平洋战争期间,许多中国远征军的将士壮烈牺牲,长眠在缅甸国土上,其中最杰出的代表是戴安澜和齐学启。戴安澜将军是第5军第200师师长。1942年3月,中国远征军集中7个师的兵力,将日军第55师团围困在仰光北面的东吁(时称东瓜、同古)展开决战。戴安澜率部激战多日,取得东瓜保卫战的胜利,又于4月攻下原被日军攻占的东枝(时称棠吉)。5月份,第200师遭到敌人的重兵伏击,戴安澜在突围后身负重伤,3天之后牺牲于缅北八莫的茅邦村,时年38岁。戴安澜将军为国捐躯后,蒋介石、于右任、毛泽东、周恩来、朱德等国共两党政要均纷纷题赠挽联、挽诗。毛泽东题作了《挽戴安澜将军》:"外侮需人御,将军赋采薇。师称机械化,勇夺虎罴威。浴血东瓜守,驱倭棠吉归。沙场竟殒命,壮志也无违。"诗中追述了戴安澜血战东瓜、收复棠吉的战绩,盛赞其英雄壮志。周恩来也作了挽联:"黄埔之英,民族之雄。"齐学启将军是第66军新38师副师长兼政治部主任。1942年4月,齐学启在仁安羌战役中率领第113团支援盟军,击退日军。仁安羌大捷后,齐学启于次月掩护大军撤退,不幸陷入日军重围,负伤被捕,被囚禁于仰光中央监狱。齐学启遭受关押期间,日军曾多次实施劝降,南京汪伪政权也派陆军部长叶蓬专程到仰光劝降,均被其严词拒绝。1945年3月8日,齐学启被日寇纵容汉奸刺伤腹部,于13日伤重不

---

① 陈孝奇:《缅华四十年大事记》,载《缅甸华侨兴商总会四十周年纪念特刊(1911—1951)》,1951年;杜聿明:《中国远征军入缅对日作战述略》,转引自杜聿明、宋希濂等:《正面战场·远征印缅抗战》,北京:中国文史出版社,1990年版,第14页。

治去世，时年 42 岁。①

  第二次世界大战结束后，缅甸华侨在力所能及的范围内，为牺牲在缅甸的中国远征军将士修建墓园、竖立墓碑，以表达对中国将士的崇敬和缅怀之情。在建于 1945 年的"中国远征军故陆军少将副师长齐公纪念碑"上，铭刻着齐学启少将的战斗生涯，并呼吁"愿我华侨，勿忘日寇，抗战建国，努力奋斗"。纪念碑的落款，是"缅甸华侨联合会会长白圻章、副会长谭炯裳、曾顺续率全体华侨敬立"。②

---

  ① 方雄普：《朱波散记——缅甸华人社会掠影》，香港：南岛出版社，2000 年版，第 300 页；陈孝奇：《缅华四十年大事记》，载《缅甸华侨兴商总会四十周年纪念特刊（1911—1951）》，1951 年。
  ② 《缅甸华侨重修中国远征军故陆军少将齐学启纪念碑》，《广东华侨史》编修工程缅甸调研团队录自缅甸，2013 年。

第九章 战后复兴时期的缅甸华侨（1945—1948年）

　　1945年，东南亚盟军总司令蒙巴顿结束对缅甸的军管，将政权移交给英属缅甸总督多尔曼—史密斯，恢复了英属缅甸的文官政府。从1945年到1947年底这两年多的时间，是战后缅甸的初步复兴和政权更迭时期。1945年5月，英国公布对缅政策白皮书，规定将缅甸置于英属缅甸总督的直接控制下，三年之后再起草宪法，逐步扩大自治权，最终成为英联邦内的自治领。缅甸人民不满英国政策，在以昂山为首的反法西斯人民自由同盟的带领下，积极争取国家独立，与以多尔曼—史密斯为首的英属缅甸政府形成对峙。英国被迫调整政策，任命支持缅甸自治的兰斯为新任英属缅甸总督。1946年9月底，经工党内阁批准，兰斯主持成立了以昂山为首的缅甸新行政会。缅甸新行政会开始执掌实际政府职能，被外界普遍视作缅甸临时政府，原英属缅甸总督独揽一切大权的局面从此被打破。1947年，英、缅双方经过一年的反复协商，最终就缅甸独立问题达成一致。1948年1月4日，缅甸正式宣告独立，成为第二次世界大战后第一个在英联邦外独立的前英国殖民地。缅甸华侨在激荡的政治形势中，艰难地寻求生活和产业的恢复发展。

东南亚华侨史丛书

第一节 缅甸归侨遣返工作

一、缅甸归侨遣返危机的产生

第二次世界大战结束后,联合国与中国政府联手协助战时回国避难的华侨返回战前国外居住地,这项工作称之为归侨遣返,亦称华侨复员。东南亚各国华侨众多,是归侨遣返工作的主要对象。

1946年初,缅甸归侨遣返工作正式开始。联合国善后救济总署(简称"联总",1947年解散,改由直隶联合国的国际难民组织接手)负责提供飞机、轮船等运输工具,遣送缅甸归侨抵达仰光等目的地;国民政府负责统筹国内归侨事务、中缅接洽等,主要参与部门有外交部、侨务委员会和协同"联总"运作的行政院善后救济署(简称"行总")。同时,缅甸归侨发扬华侨在海外的自治、互助传统,纷纷成立代表组织,配合联总和国民政府的遣侨部署。

国民政府侨务委员会主要负责归侨福利救济和登记管理事宜。侨委会联合财政部为缅甸归侨制订了补助标准,每位审查合格的归侨本人凭侨委会发放的证明、护照等证件,可领取缅币500盾补助金,华侨眷属有5人以下可补助1人,5人以上以补助2人为限,12岁以下得补助半数。在实际操作中,因当时民国外汇储备有限，银行除发放缅币外，亦常折合美金或国币拨付。①

1946年2月12日，缅甸归侨遣返工作首先在重庆展开。留渝缅甸归侨组织"缅甸归侨复员协助委员会"推举陈孝奇等主持，借华侨励志会办公地点进行归侨登记，并接洽"联总"派飞机遣送。重庆缅甸归侨登记人数为555名，其中邝金保等173名乘飞机取道香港返缅，陈孝奇等382名乘飞机抵达昆明后，转乘卡车返缅。②

中缅之间的交通路线历来分为海、陆两路，国民政府和联合国善后救济总署主导的归侨遣返路线也不例外，缅甸归侨主要从海、陆两路陆续返缅，搭乘飞机者只是少数。从整体上看，经海路返缅的主要是闽籍和粤籍华侨，一般从广州、汕头、厦门、福州、香港等码头登船；经陆路返缅的主要是滇籍华侨，也有一部分川、黔、闽、粤等各籍华侨。

缅甸华侨从陆路和海路返回缅甸的情形有所不同，从陆路返缅相对简单，而海路比较困难。中缅之间的边境线延绵曲折，边境民族众多，因此，对于从滇缅边境入缅的华侨，英属缅甸政府历来管控得比较宽松，这一传统在战后得到不成文的延续。昆明缅甸归侨联合会采取"国民外交"的方式，直接接洽英国驻昆明总领事，双方达成一致，由英国驻昆明总领事馆在该会印制的"缅甸归侨回缅申请书"上签证，归侨持此即可进入缅甸。实际

---

① 《行政院通知财政部核定动支三十五年度第二预备金作为归侨补助费》，《侨务管理处报告归侨返回原居留地补助外币办法》，《侨务委员会函请财政部转函中央银行办理拨发归侨补助费》，转引自谢培屏：《战后遣返华侨史料汇编1》（缅甸篇），台北："国史馆"，2003年版，第152页、154~156页。

② 陈孝奇：《缅华四十年大事记》，载《缅甸华侨兴商总会四十周年纪念特刊（1911—1951）》，1951年。

东南亚华侨史丛书

上,当时英国政府并未正式允许华侨持护照申请签证返缅,但在1948年缅甸独立以前,归侨按照以上约定,持申请书从滇缅边境经陆路返回缅甸,皆"未遇阻难"。①

国民政府将昆明归侨的活动视作"国民外交",予以准许和支持。3月28日,"行总"和"联总"在昆明缅甸归侨联合会内设立疏送站,开始遣送缅甸归侨,侨胞自昆明至畹町除乘车免费外,每人还可领取沿途食宿费。②侨委会配合云南归侨的活动,形成相对规范的出入境手续:缅甸归侨先向侨委会驻滇办事处领取证明,然后向英国驻昆明领事馆领取上述"回缅申请书";抵达畹町时,经侨委会驻该地招待所主任查验证书后,凭"回缅申请书"进入缅甸;然后,由缅甸当地政府核发准许证,持证前往原居留地领取居留证。③

缅甸归侨遣返工作的困难主要集中在海路方面,国民政府外交部为此承担了大量对外交涉工作。因赴缅海船运量大,皆在仰光码头靠岸,监管必要性和可操作性强,华侨经海路出入仰光的手续向来比较严格。相较于其他南洋各国的归侨遣返情况,缅甸华侨的海路遣返进程格外曲折。

缅甸政府虽在原则上同意接收战前华侨返缅,实际上竭力采取拖延策略。战争刚一结束时,缅甸先是声称处于军事管理期间,后又称缺乏粮食、房屋和交通工具,经过外交部反复争取,

---

① 《善后救济总署函请财政部准以归侨回缅申请书代替护照发放补助费》,转引自谢培屏:《战后遣返华侨史料汇编1》(缅甸篇),台北:"国史馆",2003年版,第158页。

② 陈孝奇:《缅华四十年大事记》,载《缅甸华侨兴商总会四十周年纪念特刊(1911—1951)》,1951年。

③ 《外交部电请驻广东广西特派员公署华侨返回原居留地各地政府规定之申请手续仰遵照转知》,转引自谢培屏:《战后遣返华侨史料汇编1》(缅甸篇),台北:"国史馆",2003年版,第212~213页。

才允许符合以下两项标准之一的华侨先返回缅甸：①有亲友在缅甸，或返回缅甸后食宿没有问题者；②有能力协助重建缅甸者，如木工、铁匠、建筑工程师等。① 1946年10月，联合国善后救济总署用"丰庆"号轮船运送第一批缅甸归侨1 895名至仰光后，缅甸突然以政府改组、华侨滞留等理由，拒绝继续接收归侨入缅。从1946年11月到1947年5月，联合国善后救济总署从海路遣送缅甸华侨的工作一直处于停滞状态，大量计划遣返的缅甸归侨无法成行，滞留在广州、汕头、厦门、福州四处沿海港口等待，共计有12 000余人。② 1946年11月，国民政府外交部在总结报告中对比了缅甸、马来亚、菲律宾、北婆罗洲、暹罗、越南、荷属东印度等南洋各地的华侨入境情况，指出缅甸的情况"最困难"。③

缅甸政府突然停止接收归侨返缅的行为，不同于19世纪的北美歧视性排华政策，而是与缅甸的历史发展和政局变动息息相关。

首先，英属缅甸殖民地的历史发展特点，导致缅甸排外心态增长。英国统治者大量吸引外来移民以开发缅甸资源，印侨、华侨纷纷进入缅甸，缅甸人口逐渐趋于饱和。其中，印侨因规模庞大、经济实力雄厚，尤其令缅甸本土居民忌惮。在太平洋战争爆发前，英属缅甸政府已着手限制外侨入境。战后缅甸积极争取独立，民族主义情绪高涨，排外心态进一步加剧，其矛头首指印

---

① 《外交部欧洲司签呈关于归侨返缅事》，转引自谢培屏：《战后遣返华侨史料汇编1》（缅甸篇），台北："国史馆"，2003年版，第231页。
② 《外交部欧洲司签呈关于归侨返缅事》，转引自谢培屏：《战后遣返华侨史料汇编1》（缅甸篇），台北："国史馆"，2003年版，第231~232页。
③ 《外交部欧洲司科长保骏迪报告联总遣侨会议情形》，转引自谢培屏：《战后遣返华侨史料汇编1》（缅甸篇），台北："国史馆"，2003年版，第218~219页。

东南亚华侨史丛书

侨,华侨也不免受到波及。缅甸的印侨遣返问题,是战后印缅关系的焦点之一,相关报道屡屡见诸报端,当时亟待返回缅甸的华侨数量有数万,印侨数量则高达 50 余万。对此,缅甸政府的处理方式均系尽量拖延:原则上同意返回,实际上一拖再拖。① 因此,战后缅甸收紧出入境政策,实为战前政策的延续和强化。

其次,缅甸在争取独立过程中发生政府改组,直接导致了政策转变。从 1946 年到 1947 年,缅甸正处于政权更迭期,妨碍了政策稳定性。1946 年 9 月底,缅甸成立以昂山为首的新行政会,英属缅甸总督的职权削弱。新行政会刚刚上任,客观上缺乏执政经验,且急于出台缅甸本位的新政策,以与旧行政会相区别。同时,新行政会内部存在激烈的派系斗争,除了昂山领导的反法西斯人民自由同盟占据多数席位外,还有吴素领导的爱国党、巴盛领导的我缅人党以及共产党等其他各党派代表。各派为了竞争选票,往往迎合民众的排外情绪,不敢轻易允诺协助外侨返缅,故对华侨事务互相推诿,各不负责。

再次,战后初期,缅甸客观上面临严重困难,自顾不暇。缅甸是第二次世界大战中盟军与日军争夺的重点战场,战时遭到严重破坏,战后复兴格外艰难,存在"元气未复,经济基础未固,商业未振,交通阻滞,物价高昂,盗匪猖獗及生产衰落"② 等现

---

① 关于缅甸印侨遣返的系列报道参见《印度时报》(Times of India),如:"Burma Evacuees' Return: Mr. J. Mehta's Statement", Nov. 12, 1945; "Burma Evacuees' Repatriation: Arrangements in Bombay", Dec. 7, 1945; "Burma Evacuees: To The Editor", Jan. 28, 1946; "Burma Evacuees", Feb. 7, 1946; "Burma Evacuees: General Repatriation after Monsoon", Jul. 2, 1946; 等等。

② 《驻仰光总领事尹绿光电陈外交部交涉归侨返缅经过》,转引自谢培屏:《战后遣返华侨史料汇编 1》(缅甸篇),台北:"国史馆",2003 年版,第 224 页。

象，客观上导致缅甸不愿意迅速接纳大量外侨。1947年，一名抵达仰光的归侨写信回广州指出，仰光的情况比起战前确实非常糟糕，秩序混乱，满目疮痍，工业停滞，遍布各种破败迹象。该归侨提醒其他准备返回缅甸的人，不要期待仰光还像战前一样。① 因此，大量外侨骤然返回，可能进一步加剧缅甸社会问题和政府负担。

再者，缅甸归侨遣返工作也确实存在一些弊端，给缅甸政府以口实。缅甸归侨遣返，是指遣送战前常住缅甸、战时被迫回国避难的华侨返回缅甸，但少数人借机冒充战前华侨一道入境。缅甸政府担心大量难侨返回缅甸时混入假冒者，其实不无道理，因为在第一批搭乘"丰庆号"轮船返回缅甸的所谓归侨中，确有约200人并非战前缅甸华侨。② 第一批缅甸归侨抵达仰光后，有500余人没有及时前往战前居留地，滞留在仰光。③ 还有不少归侨重返缅甸后，"赤手空拳偕家室妻儿"，在华侨社会中引发失业、工资降低、房屋恐慌等问题。④ 以上种种现象，都成为缅甸政府拒绝第二批华侨返缅的理由。

在中缅交涉过程中，缅甸政府各部门相互推诿，并提出

---

① "Return to Burma: Repatriation of Overseas Chinese from H. K. — Escaped from Japs"，香港《南华早报》（South China Morning Post），Sep 11, 1947.

② 《驻仰光总领事尹禄光电外交部缅政府尚未同意第二批归侨返缅》，转引自谢培屏：《战后遣返华侨史料汇编1》（缅甸篇），台北："国史馆"，2003年版，第216页。

③ 《外交部欧洲司签呈关于归侨返缅事》，转引自谢培屏：《战后遣返华侨史料汇编1》（缅甸篇），台北："国史馆"，2003年版，第232页。

④ 《驻仰光总领事尹禄光电陈外交部交涉归侨返缅经过》，转引自谢培屏：《战后遣返华侨史料汇编1》（缅甸篇），台北："国史馆"，2003年版，第224页。

东南亚华侨史丛书

"居留"（domicile）问题阻碍华侨返缅。1946年底，缅甸行政会副主席兼国防外事委员昂山提出，将来只允许在缅甸出生及在缅甸长久居住的华侨（Burma–Born and Burma Domiciled Chinese）返回缅甸，但又无法解释 Domicile 在缅甸的法律定义。中国主张，凡战前在原居留地的华侨，均应无条件重返原居留地。对于 Domicile 问题，中方认为，按照 English Law Relating to Aliens 一书中的定义，"Domicile 为居留经商之地，在该地居留之人虽属于另一国籍，但被视为与居留国为一体，且在战时无论居留国参战或守中立，该居留人及地位与居留国同"，即只要"居留经商"即符合 Domicile 条件，并无居留时间长短的限制，因此，战前缅甸华侨均符合要求。①

相比于华侨身份的界定问题，更为急迫的是滞留归侨的遣返问题。缅甸归侨遣返中断后，联合国善后救济总署努力说服缅方配合工作。1946年11月，缅甸行政会首先通过联总驻香港代表提出，派遣缅甸官员到中国自行"甄别"将要返回缅甸的华侨。缅方的计划是，赋予仰光地区永盛县长吴吞貌（U Tun Maung）全权，派其到中国厦门审核华侨，只允许在缅甸出生和长久居住的华侨返回缅甸，务使返缅华侨中无人假冒。然而，中国外交部予以拒绝。外交部认为，缅甸此举有碍中国主权，且第一批归侨既已返缅，中缅双方援引前例办理即可，无须再增加甄别手续，拖延时日。② 但是，缅甸坚持要先派员赴华审核，中国驻仰光领

---

① 《驻仰光总领事尹绿光电陈外交部交涉归侨返缅经过》，转引自谢培屏：《战后遣返华侨史料汇编1》（缅甸篇），台北："国史馆"，2003年版，第224~226页。

② 《外交部电驻仰光总领事尹绿光关于缅方派员赴厦甄别归侨事我方原则不能同意援前例据理交涉》，《外交部长王世杰复国民政府主席蒋中正交涉归侨返缅经过》，转引自谢培屏：《战后遣返华侨史料汇编1》（缅甸篇），台北："国史馆"，2003年版，第230页、237~238页。

事馆则奉命坚持前例,双方各不相让,反复交涉无果。缅甸归侨遣返工作一时陷入僵局。

　　缅甸归侨遣返工作的困境,也是整个南洋华侨遣返问题的缩影。战后初期,南洋各地普遍面临经济复兴和民族反殖运动的压力,对接收归侨均存在不同程度的拖延。对此,国民政府的交涉结局各异:英属马来亚和英属北婆罗洲规定,凡在当地出生或1942年以前在当地居留的华侨,皆可凭临时护照入境;越南规定,凡在1939年以后离境的华侨,均准入境,但越南于1946年底爆发抗法战争,国民政府的交涉重点转为保障华侨生命财产;荷属东印度于1945年掀起独立战争,经中方交涉同意接收归侨,但申请返回印尼的归侨数量不多;暹罗将归侨视作新移民以征收移民税,经中方多次交涉方同意免征;菲律宾于1946年7月独立,民族排外情绪严重,对归侨限制重重,国民政府交涉无果。① 南洋归侨遣返进程与各地基于政治、军事形势做出的政策直接相关,共性之下亦有差异,国民政府只能针对各地情形分别展开外交斡旋。其中,缅甸的局势和困境比较典型,交涉流程也相对完整,在南洋归侨遣返工作中极具代表性。

二、缅甸归侨遣返工作的完结

　　缅甸归侨遣返危机引起国民政府高度重视。为了完成经海路遣返缅甸归侨的任务,国民政府外交部、侨务委员会和联合国善后救济总署做出大量努力。1947年1月,外交部迫于维护侨胞

---

　　① 南洋各地情形各异,本书尺幅之间难以详细分析,故先就各地遣侨总体情形作一简要对比。参见谢培屏:《战后遣返华侨史料汇编2》(暹罗·菲律宾篇),台北:"国史馆",2004年版;谢培屏:《战后遣返华侨史料汇编3》(越南·荷属东印度·北婆罗洲·马来亚·新加坡·南洋华侨机工篇),台北:"国史馆",2005年版。

权益的压力,率先让步,在答复缅甸的措辞上变通了一番,以同时照应主权原则和侨胞权益:如果缅甸派员的身份仅系"协助""帮同"联总加速遣送工作的性质,而非代表缅甸政府,则中方可以接受。① 同时,国民政府与联合国善后救济总署进一步加强合作。经过联总在中缅之间的积极协调和一再催促,1947年4月,以吴吞貌为首席代表、洪金铭为顾问、胡茂宣为秘书的缅甸代表团抵达厦门。

厦门是吴吞貌到中国甄审归侨的第一站,也是缅甸政府原本计划的唯一一站。吴吞貌当时接到的指示是,在厦门审核2 000名华侨,然后马上返回缅甸。4月21日,审核开始。行总在厦门华侨遣送站另辟一室,供缅甸代表团办公。审核分为两个环节:①联总、行总对持有证件的归侨进行登记,填具旅行证,送外交部驻广东广西特派员代表吴信雄审核,审核属实的缅甸归侨和眷属均发给护照、签妥旅行证。②每名归侨(或每户归侨派一名代表)接受缅甸代表询问,问题内容除了姓名、年龄、职业外,大多是目的地、详细地址、在缅产业、亲属情况、同行人员、是否熟悉缅语等,平均每人(户)约需时5分钟,"手续尚称简便"。吴吞貌一开始坚持要等全部审核完毕后,才统一公布批准名单,经联总代表艾伯金(Abkin)及吴信雄争取,才同意陆续分批公布批准名单,中方代表随即为获得批准人员办理住宿和防疫注射手续。② 5月21日,厦门归侨审核工作结束,共批准

---

① 《外交部电驻仰光总领事尹绿光缅政府代表如系协助联总我方可接受》,转引自谢培屏:《战后遣返华侨史料汇编1》(缅甸篇),台北:"国史馆",2003年版,第239页。
② 《外交部驻广东广西特派员郭德华电外交部关于缅代表在厦门甄审归侨情形》、《外交部驻广东广西特派员郭德华电呈外交部关于吴信雄与缅代表洽商遣侨报告及附件》,转引自谢培屏:《战后遣返华侨史料汇编1》(缅甸篇),台北:"国史馆",2003年版,第294~296页、305~306页。

赴缅归侨 2 480 余人。对于在厦门落选的 900 余名缅甸归侨，厦门市政府和行总定于 6 月 13 日开始收容招待食宿，至 6 月底为止，到时如无法遣送，则发给路费、物品遣送回原籍。①

当吴吞貌在厦门甄审归侨时，外交部通过中缅、中英外交渠道以及联总的协调作用，努力争取吴吞貌赴中国其他华侨聚集地甄审。5 月初，缅甸政府批准吴吞貌前往福州、汕头、广州等地分别甄审归侨。② 因此，从 5 月至 9 月，缅甸代表团在中方要求下不断扩大活动范围，吴吞貌及随员先后分赴广州、柳州、江门、汕头、梅县、海口、福州、上海展开甄审。缅甸代表团的审核之行历时半年，审核合格的缅甸归侨总计 5 400 余户、14 000 余名。

在中缅围绕归侨遣返问题交涉期间，缅甸华侨的民间外交活动发挥了积极的辅助作用。中国驻仰光领事馆时刻注意发挥缅甸当地侨领的作用，动员中华商会主席李文珍、闽籍侨领郭宗基、张振裕等以私人关系向缅甸负责人游说。③ 缅甸侨领积极向中方传递缅甸政府动态，如仰光商会成员陈宗珍提前向外交部透露了吴吞貌的行程计划，还介绍了缅甸国内形势和缅甸政府态度。④

---

① 《外交部驻广东广西特派员公署香港办事处电呈外交部厦门侨遣情形及林子雄案》，转引自谢培屏：《战后遣返华侨史料汇编 1》（缅甸篇），台北："国史馆"，2003 年版，第 330 页。

② 《善后救济总署电外交部交涉缅代表审查全部归侨事》，转引自谢培屏：《战后遣返华侨史料汇编 1》（缅甸篇），台北："国史馆"，2003 年版，第 309~311 页。

③ 《驻仰光总领事尹绿光电陈外交部交涉归侨返缅经过》，转引自谢培屏：《战后遣返华侨史料汇编 1》（缅甸篇），台北："国史馆"，2003 年版，第 226 页。

④ 《驻广东广西特派员郭德华电外交部关于派员与联总代表及仰光商会陈宗珍洽谈遣侨事》，转引自谢培屏：《战后遣返华侨史料汇编 1》（缅甸篇），台北："国史馆"，2003 年版，第 283~284 页。

东南亚华侨史丛书

  缅甸归侨滞留期间,粤籍归侨代表伍碧泉飞赴缅甸,针对缅甸政府提出的归侨生活无着、妨碍秩序的理由,提出一套侨团保障计划:先由中华会馆出面,向缅甸政府保证解决归侨返缅后的生活问题;待缅甸政府批准、归侨返缅后,再由各个宗乡会馆对中华会馆负责,分别保障各自归侨的生活。① 前往厦门的缅甸代表团成员洪金铭、胡茂宣是缅甸土生华裔,与缅甸官方和侨乡社会均有广泛联络。洪金铭本身是闽籍洪门组织"和胜公司"的理事长,在缅甸华侨社会富有声望。② 吴吞貌完成甄审返回仰光后,缅甸中华总商会、兴商总会、福建会馆、广东会馆、安宁会馆五大侨团联合宴请吴吞貌,以示感谢。③

  1947年5月起,自吴吞貌在厦门完成审核后,缅甸归侨遣返工作经过半年中断,再度分批启动。1947年5月,第二批归侨2 480余人获准返回缅甸。5月8日,"丰祥号"轮船运载270名缅甸归侨抵达仰光,计有厦门登船者220人,汕头18人,广州30人,船上还有联总代表霍里戴、一名医生、一名女护士三人随行照料。轮船抵达仰光时,中国驻仰光总领事馆派员在码头协助登岸。④

---

  ① 《缅侨领伍碧泉赴缅交涉复员》,载《粤侨导报》,1947年第13~14期。

  ② 缅甸华侨服务社编:《三十七年度仰光华侨社团商号目录》,1948年。《广东华侨史》编修工程缅甸调研团队录自缅甸仰光图书馆,2013年。

  ③ 陈孝奇:《缅华四十年大事记》,载《缅甸华侨兴商总会四十周年纪念特刊(1911—1951)》,1951年。

  ④ 《驻仰光总领事许绍昌电外交部丰祥轮载归侨抵仰光》,转引自谢培屏:《战后遣返华侨史料汇编1》(缅甸篇),台北:"国史馆",2003年版,第301页。

6月7日，2 213名归侨从厦门出发前往仰光。① 7月，第三批归侨2 000人获准返缅，后由"丰祥号"实际运载882人、"海利号"实际运载971人、"夏利南号"实际运载151人，分别于八九月间抵达仰光。② 同时，鉴于经滇缅路返回缅甸手续简单，一些闽、粤籍华侨放弃海路，不辞劳苦转赴云南，分流了海路输送的压力。1947年初，福州登记待遣返的缅甸归侨原有3 800余人，因一部分转走滇缅公路，到5月只剩2 200余人在福州等候。③ 据统计，在第三批缅甸归侨遣返完毕后，截至1947年12月底，经甄审合格、尚待遣返的缅甸归侨数量如下：广州2 251人，汕头1 245人，福州1 916人，厦门1 330人，上海75人，海口15人，台湾2人，共6 834人。④ 1948年3月，缅甸政府批准遣返第四批归侨2 000人，但对余下的约5 000人一直没有拿出方案。⑤

---

① 《外交部驻广东广西特派员郭德华电外交部第二批归侨返缅情形》，转引自谢培屏：《战后遣返华侨史料汇编1》（缅甸篇），台北："国史馆"，2003年版，第325页。

② 《驻仰光总领事许绍昌电外交部第三批第一部归侨乘轮抵仰光》，《驻仰光总领事许绍昌电外交部第三批第二部归侨乘轮抵仰光》，《驻仰光总领事许绍昌电陈外交部第三批第三部归侨抵仰光》，转引自谢培屏：《战后遣返华侨史料汇编1》（缅甸篇），台北："国史馆"，2003年版，第406页、409页、419页。

③ 《外交部驻广东广西特派员郭德华电外交部福州缅甸归侨待遣情形》，转引自谢培屏：《战后遣返华侨史料汇编1》（缅甸篇），台北："国史馆"，2003年版，第303~304页。

④ 《外交部驻广东广西特派员公署香港办事处电外交部第三批返缅归侨已遣竣》，转引自谢培屏：《战后遣返华侨史料汇编1》（缅甸篇），台北："国史馆"，2003年版，第426页。

⑤ 《驻缅甸大使涂允檀电陈外交部交涉第四批归侨返缅事》，转引自谢培屏：《战后遣返华侨史料汇编1》（缅甸篇），台北："国史馆"，2003年版，第433页。

东南亚华侨史丛书

随着缅甸走向独立的大局已定,加之印度和中国侨民涌入缅甸引起争议,缅甸再度以法律形式收紧移民和出入境制度。1947年5月,缅甸行政会重拾1940年的《外国人登记法》,正式通知中国、美国和荷兰取消豁免权,中国驻仰光总领事许绍昌和缅甸中华总商会分别提出抗议,暂时延缓了登记实施日期。① 1947年6月13日,缅甸当局公布了《缅甸移民(应急预案)法》[The Burma Immigration (Emergency Provisions) Act]。据此,外国人如果没有缅甸移民局发给的入境准许证或带有签证的护照,不得进入缅甸联邦,违犯者可被驱逐出境。这项法令的实施,标志着缅甸放弃殖民地时期的鼓励性移民政策,转向限制性移民政策发展。因当时滇缅北端尚未划定边界,这项法令是否对从陆路入境的华侨实施、如何实施,将直接影响到众多华侨的生计。为此,中国驻仰光总领事馆提出异议,作保留声明,并与缅方举行多次会谈,商洽解决方案。② 经过交涉,在1948年中期以前,缅甸归侨从陆路返缅暂时未受明显影响。

1948年1月4日,缅甸脱离英国独立,建立缅甸联邦。1948年5月,缅甸发生内战,形势陡然生变。缅甸外交部联合移民、警察部门连续召开会议讨论后,敲定了不同于之前承诺的方案:1948年接收中国返缅归侨的上限是2 000人,其余留待缅甸内战平息后再考虑;拒绝归侨经滇缅边境的陆路入境,即使持有国际难民组织的证明也不行;中国偏远地区未经审查的缅甸归

---

① "Burma Chinese Chamber of Commerce to the Secretary of Defence and External Affairs Departmeng", "Shao – Chang Hsu to U Shwe Baw", Accession No.:21, Series No.:15/3(9), pp.40 – 43, National Archives Department, Yangon, Myanmar. (缅甸国家档案局政府档案)

② 《外交部电云南特派员公署详报发给入缅护照事》,转引自谢培屏:《战后遣返华侨史料汇编1》(缅甸篇),台北:"国史馆",2003年版,第486页。

第九章 战后复兴时期的缅甸华侨（1945—1948 年）

侨可作为新移民申请入境，当年配额为 400 人。① 经过中方争取，缅甸外交部唯一放宽的条件，就是同意对第四批返缅归侨 2 000 人不再加以职业限制。② 从此，缅甸政府对从陆路进入缅甸者加强审查，缅甸归侨经云南入缅的通路逐渐堵塞，缅甸归侨的海路遣返工作进程也再次放缓。

1949 年初，国民政府再次遣送两批华侨返回缅甸，共计 978 人，其余 2 000 余名原定在 6 月以前遣返完毕。但是，缅甸因陷入内战，要求暂停遣返，待时局好转后，按既定方案处理。③ 与此同时，国民党在中国大陆败局已定，国民政府风雨飘摇，归侨遣返一事也不得不草草结束。6 月 6 日，国民政府负责遣返的最后一批缅甸归侨抵达仰光。④ 至此，由国民政府主导的缅甸华侨遣返工作告以终结。

从 1946 年至 1949 年，国民政府从海路遣返的缅甸归侨数量为 9 000 余人（详情参见表 9 - 1）。根据以上统计数字推算，则尚有 4 000 余名审核合格的归侨未及遣返，国民政府只完成了预

---

① "Minutes of the meetings held in the Office Room of the Permanent Secretary, Foreign Office", Accession No.: 36, Series No.: 15/3（15），National Archives Department, Yangon, Myanmar. （缅甸国家档案局政府档案）

② 《驻缅甸大使涂允檀电外交部第四批部分归侨抵仰光》，转引自谢培屏：《战后遣返华侨史料汇编 1》（缅甸篇），台北："国史馆"，2003 年版，第 472 页。

③ 《驻缅甸大使涂允檀呈报外交部关于交涉缅方暂停华侨复员经过情形》，转引自谢培屏：《战后遣返华侨史料汇编 1》（缅甸篇），台北："国史馆"，2003 年版，第 533 页。

④ 《驻缅甸大使馆电外交部归侨 63 人乘丰祥轮抵仰光》，转引自谢培屏：《战后遣返华侨史料汇编 1》（缅甸篇），台北："国史馆"，2003 年版，第 538 页。

定目标的 70% 左右。但是，部分闽、粤归侨在等候期间转赴云南，经陆路入缅，其数量难以完整统计。现有的陆路遣返统计数据显示，从 1946 年 1 月至 1947 年 9 月，由昆明难民疏送站、驻昆侨遣办事处及滇西办事处分批车运畹町、进入缅甸的归侨共计 3 839 人。① 除此之外，还有一些集中遣送之外的零散数据难以归纳。因此，推算之下，国民政府从海、陆、空等各种形式实际遣返的缅甸归侨总数可能在 15 000 人左右。台湾方面出版的《缅甸华侨志》也称，联合国善后救济总署在两年多的时间里"遣送自福建、广东、云南各地复员返缅的华侨达 15 000 余人"。②

表 9-1 1946—1949 年国民政府经海路遣返缅甸归侨数量统计

抵达日期	人数/人	船号	批次	详情
1946 年 10 月 9 日	1 895	丰庆 HONG HENG	第一批	
1947 年 5 月 8 日	270	丰祥 HONG SIANG	第二批	
1947 年 6 月 18 日	2 237	丰庆 HONG HENG	第二批	
1947 年 8 月 21 日	882	丰祥 HONG SIANG	第三批	

---

① 《行政院善后救济总署总报告》，转引自中国第二历史档案馆：《中华民国史档案资料汇编·第五辑·第三编·政治（二）》，南京：江苏古籍出版社，1998 年版，第 442 页。

② 《华侨志》编纂委员会：《缅甸华侨志》，台北，1967 年版，第 108 页。

续上表

抵达日期	人数/人	船号	批次	详情
1947年8月29日	971	海利 HAI LEE	第三批	
1947年9月24日	151	夏利南 S. S. HIRAM	第三批	
1948年5月8日	441	丰祥 HONG SIANG	第四批	
1948年5月14日	283	怡美利 S. S. PROSPER	第四批	主要为福州华侨
1948年8月25日	583	丰祥 HONG SIANG	第四批	其中福州华侨314名
1948年11月22日	173	丰祥 HONG SIANG	第四批	其中福州华侨76名，厦门华侨4名，广州华侨5名，汕头华侨88名
1949年2月18日	428	夏利南 S. S. HIRAM	第五批	其中闽籍华侨263名，粤籍华侨163名
1949年3月9日	540	丰祥 HONG SIANG	第五批	
1949年4月21日	175	丰祥 HONG SIANG	第五批	

续上表

抵达日期	人数/人	船号	批次	详情
1949年6月6日	63	丰祥 HONG SIANG	第五批	
合计	9 092			

统计数据来源：陈孝奇：《缅华四十年大事记》，载《缅甸华侨兴商总会四十周年纪念特刊（1911—1951）》，1951年；谢培屏编：《战后遣返华侨史料汇编1》（缅甸篇），台北："国史馆"，2003年版。

值得注意的是，接受联合国善后救济总署协助、由国民政府负责遣送的归侨只是归侨中符合条件的一部分。战时回国避难的缅甸归侨约有10万人。在战后动荡的中缅两国环境中，大部分缅甸归侨克服种种困难，或栖身国内，或通过各种途径自行设法返缅。从整体上看，缅甸归侨返缅活动一直延续到20世纪50年代初才算完成，缅甸华侨数量基本恢复到战前水平。

第二节　缅甸华侨的经济复兴

从第二次世界大战结束到缅甸独立期间，英属缅甸当局的基本政策导向是恢复缅甸经济水平、维持缅甸社会稳定，中国政府也出台护侨政策，促进海外华侨经济复兴。因此，这一期间，缅甸华侨经济得到一定程度的恢复和发展。

在第二次世界大战期间和战后初期，因战争、军需等因素对农业生产和粮食分配的影响，亚洲和欧洲多个国家普遍陷入粮食危机，南亚还发生了骇人听闻的大饥荒。此时，缅甸的传统大宗出口物品——大米，成为各国高度重视的稀缺资源。英国内阁曾反复敦促英属缅甸总督，尽快恢复水稻生产，扩大大米出口。在英国的政策带动下,缅甸华侨碾米业有所恢复和发展,甚至超越了战前水平。1947年,缅甸华侨碾米厂数量达111家,已超越印度侨商的碾米厂数量。①

战后,英属缅甸政府鼓励恢复各类商业组织,缅甸华侨的商会和同业公会相继恢复。其中,具有统领性质的商会包括华侨工商总会(1945年9月30日恢复)、缅甸华侨兴商总会(1946年1月15日恢复)、缅甸华商总会(1946年8月10日恢复),各行业的同业公会包括华侨酒楼茶室同业公会(1945年12月15日)、缅甸仰光利城行(木业公会,1946年1月27日)、华侨咖啡同业公会(1947年11月4日)、仰光华区摊贩协会(1947年11月7日)等。各种华侨商会、同业公会的恢复,对促进华侨经济复兴、推动华侨社会复建发挥了积极作用。

在战后经济复兴阶段,缅甸华侨工商业获得一定金额的政策性资金援助。此时,缅甸华侨的金融条件有所改善,缅甸已有三家以华侨为主要服务对象的银行:华侨银行(总部设于新加坡)、中国银行、交通银行。这三家银行均于1946年初复业。1946年7月,中国驻仰光总领事馆公布《华侨复员贷款办法》,开始接受申请。贷款资金来自国民政府为华侨拨发的3 000万美元,分为甲乙两种,甲种是抵押贷款,每人限1万美元,乙种为信用贷款,每人限1 000美元,利率按当地银行利率折半计算,期限一年。②

战后缅甸华侨复业贷款普遍实行低息、便捷的政策,以促进华侨经济复兴。以交通银行为例,交通银行仰光支行办理的华侨

---

① 萧永坚:《英国重占缅甸时期的政策与华侨(1945—1947)》,载《华侨华人历史研究》,1990年第3期,第9页。

② 陈孝奇:《缅华四十年大事记》,载《缅甸华侨兴商总会四十周年纪念特刊(1911—1951)》,1951年。

复业贷款,是以华侨个人为放款对象,采用公允质押的抵押方式,将租借房产作为抵押品,并由保人担保,免于缴验营业执照。一旦贷款成功,在约定期限内,银行按照约定限额的三分之一计算贷款利息,每月结息一次。这些贷款规定,均从缅甸华侨的实际条件出发,预先进行了论证。

第一,以华侨个人而非商号为放款对象,主要出自两方面考虑:①缅甸华侨商号为逃避营业所得税,大多未经注册,且商号更迭频繁,战后商情混乱,调查困难;②国民政府财政部的华侨复业贷款规定表示,对在敌占期曾直接参加祖国或当地抗日工作者、间接参加祖国或当地抗日工作者、不与敌人合作者,予以优先放贷,至于曾经参加敌伪组织或有附敌嫌疑者,不予放贷,而放贷审查显然是以华侨个人为对象。

第二,公允质押的抵押方式对华侨和银行均比较便利。抵押方式一般分正式抵押(proper mortgage)和公允质押(eguatarle mortgage)两种,正式抵押手续繁多,花费浩大,要将房地产契据等抵押品经律师处理,呈送法院登记,并缴纳印花税,抵押结束返还户主时也是如此,而公允质押只需将房地产契据等抵押品记在银行抵押品账上,并注明系某户担保品,合法简便,因此交通银行选用公允质押方式,妥为保管交来的房地产契约,不办正式抵押手续。

第三,抵押品一般使用房产而非田地,因缅甸规定,田地如不能如期纳税或无人耕种,将由政府收回,因而不宜作为抵押品。缅甸房产的产权分两类:①永久权,即永久占有权;②租借权,即业主拥有99年产权,99年后由政府收回。因缅甸华侨一般只拥有租借权,交通银行规定,房产有效期在50~60年者,即为合格,可作为抵押品。

第四,因申请贷款者多为小商人,商号组织不健全,故担保方式采用保人担保而非商号担保,申请者只需找两名有一定资质、信誉的担保人即可，也无需缴验营业执照。①

来自中国政府的资金扶持和银行的优惠贷款，对解决缅甸侨商的燃眉之急、鼓励缅甸侨商积极振兴产业，多少发挥了一定作用。遗憾的是，在缅甸政局不稳、社会动荡、百废待兴的条件下，除了华侨碾米业之外，其他缅甸华侨工商业的恢复程度有限。据交通银行于1947年12月底统计，交行在仰光贷出的款额"为数甚微"，大部分均属房地产抵押放款。② 整体上看，从1945年到1947年，缅甸华侨的经济规模无法达到战前的同等水平。

第三节　缅甸华侨社团的恢复

自1945年日本侵略者败退起，缅甸华侨迅速着手恢复战前社团，或创建新的社团。据统计，1947—1948年仰光市区内明确可查名称、负责人、地址的华侨社团数量如表9-2所示。

表9-2　1947—1948年仰光华侨社团统计

社团类别	数量/个	备注
商会	6	缅甸华商商会等
同业公会	29	仰光华侨门市同业公会等

---

① 《交通银行仰光支行办理华侨复业贷款情形（1946年11月25日）》，转引自中国第二历史档案馆编：《中华民国史档案资料汇编·第五辑·第三编·财政经济（二）》，北京：档案出版社，1994年版，第881~893页。

② 《华侨复业贷款缅甸开始贷款》，载《银行周报》，1947年第2~3期。

续上表

社团类别	数量/个	备注
族姓团体	88	陈家馆等
同乡会	23	广东公司等
秘密会社	11	洪门组织等
宗教团体	8	观音古庙等
校友会	13	集美校友会等
文化娱乐团体	14	华侨教育会缅甸分会、巨轮社等
政治机关	13	国民党支部等
其他团体	6	服务、妇女、青年、慈善团体
总计	211	

资料来源：缅甸华侨服务社编：《三十七年度仰光华侨社团商号目录》，1948年。《广东华侨史》编修工程缅甸调研团队录自缅甸仰光图书馆，2013年。

表9-2统计数据有几点需要注意：①部分同业公会、族姓团体、同乡会下设宿舍等附属机构，这些附属机构有指定的负责人和单独的地址，被视作独立社团记入，故统计数量偏多；②囿于时代和环境因素，统计资料来源比较侧重国民政府和主流社会认可的传统社团，而对新兴左翼社团记录有限，导致此类社团统计数量偏少。尽管如此，表9-2基本能够反映1947—1948年仰光华侨社会的面貌。其中，除了少数社团系战后新建外，绝大部分社团都创建自晚清至民国初期。其他缅甸城镇的华侨社团总量虽不及仰光，但戮力复兴的氛围大体相似。

从表9-2统计情况来看，第二次世界大战后的缅甸华侨社团与战前一脉相承。首先，社团中占比例最高的首推传统的以血缘为纽带的族姓团体、以业缘为纽带的同业公会和以地缘为纽带的同乡会，这表明血缘、地缘、业缘关系仍然是维系缅甸华侨社会关系最持久、最有效的纽带，而秘密会社、宗教团体也与这几类团体彼此联系，共同构成牢不可破的传统华侨社会关系网。其次，商会数量有限，但参与者广泛，在重商型华侨社会中有强大影响力；再者，校友会、文化娱乐团体和其他政治性团体既突破了亲缘、籍贯的传统分界线，又与华侨的文化启蒙和政治意识有关，说明缅甸华侨经历了战前抗日救亡动员、进步精神熏陶和战时的共同苦难后，将进一步重组整合于国家、民族、政党等新的话语体系下，投身战后创建民族国家的时代洪流中。

第四节　缅甸华侨文教事业的复兴

抗战胜利后，缅甸华侨社会一时充满振兴祖国语言文化的氛围。缅甸华侨迅速复办和创办了一批中文报纸，有《中国日报》《新仰光报》《先声报》《国民日报》《青霜日报》《人民报》《中华商报》《观察报》《南国画报》《生活周报》《旋风报》《自由日报》《中国论坛报》《民众呼声报》《亚洲日报》《时代报》《东南日报》等。[①] 不过，囿于战后资金、人员、设备等各方面条件不足，这一时期的很多华侨报纸出版不久，便告以停刊。一些与报纸、书籍出版发行密切相关的书店、印刷厂等机构随之成立，为华侨文教事业提供了必备条件，但同样面临重重困境。截至1948年，仰光存在的报社、书店和印务机构名单如表9-3所示。

---

① 冯爱韦：《华侨报业史》，台北：台湾学生书局，1967年版，第100页。

表9-3 截至1948年仰光存在的报社、书店和印务机构

行业	名称	数量/个
报社书店业	新仰光报社 中国日报社 国民日报社 人民报社 观察报社 青霜日报社 鼎新公司 南侨文化供应社 正文书局 文化书局	10
印务业	新仰光报印务公司 集美贸易公司印务部 正文印务局 复兴图书印刷公司 大中华印务局 文华印务局 南洋印务公司 南侨图书印刷公司 东亚印务局 民族印务局 唯美印务局 良友印务局 光华印务公司石印部 光华印务局 南华印务公司	15

资料来源：缅甸华侨服务社编：《三十七年度仰光华侨社团商号目录》，仰光，1948年。《广东华侨史》编修工程缅甸调研团队录自缅甸仰光图书馆，2013年。

缅甸华侨学校的复办,始于第二次世界大战末期盟军反攻期间。1944年,中国驻印远征军反攻缅北,每克复一处,即自行创办华侨学校,以救济失学侨生,并借以纪念抗日战绩。当时,侨校师资一时无法完善,远征军便调派政工人员充当教师,先后在密支那、巴莫、南坎、南渡、杰沙、摩谷等地创办华侨学校。另外,腊戍的中华学校、孟拱的耀湘学校等因师资力量较强,办学成绩较好。

缅甸光复后,华侨纷纷克服重重困难,迅速复办侨校。1945年5月,日军退出仰光,仰光华侨率先倡办了华侨公学,这是一所单一的初级小学,学生约300名,没有校董会,教职员的月薪以所收学费分摊。随后,闽、粤侨领倡议,战后仰光侨校应统一组织,不可分立,遂联合组织华侨公学第二校,亦称为华侨第二公学,以区别于先前成立的华侨公学。该校借育德男校为校舍,于1945年6月开学,编制为高、初两级小学和幼儿园,学生约600人,教职员约20人,亦无校董会。办学经费除学生学费外,不足之处由发起人补助。该校后因育德男校也筹备复校,只能停办。此外,仰光相继复办的侨校还有美以美会华英小学、民众小学、育新小学、福建女子师范中学附属小学、华夏小学等。在仰光之外,缅甸各地也复办了不少侨校。截至1945年底,缅甸境内复办的侨校已有47所,学生约6 680名。①

不过,刚刚结束战争的缅甸满目疮痍,办学条件相当简陋。侨校基础设施在战争中基本都遭到毁坏,战后缅甸物资紧缺,物价水平较战前约上涨了5倍,加之缅甸政府对侨校不提供补助,侨校复办艰难。侨校经费主要来自学费和捐助,1948年的侨校

---

① 陈文亨、卢伟林:《缅甸华侨教育》,台北:海外出版社,1959年版,第29~30页。

学费一般是初小一年级每月4盾,逐级增加,至高小8至10盾,初中12盾。因侨校经费主要依赖学费收入,难以收容免费学生,这无形中加重了学生的学费负担,并导致贫寒子弟难以入学。同时,不少侨校在战后复办时或是缺少经费,或是缺少师资或教材,大部分侨校只能暂时沿用日据时期的课本。为了解决教材问题,中国驻仰光领事尹绿光发动华侨教育会,召集仰光7所侨校校长,于1945年10月组织教科书供应委员会,决定先翻印《国常合订本》,印费由各校垫付,将来以课本抵付。但是,因当时纸张奇缺,计划未能实现。战后初期缅甸复办教育的种种困难,由此可见一斑。

所幸的是,中国人民在第二次世界大战中团结抗敌的奋斗经历,极大促进了华侨社会的团结,扭转了以往各籍贯华侨独自办学、一盘散沙的现象。在战后复兴时期的艰难岁月,华侨有意识地整合人力物力,合力筹办较为完备的侨校。例如,校董会往往由不同籍贯的华侨集体选举产生,如果董事长由闽侨担任,则校长由粤侨担任,以示平衡合作。

中国政府也积极支持海外华侨复办侨校。原被誉为缅甸华侨最高学府的仰光华侨中学,在战争中被英军退出仰光时放火焚毁,校舍及所有设备均付之一炬。1946年,仰光华侨中学筹备复办,国民党中央海外部驻缅甸办事处捐助了缅币1万盾,作为办学经费,华侨中学遂于11月1日正式开学。1947年,华侨女子中学成功复校,更名为中正中学。同年,育德中学也成功复校。截至1948年,仰光至少已经复办4所华侨中学,均为在小学基础上增设初中班。①

---

① 陈文亨、卢伟林:《缅甸华侨教育》,台北:海外出版社,1959年版,第30~31页;《缅甸华侨教育概况》,载《教育通讯月刊》,1948年第5卷第4期。

经过各方面的共同努力，缅甸华侨教育在艰苦的环境中逐渐复兴。据统计，截至1948年缅甸独立前，华侨学校数量已达200余所，教职员工700余人，在校学生18 000余人。以陈孝奇为社长的缅甸华侨服务社于1948年编写了《三十七年度仰光华侨社团商号目录》，其中缅甸境内能够明确记录校名、校址、董事长、校长、财务负责人等信息的华侨学校达195所。据这份统计可知：①缅甸华侨学校重心突出，分布广泛。学校地点几乎遍布全境各城镇，其中仰光首屈一指，仅一市就有23所，约占12%，且全缅8所华侨中学中，除1所在勃生外，其余7所均在仰光，因此仰光已成为缅甸华侨教育的中心。②缅甸的华侨教育普及率高。据官方估算，太平洋战争前后，缅甸华侨数量约为35万人，以此计算，则平均每1 600名华侨中便有1所侨校。③缅甸华侨学校的中华民族认同感强烈。各侨校的校名中，如中华、华夏、华侨、兴华、振华等出现频率很高，据统计，凡是沾有"华"字的校名达101个，占总数一半有余，其他高频校名还包括中国、中兴、中山、国光、国民、三民等，同样有明确的中国政治和民族指向。① 1947—1948年缅甸华侨学校的区域分布情况参见表9-4。

表9-4 1947—1948年全缅华侨中小学数量分布表

区　　域	数量/所
仰光市（Rangoon City）	23
仰光至曼德勒（Mandalay）	20
勃固（Pegu）至宋割（Thongwa）	5

---

① 方雄普：《朱波散记——缅甸华人社会掠影》，香港：南岛出版社，2000年版，第218~223页。

续上表

区域	数量/所
彬文那（Pyinmana）至皎勃东（Kyaukpadaung）	3
大市（Thazai）至敏建（Myingyan）	2
大市至东枝（Taunggyi）	4
缅北至边境各埠	27
勃固至毛淡棉（Moulmein）	13
毛淡棉至丹老（Mergui）	7
仰光至卑谬（Prome）	22
卑谬至望濑（Monywa）	9
礼勃坦（Letpadan）至勃生（Bassein）	14
兴实塔（Henzada）至漳景（Kyangin）	2
仰光至兴实塔	16
端低（Twante）至毛淡棉遵（Moulmeingyun）	11
毛吁笓（Maubin）至勃生（Bassein）	10
恭文倪（Kyonmangne）至纳不打（Labutta）	7
总计	195

资料来源：缅甸华侨服务社编：《三十七年度仰光华侨社团商号目录》，1948年。《广东华侨史》编修工程缅甸调研团队录自缅甸仰光图书馆，2013年。

第五节　缅甸华侨的政治运动

纵观整个民国时期，缅甸的非土生华侨一直有明确的中国公民身份认同，因而他们关注中国政治更甚于关注缅甸政治。在战后缅甸向英国争取独立的斗争中，缅甸华侨，尤其是非土生华侨的参与度不高。相反,他们将大量精力投入到国内的政治运动中。

自抗战时期起,受国共两党政治斗争的影响,缅甸华侨之间的政治立场分野不断拉大。战后,部分缅甸华侨仍然拥护国民党执政的国民政府,积极参与国民政府统辖的政治活动。例如,1947年10月5号,缅甸土生华侨李瑞轩特地从上海返回仰光,参与竞选"国民大会"的缅甸华侨出席代表。①

与此同时,自从1940年中国共产党在缅甸设立支部后,共产党在缅甸华侨中的影响不断扩大。其中,缅甸闽籍华侨大多是中国共产党的坚定支持者。1945年,国内"反对内战、促进民主"运动达到顶峰,仰光集美校友会等十个侨团倡议响应,缅甸华侨兴商总会也联名通电,表示拥护"反对内战、促进民主"运动。② 1946年"双十节"时,仰光百尺路上的缅甸华商商会所在地举行"庆祝国庆"群众大会,集美校友会在巨轮社等多个社团的支持下,公然在会场上方悬挂出"反对内战、促进民主"的巨大横幅标语。③

缅甸光复后,延安方面立刻派出以原缅甸华侨中共产党员为主的建党小组,返回仰光,重建华侨中的共产党组织,小组成员包括郑翔鹏、陈平山(林望中)、许清元(金荣)、李军(亚汉)、王楚惠(金最)等。郑翔鹏是原缅甸华侨共产党组织中的领导成员之一,战争期间在延安学习。陈平山战时在重庆,后与小组成员会合。自1946年起,以共产党员为中坚的原战工队成

---

① 陈孝奇:《缅华四十年大事记》,载《缅甸华侨兴商总会四十周年纪念特刊(1911—1951)》,1951年。
② 《缅甸华侨兴商总会四十周年纪念特刊(1911—1951)》,1951年。
③ 冯励冬:《缅华百年史话》,香港:镜报文化企业有限公司、缅华互助会,2002年版,第203页。

员也陆续返回缅甸，其中包括肖岗（永绥）、冯励冬、王一芒、杜正平、杨匡民、蔡时敏、吴章彬、陈振华（陈宁、树华）、陈尊法、范正（中平）、陈东明、杜坚（雪痕）、钟明（月波、国森）、林鸿珠、黄开昌（黄里）、陈秋云、刘金柳、吴章焕、尹坚华、颜彬（毓荣）等，另外还有与战工队关系密切的杨章熙、曾冠英等。以上这些人都成为战后缅甸华侨社会中的进步活动骨干，并绝大部分先后成为缅甸华侨共产党党员。

战后缅甸华侨中共产党组织的一大工作特点是与中国民主同盟紧密合作。原战工队员肖岗不仅后来加入了中国共产党，而且是中国民主同盟缅甸支部的主要创始人。战争结束后，肖岗从福建经陆路返回缅甸，在途经昆明时与民盟领导建立联络，遂受民盟委托，在缅甸发展民盟组织。肖岗带着一批中文书籍返回仰光，在五十尺路 121 号租下朱家馆的两层房屋，开办名为"南侨文化供应社"的书店，这间书店既有文化传播功能，更是缅甸进步力量的立足点和活动站。南侨文化供应社起初主要代售昆明民盟组织出版的《民主周刊》，传递国内反对内战、争取民主的信息，后又陆续引进槟榔屿的《现代周刊》《现代日报》，香港的《周末报》《华商报》和新加坡的《南侨日报》等爱国进步报刊。这些刊物，都有助于提高缅甸华侨的爱国进步思想。

随着国内形势迅猛发展，缅甸华侨进步力量亟须建立自己的舆论阵地。1947 年元旦，经肖岗出面倡导、缅甸华侨中共产党的内部支持，《人民旬刊》正式创办，当时在缅甸政府注册的主编是肖岗，发行人是杜正平。1947 年 7 月 18 日，《人民旬刊》改为《人民报》（日报）出版，报社人员仍是《人民旬刊》原班人马，即主编肖岗、发行人杜正平、经理冯励冬。

《人民报》得到缅甸爱国华侨的大力支持。报纸的印务最初得益于《新仰光报》经理徐四民的协助，从排版、印刷、用纸到出版，全部利用《新仰光报》设备条件，仅需计算必要的成本费用。后来,广东梅县侨领——梅属育新小学校长兼应和会馆理事长朱廉为将其"民族印刷公司"的排字房和铅字无偿借给《人民报》使用,报社又在群众帮忙和资助下,获得一架二手平版机,从此得以自行雇工排版印刷。

《人民报》的早期专职工作人员还有张子齐、马仲明、李军、蔡时敏、钟明、许寿、王鹏年等,报酬一律50盾,兼职人员有从《新仰光报》前来协助报务的缅文记者陈吉福,不领报酬。这些早期工作人员,都与中国的革命斗争有密切联系,除一人回国为革命牺牲外,其余都在新中国担任了领导职务,如张子齐于1950年任云南省人民政府副秘书长。①

《人民报》的出现,是缅甸华侨第一次尝试群众办报的胜利。《人民报》成为缅甸华侨中的共产党和民主同盟的宣传喉舌,是缅甸华侨进步力量的舆论阵地。在国共内战中,《人民报》致力于向缅甸华侨传递国内信息,其内容来自新华社的新闻报道、解放区人民广播电台、香港革命派《国际新闻社》的报道等,将中国人民解放军的捷报第一时间带到仰光。《人民报》常年发行,直到1966年缅甸推行国有化政策,才被迫停刊。

1948年元旦,即缅甸联邦成立前四天,"中国民主同盟缅甸支部"宣告成立,并在仰光河滨街"香港大酒店"举行仪式,出席者有缅甸反法西斯人民同盟暨社会党的秘书长吴巴瑞、缅甸共产党代表,以及其他缅甸文化政治人士。民盟常设地址位于仰光第16街138号2楼,楼下就是杨章熹创办的"仰华文化教育社"暨附设的"公共图书馆"。据冯励冬回忆,肖岗、叶振荣曾先后担任缅甸民盟主委,其他参与过民盟公开领导工作的还有黄

---

① 冯励冬在回忆中称张子齐任云南省人民政府秘书长,笔者查阅1950年第3期《云南政报》得知,政务院第四十五次政务会议决定,任命张子齐为云南省人民政府副秘书长。

东南亚华侨史丛书

则山、陈止敬、陈峰（白澄）、朱家璧（云南爱国军人、共产党员）、李行健（即杨一波）、郑祥鹏、林竹、陈吉福、邱立才、张培道、饶伯壎、杨老清、黄铁金、庄心祥、白小民、曾冠英、周禾书等。实际上，缅甸民盟组织中有不少共产党员发挥中坚作用，如冯励冬就是在共产党的指示下"跨党"参与民盟领导工作。①

民盟缅甸支部的建立，在很大程度上弥补了缅甸华侨中共产党组织与上层社会的疏远问题。整体上看，国民党注重联络华侨社会的上层精英力量，共产党注重发动华侨社会的基层群众力量，这是二者工作方式的明显区别。然而，民盟是中国学者群体组成的"民主党派"，在上层社会和海外有广泛影响力，从而改变了中国共产党只偏重社会中下层的传统。民盟缅甸支部将能在华商商会发挥领导作用的徐四民、在兴商总会发挥领导作用的陈占梅、在米厂商界和集美校友会发挥领导作用的陈福顺三人均聘请为顾问，协助民盟在缅甸华侨工商界上层和本土华裔中扩大影响。

缅甸华侨中共产党与民盟组织的紧密合作，也顺应了中国共产党与广大民主党派、中间力量联合建国的形势。1949年5月，肖岗代表缅甸民盟、陈吉福代表缅甸华侨中的共产党，共同经香港转赴北平，参加中国共产党召开的新政协筹备会议，投身到中华人民共和国的筹备之中。

第二次世界大战后，缅甸爱国华侨对中国解放战争的支持，既说明了缅甸华侨的政治认同高度集中于中国，也说明缅甸华侨游离于缅甸主流的反英建国运动之外。例如，缅甸反法西斯人民同盟领导人对民盟缅甸支部非常重视，多次与民盟领导人会晤，

---

① 冯励冬：《缅华百年史话》，香港：镜报文化企业有限公司、缅华互助会，2002年版，第203~218页。

并建议将两党的基层组织联系起来,然而这些建议被民盟缅甸支部以"不便参与或牵涉到缅甸政治"拒绝。① 缅甸华侨在缅甸独立建国历程中的"缺席"现象,在某种程度上不利于将来保护华侨华人在缅甸联邦的权益。

---

① 冯励冬:《缅华百年史话》,香港:镜报文化企业有限公司、缅华互助会,2002年版,第217页。

第十章　缅甸联邦初期的缅甸华侨（1948—1956年）

第一节　缅甸独立与中缅外交

1948年1月4日，英、缅之间举行政权移交仪式，缅甸正式宣告独立，建立缅甸联邦。至此，缅甸终于摆脱英国的殖民统治，步入新的发展阶段。

缅甸的和平独立，引起了中国国共两党截然不同的反响。国民党领导的国民政府对缅甸联邦的诞生持正面积极态度。国民政府派遣叶公超为特使，前往缅甸出席独立庆典。1947年12月30日，叶公超率领中国代表团从昆明搭乘专机飞抵仰光，下机后向记者发表了书面谈话：

> 鄙人自二千英里之外而来，带来中国人民献给缅甸人民的热情和友谊的敬意。此次鄙人代表中国政府，前来参加缅甸独立庆典，深感无限荣幸。缅甸与我国为邻邦，人民皆爱好和平，缅甸独立之日，亦为中国举国人民之喜庆。缅甸独立后，在国际间即取得其地位与权利，同时亦开始分担为全人类谋和平幸福之伟大工作，鄙人谨代表我国政府与人民，祝福缅甸国运昌隆、人民康乐！

缅甸独立后，中国国民政府立刻与缅甸互换使节，在仰光设立中华民国驻缅甸大使馆，首任大使涂允檀于1948年3月23日搭乘飞机从上海抵达仰光,同行者有大使馆参事李秉汉、一等秘书李体乾、三等秘书周敏仲。随后,中国驻缅甸大使馆又设立了武官室,由何景同上校出任武官。①

中国共产党最初对缅甸联邦的态度恰恰相反。从1948年到1949年,中国共产党对缅甸与英国谈判、签订协议的独立方式,予以激烈的批判,认为这是资产阶级对帝国主义的妥协,并坚决支持缅甸共产党针对缅甸联邦政府开展武装斗争。《人民日报》接连报道缅甸局势,将缅甸民族主义领导人昂山视作"卖国贼",认为其"背叛了缅甸民族解放运动,变成了缅甸人民公敌",缅甸联邦政府总理吴努则是帝国主义的"走狗",吴努政府是"听命于外国帝国主义的"反动政权。②《群众》杂志刊登缅共领导人巴丁的评论,认为帝国主义和缅甸资产阶级为《英缅条约》"大吹大擂",实际上这个骗人的"独立",给予缅甸的只是永远的奴役。③《亚洲世纪》宣布,缅甸的"独立"是吴努的自由同盟代表缅甸有产阶级对帝国主义妥协以后所获得的"成功",实际上是重蹈印度和菲律宾的覆辙。④

缅甸独立之时,正值国共两党的斗争如火如荼、中国内战正酣之时。解放战争进行到1948年,中国人民解放军连克重镇,国民党军队连连败退。辽沈、淮海、平津三大战役之后,国民党败局已定。1949年,蒋介石率领国民政府败退到台湾。

1949年10月1日,中华人民共和国宣告成立。毛泽东代表

---

① 《华侨志》编纂委员会:《缅甸华侨志》,台北,1967年版,第109~110页。

② 《缅共领袖抨击反动政府》,载《人民日报》,1948年4月3日;《缅甸人民的抗争》,载《人民日报》,1948年5月10日。

③ 《缅共领袖谈"缅甸独立"问题》,载《群众》,1948年第6期。

④ 《独立后的缅甸内幕》,载《亚洲世纪月刊》,1948年第5期。

新中国的中央人民政府公开宣告："凡愿遵守平等、互利及互相尊重领土主权等原则的任何外国政府，本政府均愿与之建立外交关系。"① 1949年12月16日，缅甸外交部长伊·蒙照会中国外交部长周恩来，明确表示："缅甸联邦政府相信中国中央人民政府为中国人民所拥护，并因中缅两国人民间的传统友谊，兹决定承认中华人民共和国，并期望外交关系之建立与使节之交换。"12月18日，周恩来复电缅甸外长，表示收到12月16日来电，中国政府同意在"贵国政府与国民党反动派残余断绝关系的基础上"，与缅甸联邦建立外交关系，并互换使节。② 缅甸在照会周恩来之后，便立刻着手承认新中国。12月17日中午12点，缅甸联邦政府正式宣布承认中华人民共和国。

在缅甸宣布承认新中国的前夜，最后一任中华民国驻缅甸大使涂允檀率领大使馆多数工作人员，向周恩来总理通电起义："使馆全体同仁接受中央人民政府领导。中、缅关系素密，请即派遣使节，以敦睦谊。使馆人员谨当照料侨务，保管公物，以待后命。"电文落款为"国民党政府驻缅甸大使涂允檀率全体使馆人员"。涂允檀大使的义举获得周恩来总理和新中国外交部的欢迎。外交部李克农副部长不久即复电，表示欢迎起义，对使馆人员将量才录用。涂允檀又致电北京外交部，盼新政府尽快派人前来接收。1950年1月2日，周恩来总理兼外交部长的复电抵达仰光，全文如下：

驻缅大使涂允檀先生及全体馆员钧鉴：

去年12月17日（按：指电文收到之日）电悉，甚为

---

① 《中华人民共和国对外关系文件集（1949—1950）》（第一集），北京：世界知识出版社，1957年版，第4页。

② 《中华人民共和国对外关系文件集（1949—1950）》（第一集），北京：世界知识出版社，1957年版，第17页。

欣慰。我对你们脱离国民党反动残余集团表示热烈欢迎。希望你们团结一致，坚持岗位，维持现状，并负责保管公物文件，以待后命。原驻缅使馆及各地领馆近情，盼即扼要电告。

周恩来
1950 年 1 月 2 日于北京

对于涂允檀弃暗投明之事，各方一直高度保密，直到 1950 年 1 月 6 日，新中国电台广播宣布涂允檀起义，台湾国民党当局才得知真相，大为震惊。[①]

涂允檀是新中国成立后第一个起义的原中华民国驻外国大使，这对新中国的外交工作具有特殊意义。涂允檀在起义之后，坚持站好最后一班岗，直到 1950 年夏天，新中国驻缅甸大使姚仲明抵达仰光，二人交接工作之后，涂允檀夫妇才与三位使馆人员经香港返回中国。从 1950 年至 1964 年，涂允檀担任中华人民共和国外交部顾问，并且是第二、三届全国政协委员。涂允檀是经验丰富的学者型外交官员，为新中国与缅甸签订《中缅边界条约》等外交活动做出了不少贡献。[②]

1950 年 6 月 8 日，新中国与缅甸正式建交，缅甸成为第 16 个与新中国建立正式外交关系的国家。1950 年 8 月 28 日，中华人民共和国首任驻缅甸大使姚仲明乘船抵达仰光。随同姚仲明一起到任的，还有原缅甸民盟负责人、共产党员肖岗，担任新中国驻缅甸大使馆二等秘书。

---

① 《华侨志》编纂委员会：《缅甸华侨志》，台北，1967 年版，第 110 页；《第一个归向新中国的国民党驻外"大使"涂允檀》，载《广州日报》，2002 年 6 月 8 日。

② 《第一个归向新中国的国民党驻外"大使"涂允檀》，载《广州日报》，2002 年 6 月 8 日。

第二节　缅甸华侨的政治立场

缅甸独立初期，中国正处于解放战争时期和创建新中国时期，国共两党的政治分化继续在缅甸华侨社会中发展。这一时期，号称华侨社会"三大支柱"的侨团、侨报、侨校，无不打上了政治路线斗争的烙印。

一、华侨报业的分化

缅甸华侨社会的分化首先体现于报业。第二次世界大战结束后，缅甸华侨社会中最主要的"四大华文报"最初是《新仰光报》《中国日报》《人民报》《国民日报》。这四份报纸的政治立场各有不同。

《新仰光报》于1945年7月筹备，8月5日创刊，首届董事长有陈守金、林九级、曾顺续等侨领。1949年起，徐四民开始担任董事兼经理。该报号称"华侨集资、华侨经营、华侨立场"，对中国问题主张团结民主，是一份亲民主党派路线的晚报。该报最高发行量约为每日3 000份，1966年终刊。

《中国日报》于1945年7月6日创刊，由一些经营工商业的缅甸侨领经办，一开始以"超然派"自居，号称是没有党派色彩的"中立报"，实则倾向于国民党。该报后来转售给徐四民和陈占梅，政治立场转而倾向于新中国。发行量约为每日1 000份，1966年终刊。

《人民报》的前身，是1946年12月27日由肖岗创办和主持的《人民旬刊》，1947年7月18日改为《人民报》。1948年1月1日，中国民主同盟缅甸总支部在《人民报》报社成立，首届执委兼发言人即为肖岗。当时，民盟支部、南侨书局和《人民报》共用仰光五十尺路21号的一座两层楼。《人民报》名义上是中国民主同盟缅甸总支部的机关报,实际上由一些旅缅共产党员经办,是中国共产党在缅甸的报业阵地。该报以推进民主运动、充当侨胞喉舌、致力中缅友好为宗旨。1950 年,《人民报》在成立 3 周年时出版纪念特刊,新中国国内的《人民日报》社、中央人民广播电台等新闻机构,以及董必武、何香凝、李济深、张澜等国家领导人和知名民主人士纷纷为其题词。

《国民日报》于 1913 年创办、1942 年停刊,后又于 1946 年 8 月 1 日复刊,社址设于仰光瑞浪坦 70 号中国国民党缅甸总支部内,是国民党缅甸总支部的机关报。1950 年 3 月终刊。

1948 年,仰光《中国日报》董事会发生分裂,以曹缵卿为首的一派与以赵德、赵宣扬为首的一派发生冲突,曹缵卿带领一部分董事和工作人员离开《中国日报》,于 1949 年 1 月 1 日创办了一份《中华商报》。该报最初声称在国共之争中取中立态度,实则倾向于国民党,发行量约为每日 3 000 份,一说最高每日 8 000 份,据说是销路最广的报纸。从此,除了《国民日报》之外,亦有人将《新仰光报》《中国日报》《人民报》《中华商报》并称为缅甸"四大华文报"。1957 年,中国共产党方面出资收购了《中华商报》,使之成为中共阵营的报纸之一。1966 年终刊。

新中国成立后,缅甸华侨社会的舆论风向逐渐转变。以报纸为例,上述号称"四大华文报"的《新仰光报》《中国日报》《人民报》《中华商报》,以及《生活周报》等规模较小的报纸均先后站在了支持新中国的立场上。①

这一时期,国民党势力渐微,继续支持台湾国民党政权的缅

---

① 朱仲玉:《回忆缅甸中华商报》,载《新闻研究资料》,1980 年第 4 期,第 128~129 页;徐四民:《我与新仰光报》,载《新闻研究资料》,1981 年第 3 期,第 161~162 页;方雄普:《朱波散记——缅甸华人社会掠影》,香港:南岛出版社,2000 年版,第 202~204 页。

甸华文报纸，除了国民党机关报《国民日报》外，还有《自由日报》《中国论坛报》《亚洲日报》等。①

《自由日报》于1951年6月1日创刊，发行人为李义常，经理为陈世弼，总编辑为林炳坤。发行量约为每日3 000份，1959年，仰光西区警察局曾于该社搜出"双十国庆增刊"2 500册，并传讯了经理陈世弼。1965年终刊。

《中国论坛报》于1951年12月创刊，负责人王辉，发行量约为每日2 000份。

《亚洲日报》于1953年8月创刊，发行人为刁威伯，社长为马次伯，总编辑为卢伟林。采用中央社、美联社、合众社、路透社的电稿，以一般侨胞及青年为对象，发行量约为每日2 000份。

二、华侨社团的立场

缅甸的主要华侨社团大多站在支持中国共产党的立场上。缅甸独立初期，中国共产党巧妙地借助民主党派组织扩大影响力。1948年1月1日，中国民主同盟缅甸总支部成立。因缅甸于1948年1月4日正式宣告独立，建立缅甸联邦，民盟赶在独立之前的英国殖民政府时期成立，便算作旧体制遗留下来的组织，被缅甸联邦视作合法。当时，支持中国共产党和各民主党派的力量借助合法的民盟组织，向缅甸各城镇组建分部，与国民党争夺阵地。除民盟外，1950年中期，仰光的原国民党革命老党员马云汉、陈步墀、陈上坑、黄重远、朱彦雄、曹国杰、朱乾汉、陈依石等，共同成立了"中国国民党革命委员会缅甸支会"，并发布宣言，通电拥护"民革"中央，成为中国共产党领导下的民

---

① 冯爱韦：《华侨报业史》，台北：台湾学生书局，1967年版，第100页。

主党派。①

1949年10月1日,中华人民共和国宣告成立。广大海外华侨热烈欢迎新中国诞生,许多缅甸华侨不畏阻难,在10月1日当天就升起了五星红旗。1949年10月10日,缅甸勃生华侨在"双十节"即辛亥革命纪念日举行庆祝会,与会者有11个缅甸华侨组织和不少缅甸人士,会上悬挂五星红旗,华侨宣誓效忠中华人民共和国中央人民政府。② 同时,缅甸40余个华侨社团原本决议在10月10日举行群众庆祝大会和游艺晚会,但群众大会因国民党势力的阻挠未能举行。1949年12月,缅甸华侨48个社团联合发表通电,热诚拥护中华人民共和国中央人民政府。通电宣告:

> 缅甸华侨在空前大团结的愉快气氛中,首次向我们新祖国的人民领袖毛主席、中央人民政府、人民解放军各民主政党、人民团体及全国同胞,表示热诚的拥护、崇敬与感激。
>
> 许多年来,缅甸侨胞就一直期盼着一个独立、自由、幸福、强盛的新祖国的诞生。这种希望是非常自然而真挚的。现在,我们扬眉吐气的日子终于来到了。十月一日,这个令人难忘的辉煌日子,使我们有如亲眼看到北京人民政协会议的召开,亲眼看到毛主席向全世界正式宣布中华人民共和国诞生。从这一天起,一个伟大的巨人就从东方的地平线上站立起来,帝国主义、反动派、战争贩子都对着他发抖,而全世界爱好和平民主的人民,都为他额手称庆,表示敬意。海外华侨,也觉得非常荣幸。

---

① 冯励冬:《缅华百年史话》,香港:镜报文化企业有限公司、缅华互助会,2002年版,第218页。

② 《印尼、缅甸华侨拥护中华人民共和国》,新华社电讯稿,1949年10月16日。

东南亚华侨史丛书

署名通电的社团,有缅甸华商商会、华侨店员联合会、华侨兴商总会、华侨妇女协会、华侨学生联合会等。① 这些社团,都是当时活跃在缅甸华侨社会的进步组织。

在缅甸独立前后,缅甸华侨延续了抗战时期的爱国进步传统,先后成立了一批支持中国共产党、拥护新中国的进步社团。战时活跃在华侨社会的"六联团"中,"救宣团"和"业余社"解散,另外四个原有的社团"店联"(华侨店员联合会)、"妇协"(华侨妇女协会)、"学联"(华侨学生联合会)、"歌联"均先后重组,"歌联"更名为"伊江合唱团",加上新成立的"教联"(华侨教师联合会)和"工联"(华侨工人联合会),形成新的"六联团"组织。伊江合唱团成立于1947年7月,继承了"战工队"的革命传统,团长是吴章彬,其早期骨干在新中国成立后大多回国参加社会主义建设。妇协大致成立于1947年底到1948年初,在缅甸华侨进步活动中都担当重要角色。学联成立于1949年3月,骨干主要是华侨中学和南洋中学的学生,不少是共青团员,后来回国参加工作。教联成立于1949年4月29日,发起人是以南洋中学、华侨中学为首的仰光各华侨学校校长,其角色后来替代了原国民政府主导的华侨教育会。工联成立于1949年4月,是店联的兄弟工会,成员主要是各种自由工匠,他们在激烈的国共斗争中发挥了安全保卫者的作用。

除"六联团"外,缅甸华侨中还有文化艺术协会(简称"文协")、青年协会(简称"青协")、"书记公会"等比较活跃的重要组织。"文协"在战后较早复办,由报馆编辑人员、学校教师、商店公司文员等组成,早期领导成员有邱筱儒、黄绰卿、苏佐雄、曾冠英等,曾多次举行文艺演出,公演曹禺、巴金等中

---

① 《缅甸华侨四十八社团通电拥护中央人民政府》,新华社电讯稿,1950年1月30日。

国知名左翼作家的话剧。"青协"成立于1950年4月,成员以广东籍青年为主,早期领导人成员有黄重远、陈添福、黄伟中、李四维、何柄森等,主要在大型团体联合活动中起作用。"书记公会"成立于1950年7月,负责人有林日陞、曾福安等。①

"文协""青协""书记公会"加上"六联团",共同组成了缅甸华侨进步力量的代表性组织。1950年12月22日,中国大使馆驻仰光总领事李萍暨缅甸侨团代表赴毛淡棉慰问遭受火灾的侨胞,这些侨团代表除了有华商商会的曾顺续、兴商总会的陈步墀、民盟支部的叶振荣等人外,还有"店联""工联""教联""学联""青协""文协""妇协""伊江合唱团""书记公会"等九团体联合派出的代表邱登富、王一芒。② 可见,这九个进步团体互相联系,在中国政府和爱国缅甸华侨之间架起了沟通的桥梁。另外,一些缅甸传统社团也跟随时代潮流,推陈出新,改弦更张。例如,1954年10月1日,缅甸洪门青莲堂中部分拥护新中国的青年,另外组成了缅甸洪门青年联合总会。

战后,缅甸华侨的爱国进步力量比其他东南亚各国发展更迅速,其中一个关键原因,就是争取到缅甸华侨工商界上层人士的支持。在缅甸华侨中的共产党组织、民盟支部等力量的共同努力下,缅甸华侨社会中最有影响力的华商商会、兴商总会都呈现出进步姿态。华商商会的总干事徐四民、兴商总会会长陈占梅,都是从战后"反内战"运动时就站在同情和支持群众爱国运动的立场上。1949年新中国宣告成立后,华商商会开会商讨"双十节"悬挂什么国旗的问题,徐四民提出必须带头悬升五星红旗,

---

① 冯励冬:《缅华百年史话》,香港:镜报文化企业有限公司、缅华互助会,2002年版,第223~230页。

② 陈孝奇:《缅华四十年大事记》,载《缅甸华侨兴商总会四十周年纪念特刊(1911—1951)》,1951年。

东南亚华侨史丛书

并争取到副会长邱贻厥的支持,最终以多数票击败正副会长李文珍、陈洪安等保守派传统侨领。从此,李文珍等维护国民党的民国传统侨领逐渐在缅甸华侨社会中失去权威。①

三、华侨学校的斗争

华侨学校是各派争夺的主要阵地之一。在新中国成立初期,缅甸华侨学校主要分化为三类:①支持中国共产党和新中国的。这类学校,定10月1日为国庆节,悬挂五星红旗,采用新中国出版的新华课本。②继续支持国民党和台湾当局的。这类学校,推行三民主义教育,悬挂青天白日满地红旗,效忠"中华民国"政府,加入台湾方面主导的"缅华文教促进会",采用台湾审定、正中书局出版的课本,并时常参与反共活动。③保持中立。这类中立学校,或是支持国共双方的力量相对均衡,或是资源有限难以分立,故采取折中办法,董事会里同时容纳政见不同的双方人员,礼堂仅悬挂孙中山先生的遗像,不悬挂任何旗帜,采用新加坡出版的课本。②

第一类学校的代表,首推缅甸南洋中学。在新中国成立前夕,国共两党逐渐拉开对侨校的争夺战,被誉为缅甸华侨"最高学府"的华侨中学成为争夺焦点。1948年3月,华侨中学进步师生发起"护校运动",国民党当局遂将华侨中学、中正中学(原华侨女子中学)和育德中学的进步教师杨章熹、李行健、林竹、吴彰彬等解聘驱逐,而这些教师均为共产党员和民盟成员。这批进步教师被解聘后,决定自发创办一所进步中学。他们的创

---

① 冯励冬:《缅华百年史话》,香港:镜报文化企业有限公司、缅华互助会,2002年版,第228~229页。

② 陈文亨、卢伟林:《缅甸华侨教育》,台北:海外出版社,1959年版,第42~43页。

校活动得到缅甸华侨共产党和民盟的全力支持。1948年5月20日（一说同年6月），缅甸南洋中学成立。

南洋中学最初没有设置校长，而是设立创委会和校委会，实行集体领导、内外分工，突显集体办学的特点。新中国成立后，原创校委员会总干事、闽籍华侨杨章熹担任南洋中学第一任校长，闽籍华侨曾冠英任校委兼总务主任。杨章熹曾在缅甸创办过仰华中学，战后还参加了缅甸华侨中学的复办工作。1953年，杨章熹离职回国，由徐日琮继任校长。1956年，南洋中学将组织形式改为与其他缅甸华侨学校一致的"董事会+校长"形式，董事会以工商界人士为主，但坚持集体领导。首届董事会会长为谢福长，成员包括原缅甸华侨共产党领导人陈平山、原民盟主委叶振荣等，秘书为冯励冬，副秘书兼校长为徐日琮。徐日琮离职回国后，由周禾书接任校长。

南洋中学的目标是为中国革命事业输送骨干，故教育方针和管理模式有别于其他学校。南洋中学大力吸收贫困学生，减免学费的学生数量常高达70%，而这些学生毕业后也大量返回中国升学或参加社会主义建设，其数量高居缅甸华侨学校第一位。因此，南洋中学的早期教学也以中文为主，课程设置与中国国内相同，以便学生回国升学。直至20世纪50年代中期以后，南洋中学才增设外文班，推行中、英、缅三语教学，课程设置按照缅甸教育部规定，与缅甸当地学校相衔接。南洋中学锻炼、培养的一批进步教师和学生，也为进步力量向缅甸各地延伸影响力奠定了人员基础。例如，1953年，南洋中学派出部分优秀的教员和学生骨干到各大、中城市开展华文教育，曾冠英被派到渺眇、林竹被派到曼德勒、曹国杰被派到勃生。1965年，缅甸实行私立学

校"国有化",南洋中学才被迫停办。①

除了南洋中学外,缅甸各大侨校中的进步力量逐渐取得斗争胜利,纷纷拥护中国共产党和新中国。1948年华侨中学经过护校斗争后,继任的两位董事长邱贻厥、雷碧书都是知名民主人士,同情学生运动,后来董事会又处于秘书徐四民的直接主持和掌控下,故华侨中学也成为缅甸华侨爱国进步运动的主力军。此外,进步华侨还新创办了一批爱国华侨小学,如闽南籍华侨创办了集美小学;广东籍华侨在黄俊生、黄慕康、朱彦雄、黄重远等人的领导下创办了新侨小学;梅州籍客家华侨在1956年创办了育侨小学;等等。② 这些新创办的学校,对开展缅甸华侨爱国主义教育发挥了重要作用。

缅甸的南洋中学、华侨中学等侨校及进步文艺团体还大量通过诗歌、戏剧等艺术方式唤起民众对新中国的支持。例如,1949年12月成立的朱波吟诗社,出版了大量歌颂祖国的诗作;南洋中学1948年12月上演的《逼上梁山》,反映了抗战时期国统区下层民众的生活;华侨中学1952年10月演出的歌剧《赤叶河》,内容反映的是山西省土地改革。曹禺的四部著名话剧《雷雨》《日出》《北京人》《家》都有缅甸华侨团体上演过。③ 在进步华侨学校、群众文艺团体的支持下,缅甸华侨社会的文艺生活

---

① 冯励冬:《缅华百年史话》,香港:镜报文化企业有限公司、缅华互助会,2002年版,第218~222页;方雄普:《朱波散记——缅甸华人社会掠影》,香港:南岛出版社,2000年版,第235页;《缅甸归侨曾冠英——虎口余生说春秋》,厦门市归国华侨联合会——侨界人物,2013年5月30日,http://www.xmqs.org/news-look78.aspx。

② 冯励冬:《缅华百年史话》,香港:镜报文化企业有限公司、缅华互助会,2002年版,第222页、232页。

③ 方雄普:《朱波散记——缅甸华人社会掠影》,香港:南岛出版社,2000年版,第251页、266页。

与新中国同步向前发展,增进了缅甸侨胞对新中国的认同。

第三类"中立"学校在新中国成立前后的缅甸比较常见,当时缅甸华侨社会中新旧政治力量错综复杂,不少侨校的负责人和师生中同时有国共双方的支持者,这给学校发展埋下隐患。在新中国成立初期紧张的政治氛围下,缅甸侨校中的政见之争甚至一度激化。例如,勃生华侨中学在战后复办时,选出的正副董事长分别是许文顶和陈平山(林望中),前者是国民党缅甸总支部的首席常务,后者则是缅甸华侨中的共产党领导人之一,后来返回中国担任中国新闻社社长、福建省侨办和外办副主任。[①] 1951年5月,仰光中正中学的校长擅自废除前期已采用的新中国新华课本,与学生自治会发生纠纷,中正中学副董事长曾顺续处理此事,支持学生自治会采用新华课本的主张,触怒了亲台势力。次月,曾顺续被暴徒枪杀,震惊了缅甸华侨社会。[②] 曾顺续是缅甸华侨社会中极具名望的侨领之一,对华侨实业、福利、教育等领域多有贡献,最后因政见之争被杀害,实为憾事。

到1955年前后,中国共产党执政的新中国赢得大多数海外华侨的拥护,初步完成了与国民党争夺华侨支持的任务。同时,为了拓展中国与广大第三世界国家的外交关系、营造安全的周边环境,新中国开始有意识地淡化外交活动的意识形态特征。1952年5月,中共中央决定解散全部海外华侨共产党。因此,缅甸华侨中的共产党组织、中国民主同盟缅甸支部、中国国民党革命委

[①] 冯励冬:《缅华百年史话》,香港:镜报文化企业有限公司、缅华互助会,2002年版,第232页。

[②] 方雄普:《朱波散记——缅甸华人社会掠影》,香港:南岛出版社,2000年版,第277页。

员会缅甸支会等均停止活动、宣布解散。① 从此,中国共产党在缅甸的侨务工作重心,逐渐从号召缅甸华侨支援国内革命和建设,转为号召缅甸华侨遵守当地法律、加入当地国籍。

第三节 缅甸华侨与新中国的交流

新中国在成立初期,积极维护华侨合法利益,保障华侨政治权利,增强华侨对新中国的认同感。1949 年制定的具有临时宪法性质的《共同纲领》规定,"中华人民共和国中央人民政府应尽力保护国外华侨的正当权益",1954 年新中国颁布的第一部宪法也规定"保护国外华侨的正当的权利和利益"。新中国的全国人民代表大会、中央华侨事务委员会中,都预留了华侨代表的名额。1954 年的第一届全国人大规定,华侨代表有 30 个名额,其中有 1 名缅甸华侨代表。在这 30 名代表中,只有缅甸华侨代表徐四民是真正由缅甸爱国团体在缅甸国内提名、经中侨委扩大会议通过产生的,其他代表均由中侨委召开扩大会议协商推选产生。当时参加中侨委扩大会议的有缅甸归侨代表杨章熹、陈水成、邱廑兢、陈兴邦、陈倚石。②

新中国政府高度重视对华侨的宣传、统战工作。为了让海外华侨目睹中国共产党领导下的新中国面貌、增强海外华侨对新中国的信心和认同感,自 1951 年起,新中国通过与海外主流华侨社团合作,组织了若干批次的华侨回国观光团。1951 年 9 月的第一批缅甸华侨回国观光团,是新中国成立后的第一批海外华侨

---

① 冯励冬:《缅华百年史话》,香港:镜报文化企业有限公司、缅华互助会,2002 年版,第 218 页。

② 冯励冬:《缅华百年史话》,香港:镜报文化企业有限公司、缅华互助会,2002 年版,第 262~263 页。

回国观光团。观光团受到中国政府的高度重视和高规格接待。观光团由缅甸华商商会出面主持组织,成员以工商界华侨为主,兼顾各籍贯、各团体和缅甸各地区的代表性人物。例如,第一批的团员邱登富是店联会长,王一芒、陈秀莲是妇协的前任和时任会长,林福将是学联会长,林锡祯是广东华侨,朱廉我是广东梅州客家华侨,黄伟立是福州华侨,等等;第二批的副团长是兴商总会会长陈占梅、参加过同盟会的粤籍华侨李雁行、闽籍知名侨商黄铁金,秘书长是缅甸民盟支部主委叶振荣,副秘书长是民盟的冯励冬,等等。其他团员也都是缅甸华侨社会中知名度较高、热心公益、支持祖国发展的各界代表人士。

中国政府原计划在每年国庆节前组织观光团,因 1951 年第一批反响巨大,故 1952 年赶在五一劳动节前增加了一批,1953 年还增加了一批体育界的观光团。[①] 从 1951 年到 1956 年,中国政府一共接待了八批缅甸华侨集体回国观光团,详见表 10 – 1。

表 10 – 1　新中国接待缅甸华侨回国观光团统计

序号	批次	时间	团长	内容
1	第一批	1951 年 9—10 月	杨老清	共 22 人。参加国庆观礼;杨老清等三人参加全国政协第三次会议;参观沈阳、长春、哈尔滨、大连、天津、济南、南京、杭州、福州、厦门等地。返回缅甸后,杨老清报告回国观感

---

① 冯励冬:《缅华百年史话》,香港:镜报文化企业有限公司、缅华互助会,2002 年版,第 258~261 页。

续上表

序号	批次	时间	团长	内容
2	第二批	1952年4—7月	徐四民	共33人。受到解放军总司令、中央人民政府朱德副主席的接见和宴请；参加五一劳动节庆祝活动；参观北京、沈阳、抚顺、大连、旅顺、天津、淮河流域、南京、上海、杭州、福建、广东等地。返回缅甸后，徐四民向华侨广播回国观感
3	第三批	1952年9月	陈富顺	共37人。参加国庆观礼；参观东北各地。返回缅甸后，举办台山"土改"后建设图片展
4	特别批	1953年7—11月	林荣泉	共40人。是缅华体育总会特别组织的"缅华体育观光团"，回国观光并观摩祖国体育运动发展。参加国庆观礼活动和全国田径运动会；参观永定河官厅水库；参观天津、南京、无锡、上海、杭州、沈阳、抚顺等城市；各团员回原籍观光

续上表

序号	批次	时间	团长	内容
5	第四批	1953年9月	邱贻厥	共68人。参加国庆观礼活动；参观永定河官厅水库等
6	第五批	1954年9月	黄则山	1955年1月18日报告回国观感
7	第六批	1955年8月	魏堃芳	参观广州、上海、南京、沈阳、鞍山、抚顺、旅大、天津等地。1955年12月4日，在仰光报告回国观感、侨乡建设情况
8	第七批	1956年8月	李荣杰	受到毛泽东、周恩来、朱德等领导人接见；参观东北、华东、中南、西南、昆明、个旧等地；云南籍团员回乡省亲

资料来源：《缅华〈大事记〉续编》，转引自冯励冬：《缅华百年史话》，香港：镜报文化企业有限公司、香港缅华互助会，2002年版；《缅华大事年表》，转引自郑祥鹏：《黄绰卿诗文选》，北京：中国华侨出版公司，1990年版；范宏伟：《战后缅华社会政治地位变迁研究》，厦门大学博士论文，2004年。

以上由中国政府组织的各批缅甸华侨回国观光团具有明确特点：①团员级别高，多为缅甸成功侨领或各界代表性人物，具有

一定社会影响力；②政治意识强，不少团员是共产党员、民盟成员或党领导的群众团体活跃分子；③接待规格高，观光团获得最高领导人接见，参加国庆、五一等国家级庆典，并参观新中国重点建设的大型城市和工程；④辐射效应大，观光团注重返回缅甸后通过报告、广播、图片展览等形式宣传新中国的建设成就。

1956年以后，中国政府不再组织整体性的观光团，但缅甸爱国华侨自主组织了更多回国观光团，如1957年4月，20多名缅甸华侨组团回国，参加了五一劳动节庆祝活动，并到长春、鞍钢、大连、天津等地参观。① 这一类的华侨自发回国观光团往往比政府组团规模略小，形式更加灵活机动，有的内容与官方团类似，包括参加五一劳动节和国庆等节日庆典活动、参观各地风土民情和建设新貌等，也有的更注重回乡探亲访友。无论如何，各种自发组织的回国观光团同样受到政府的热情款待。

第四节　缅甸华侨的入籍问题

缅甸独立后，采取以血缘主义原则为主、地缘主义原则为辅的国籍政策，1948年1月4日开始生效的《缅甸联邦宪法》对缅甸公民资格做出如下规定：①任何父母现为或原为缅甸任何本土种族者；②任何出生于联邦境内任何地区，其祖父母中至少有一人现为或原为缅甸任何本土种族者；③任何出生于联邦境内任何地区，其父母现为缅甸公民，或其父母在本宪法实施时仍然在世应为缅甸公民者；④任何出生于任何地区，当其出生时，该地区属于英国国王领土范围内，而在本宪法实施之日以前或1942

---

① 冯励冬：《缅华百年史话》，香港：镜报文化企业有限公司、缅华互助会，2002年版，第262页；《缅华〈大事记〉续编》，转引自冯励冬：《缅华百年史话》，香港：镜报文化企业有限公司、缅华互助会，2002年版。

年正月一日以前十年间,曾居住于联邦境内任何地区八年以上,有永久定居该地之意,且依法律规定的方式及限期内,表示其愿为联邦公民者,即为联邦公民。①

缅甸联邦的国籍政策,对于华侨取得缅甸公民资格有所限制,但并不算苛刻。根据以上规定,拥有部分缅、孟等本土种族血统的华侨或华裔可以认定为缅甸公民;没有本土血统的华侨,如果出生于包括缅甸在内的英属殖民地(即第一代土生华侨),只要在缅甸居住8年以上,就可以自愿申请成为缅甸公民,其后代(即第二代土生华侨)可以认定为缅甸公民。

自清朝末期至新中国初期,中国一直以血缘主义原则认定国籍,承认"双重国籍"。这意味着,中国人眼中的缅甸华侨群体与缅甸联邦宪法下的缅甸公民群体存在交集。据1931年英属缅甸人口调查结果,当时的193 600名缅甸华侨,出生于缅甸的有103 500人,占缅甸华侨总数的56%;出生于中国的有89 600人,出生于其他地区的有500人。② 在太平洋战争爆发之前,缅甸华侨数量估计为35万人。缅甸独立之后,缅甸华侨数量逐渐恢复到太平洋战争之前的水平。1953年,中国驻缅甸大使馆估计缅甸华侨有35万人。这些华侨的国籍问题,可分为以下几种情况:①中缅混血者约14万人,占39%,按照缅甸规定,他们都拥有缅甸国籍;②出生于缅甸者约12万人,占33%以上,其中第二代以上的土生华侨占2/3,按照缅甸规定,第一代土生华侨拥有申请加入缅甸国籍的权利,第二代以上的土生华侨即为缅

---

① 《缅甸联邦宪法》,转引自祝湘辉:《山区少数民族与现代缅甸联邦的建立》,广州:广东世界图书出版公司,2010年版,第250~251页。

② 范宏伟:《战后缅华社会政治地位变迁研究》,厦门大学博士论文,2004年,第49页。

甸公民；③从中国前往缅甸者约9万人，占27%。① 根据以上统计可知，大部分所谓缅甸华侨的缅化程度较深，且符合缅甸公民资格，无需担忧缅甸国籍，存在入籍问题的缅甸华侨主要是第一代新移民和第一代土生华侨，其数量约为13万人。

在20世纪50年代初，缅甸华侨的入籍问题并非完全一帆风顺，这与当时的国际、国内形势和华侨态度有关。

在国际国内形势方面，缅甸曾对刚刚成立的新中国心存疑虑。缅甸联邦甫一成立，便面临缅甸共产党和克伦军的反政府暴动，前景堪忧。在冷战环境下，美国不断进行反共宣传，缅甸政府不免担忧中国共产党是否会支持缅甸共产党开展反政府活动，华侨中的共产党组织和广大华侨是否会成为中国共产党的"第五纵队"。1950年2月，缅甸联邦政府总理吴努对访问缅甸的美国无任所大使菲利普·杰赛普（Philip C. Jessup）表示，赞成美国对中国共产党的担忧，仰光的40 000名华侨与中国关系密切，不会归化入籍，而且"中国太强大，不会仅是苏联的卫星国"。② 1950年8月，新中国首任驻缅大使姚仲明抵达仰光，坦白地要求所有缅甸华侨效忠于祖国，这引起缅甸人的不快。缅甸当地媒体对华侨态度进行了激烈批评，警告他们不要对缅甸不忠诚，不

---

① 范宏伟：《战后缅华社会政治地位变迁研究》，厦门大学博士论文，2004年，第50页。

② "Memorandum of Conversation, by the Ambassador at Large (Jessup)", United States Department of State, Foreign Relations of the United States, 1950. East Asia and the Pacific. Volume VI. Washington, D. C.：U. S. Government Printing Office, 1950, p. 231.

要企图被中共用于干涉缅甸内政。①

在华侨态度方面,缅甸独立后,上述这13万左右的华侨大多不愿申请加入缅甸国籍。近代东南亚华侨多少带有一些民族优越感和大国主义情结,认为中国文明更为先进,而东南亚本土文明相对落后。民国时期,曾有缅甸华侨在侨报上撰文称:"缅甸人以前底庸愚、无智,只要比较久居于缅甸底人,都知道。据一般人所说,三十年前底缅人,简直是和未开化的民族差不多。"②同时,缅甸华侨的民族主义思想在民国时期不断强化,对祖国的革命和建设予以慷慨支持,热切期盼祖国强大。待新中国成立后,缅甸华侨看到新的希望,期盼祖国能成为他们在海外生活的强大后盾,给他们更多的保护和支持,因而在感情上不愿意主动变成"外国人"。

缅甸华侨入籍问题的解决,始于1954年前后。新中国在成立初期奉行"一边倒"的外交方针,坚定地站在以苏联为首的共产主义阵营一侧,这不仅加深了以美国为首的西方资本主义阵营对中国的敌视,也导致缅甸等走"中间道路"的第三世界国家对中国保持警惕。在外交实践过程中,周边国家安全环境的压力,逐渐促使中国反思外交方针。到1954年前后,中国开始调整外交政策,提出"和平共处五项原则",以争取中立国家,抵制美国封锁,尽可能地营造安全的周边环境。自1954年起,中国与缅甸等周边国家的友好关系取得突破性进展,随之而来的就是解决华侨国籍问题。

---

① Paul Preston and Michael Partridge, British Documents of Foreign Affairs: Reports and Papers from the Foreign Office Confidential Print. Part IV, from 1946 through 1950. Series E, Asia, 1950. Vol. 11. University Publications of America, 2003, pp. 40, 50.

② 飞虹:《缅甸与华侨》,载《仰光日报(八周年纪念特刊)》,1929年。

东南亚华侨史丛书

1955年4月,新中国代表团出席在印尼万隆召开的亚非会议,开始着手取消"双重国籍"。4月22日,周恩来总理以外长身份与印尼外长在万隆签署了《中华人民共和国和印度尼西亚共和国关于双重国籍问题的条约》。根据这一条约,中国政府放弃以血统确定国籍的原则,海外华侨在"一人一籍"的原则下,可以放弃中国国籍,加入所在国国籍。

亚非会议后,中缅双方也准备商定类似协议,解决缅甸华侨的国籍问题。从1954年到1956年,两国就华侨"双重国籍"问题多次交换意见。1955年8月,周恩来告诉准备回国述职的缅甸驻华大使吴拉茂:"缅甸华侨的双重国籍问题不复杂,中国愿意早点解决。"① 但是,由于种种原因,缅甸华侨的国籍问题最终未达成正式双边条约。在这种情况下,缅甸政府仍然依据其国内法律,肯定了缅甸华侨的公民权。缅甸的司法当局认为,当事人没有在仰光的中国大使馆登记为华侨、没有拿中国护照,就不能说其拥有中国国籍,因此缅甸法律仍然赋予其完全的公民权。②

缅甸华侨的国籍问题没有以中缅双方的协议作为依据,却得以比较顺利和妥当的解决,属于比较罕见的个案。这种局面的形成,得益于中国、缅甸和华侨自身三方面因素。

从中国方面看,中国政府为了解决缅甸华侨问题、保障缅甸华侨安全,进行了一系列努力。

首先,中国政府努力消除缅甸在意识形态方面的疑虑。中国政府开展了一系列外交活动,展示新中国解决华侨问题、维护中

---

① 中共中央文献研究室编:《周恩来年谱1949—1976》(上卷),北京:中央文献出版社,1997年版,第608页。
② Maung Maung, Burma's Constitution, The Hague: Martinus Nijhoff, 1961, p. 94.

缅和平的诚意。在20世纪50年代初，中国先后解散了"中国民主同盟缅甸支部"和缅甸中的华侨共产党组织。1954年，毛泽东向来华访问的缅甸吴努总理表示："我们在华侨中不组织共产党，已有的支部已经解散。我们在印尼和新加坡也是这样做的。我们嘱咐缅甸的华侨不要参加缅甸国内的政治活动，只可以参加缅甸政府准许的一些活动，如庆祝活动等等，别的就不要参加。否则会使我们很尴尬，不好办事。""在缅甸的华侨中也有激烈分子，我们劝他们不要干涉缅甸的内政。我们教育他们服从侨居国的法律，不要跟以武装反对缅甸政府的政党取得联系。"① 1956年8月，周恩来对即将回国述职的缅甸驻华大使吴拉茂表示："中国共产党已经决定在华侨中停止发展组织，因为那容易同本地的进步运动纠缠在一起。华侨在国外是为了贸易和进行其他的劳动，没有必要参加政治活动。如果他们要参加可以回国参加。"② 1956年12月，周恩来在向仰光华侨讲话时强调，华侨要遵守当地法律规章，"遵守侨民的地位，做一个好侨民，做一个守法的侨民，做一个模范的侨民"，华侨不应在缅甸参加共产党，"我们也不在华侨中发展共产党或其他民主党派的组织，这个界限是要分开的，参加党派在回国后参加，在这个地方是不可以的"。③ 中国政府的行动，有效减轻了缅甸政府对华侨共产党问题的担忧，从而避免缅甸华侨成为冷战大环境下共产主义阵营

---

① 中共中央文献研究室编：《毛泽东文集》（第六卷），北京：人民出版社，1999年版，第376～377页。

② 中华人民外交部外交史研究室编：《周恩来外交活动大事记（1949—1975）》，北京：世界知识出版社，1993年版，第155页。

③ 《周恩来总理在缅甸仰光华侨欢迎大会的讲话》，《中华人民共和国外交部档案》，档号：105-00510-08（1），转引自范宏伟：《和平共处与中立主义：冷战时期中国与缅甸和平共处的成就与经验》，北京：世界知识出版社，2012年版，第47页。

东南亚华侨史丛书

与资本主义阵营对峙的牺牲品。

其次,中国对缅甸华侨加入缅甸国籍持明确支持态度。1956年6月,周恩来总理对缅甸大使指出:"中国的基本精神是赞成在当地出生并愿意留居的华侨更多地取得居留国的公民籍。"① 1956年12月,周恩来访问缅甸,向缅甸政府和华侨表明了中国政府在华侨国籍问题上的立场。周恩来对吴努总理表示:"华侨应该帮助缅甸发展经济,只有自己长期居住的国家的利益得到发展,个人利益才有保障。在政治上我们的态度是:凡是已经获得缅甸选举权的人都应该算是缅甸公民,他们就不再有中国国籍,不能再参加华侨的团体和活动。同样,如果有些华侨仍然保留中国国籍,那么就不得参加缅甸的政治活动。"② 12月18日,周恩来出席仰光华侨举行的欢迎大会,在讲话中号召华侨面向当地,加入缅甸国籍:"如果有些侨胞居留的年代久了,长期生活在这里,取得当地的国籍,就成为缅甸的公民了","只要根据自愿的选择、并得到当地法律许可取得侨居国国籍后,就不再是中国人民了"。为了做通缅甸华侨的思想工作,周恩来用亲戚关系比喻外籍华人与祖国的关系,强调不会歧视加入缅甸国籍的同胞,"有些侨胞在选择了缅甸国籍后,中国政府看待你们是好亲戚",就像女儿出嫁、男子入赘一样。③ 据时任中国驻缅甸大使馆秘书的肖岗先生回忆,这场大会还特意邀请了仰光市市长等缅方官员

---

① 中共中央文献研究室编:《周恩来年谱1949—1976》(上卷),北京:中央文献出版社,1997年版,第591页。

② 中共中央文献研究室编:《周恩来年谱1949—1976》(上卷),北京:中央文献出版社,1997年版,第647页。

③ 《周恩来总理在缅甸仰光华侨欢迎大会的讲话》,《中华人民共和国外交部档案》,档号:105 - 00510 - 08(1),转引自范宏伟:《和平共处与中立主义:冷战时期中国与缅甸和平共处的成就与经验》,北京:世界知识出版社,2012年版,第54页。

参加,这有助于缅甸政府充分了解中国政府在华侨问题上的立场。

从华侨自身方面看,缅甸华侨在当地拥有良好的社会基础,这为缅甸华侨从中国公民转型为缅甸公民、融入缅甸主流社会创造了条件。

首先,缅甸华侨的人口规模和经济实力不至于引起大规模恐慌和排斥。在缅甸独立初期,缅甸华侨数量估计为35万,这比起泰国、马来西亚、印度尼西亚等国家的华侨数量明显偏少。缅甸联邦是一个少数族群众多的国家,对于缅甸来说,35万华侨只不过相当于又一个少数族群。同时,缅甸华侨的经济实力比较弱小,不足以达到垄断重大经济行业、操纵国家经济命脉的程度,缅甸本土对华侨的防范和恐惧心理不明显。对于缅甸人来说,在殖民统治时期压榨缅甸资源的是英国资本家,外来人口中规模最大、经济实力最强的是印度侨民,而且印度齐智人经营高利贷资本声名狼藉。因此,缅甸本土公民排外心理的矛头主要指向英国殖民者和印度侨商,对华侨的威胁较小。

其次,在近代以前,缅甸华侨往往入乡随俗,在语言、文化方面被同化程度高。巴素指出:"缅甸的华侨一经移来之后,便视缅甸为家乡,在这方面,泰国、马来亚或越南三邦的华侨便不如他们。"① 在古代和近代早期,缅甸华侨常常与本土女性通婚,产生了大量中缅混血人口,这一群体无形中成为华侨与缅甸本土公民之间的沟通者和缓冲层。1950年,缅甸驻华大使吴敏登在与中国外交部副部长章汉夫会谈时表示,"在缅甸有很多广东人和福建人,缅甸人看来说他们是缅甸人,在中国人看来又说他们是中国人。而他们的妻子和母亲是缅甸人。""好像这些中缅人

---

① 巴素著,郭湘章译:《东南亚之华侨》,台北:"国立编译馆",1966年版,第128页。

东南亚华侨史丛书

把自己看成是缅甸人,缅甸政府曾举行一次登记(外侨),他们来登记的很少。实实在在的,他们在缅时,都不用中文名字。同时,在缅甸政府中有很多中缅人做高级官吏。"[1]因此,缅甸本土公民对华侨的态度与对其他外侨不同,更容易接纳华侨入籍。

从缅甸方面看,缅甸政府在冷战环境中奉行"中立主义"外交方针,积极结交中、英、美各国,并不盲从美国的反共反华宣传。缅甸是在苏联阵营之外最早承认新中国的国家,尽管中缅双方在一些具体问题上存在分歧,但邦交关系总体上和睦稳定。1951年,美国在联合国发起谴责中国出兵朝鲜的动议,缅甸投了反对票。从1954年起,中缅关系进入最为友好的"蜜月期",这为营造缅甸华侨良好的生存环境提供了政治保障。

总而言之,自20世纪50年代中期起,缅甸华侨在中国政府的鼓励下,逐渐将认同从中国故乡转向缅甸本土。从此,缅甸华侨社会逐渐转型为华人社会,开启了新的发展历程。

---

[1] 《章汉夫副外长会见缅甸大使吴敏登的谈话记录》,中华人民共和国外交部档案,1950.8.10—1950.8.10,档号:105-00002-02(1),原档号:105-Y0002,转引自范宏伟:《二战后缅甸华侨"双重国籍"问题研究》,载《厦门大学学报(哲学社会科学版)》,2005年第4期,第75页。

参 考 文 献

1. 《重建瓦城观音古庙广东同乡会碑文》,《广东华侨史》编修工程缅甸调研团队录自缅甸曼德勒, 2013 年。
2. 《洞缪观音寺修葺始末记》,《广东华侨史》编修工程缅甸调研团队录自缅甸曼德勒, 2013 年。
3. 《瓦城广东山场碑文》,《广东华侨史》编修工程缅甸调研团队录自缅甸曼德勒, 2013 年。
4. 《缅甸华侨重修中国远征军故陆军少将齐学启纪念碑》,《广东华侨史》编修工程缅甸调研团队录自缅甸, 2013 年。
5. "广东观音古庙", 笔者录于缅甸仰光, 2015 年。
6. "庆福宫", 笔者录于缅甸仰光, 2015 年。
7. "曾氏宗祠", 笔者录于厦门曾厝垵, 2014 年。
8. 《广东观音古庙重修落成纪念特刊》, 仰光, 1956 年。
9. 《缅甸洪顺总堂百周年纪念刊》, 仰光, 1952 年。
10. 《缅甸华侨兴商总会四十周年纪念特刊(1911—1951)》, 仰光, 1951 年。
11. 《仰光广东公司观音古庙重修落成庆典暨一百七十九周年纪念特刊》, 2002 年。
12. 《仰光日报(六周年纪念特刊)》, 1927 年。
13. 《仰光日报(八周年纪念特刊)》, 1929 年。
14. 《仰光日报(九周年纪念特刊)》, 1930 年。
15. 缅甸华侨服务社编:《三十七年度仰光华侨社团商号目录》, 仰光, 1948 年。《广东华侨史》编修工程缅甸调研团队录自缅甸仰光图书馆, 2013 年。
16. 伍尚斌抄录:《卖三河水诗、五色果子合本录》, 手稿,

《广东华侨史》编修工程缅甸调研团队录自缅甸洪顺总堂，2013年。

    17.《东方杂志》。
    18.《工商半月刊》。
    19.《广州日报》。
    20.《国外情报选编》。
    21.《海外月刊》。
    22.《华侨半月刊》。
    23.《华侨先锋》。
    24.《华侨周报》。
    25.《教育通讯》。
    26.《鹭江报》。
    27.《南京国民政府外交部公报》。
    28.《南洋研究》。
    29.《内政公报》。
    30.《侨务月报》。
    31.《群众》。
    32.《人民日报》。
    33.《现代华侨》。
    34.《香港华字晚报》。
    35.《新华社电讯稿》。
    36.《新新月报》。
    37.《新中华》。
    38.《亚洲世纪月刊》。
    39.《银行周报》。
    40.《粤侨导报》。
    41.《云南政报》。
    42.《知新报》。

43. 《中国实业》。

44. 《中国与南洋》。

45. 《中南情报》。

46. 司马迁：《史记》，北京：中华书局，1959年版。

47. 班固：《汉书》，北京：中华书局，1962年版。

48. 范晔：《后汉书》，北京：中华书局，1965年版。

49. 姚思廉：《梁书》，北京：中华书局，1973年版。

50. 刘昫等：《旧唐书》，北京：中华书局，1975年版。

51. 欧阳修、宋祁：《新唐书》，北京：中华书局，1975年版。

52. 脱脱等：《宋史》，北京：中华书局，1977年版。

53. 宋濂等：《元史》，北京：中华书局，1976年版。

54. 《明实录》，台湾"中央研究院"历史语言研究所校印本，1962年版。

55. 张廷玉等：《明史》，北京：中华书局，1974年版。

56. 龙文彬纂：《明会要》，北京：中华书局，1956年版。

57. 《清实录》，北京：中华书局，1985—1987年版。

58. 赵尔巽：《清史稿》，北京：中华书局，1976年版。

59. 常璩：《华阳国志》，北京：商务印书馆，1958年版。

60. 杨衒之著，范祥雍校注：《洛阳伽蓝记校注》，上海：古典文学出版社，1958年版。

61. 王溥：《唐会要》，北京：中华书局，1955年版。

62. 樊绰著，向达校注：《蛮书校注》，北京：中华书局，1962年版。

63. 玄奘著，章巽点校：《大唐西域记》，上海：上海人民出版社，1977年版。

64. 义净原著，王邦维校注：《南海寄归内法传校注》，北京：中华书局，1995年版。

东南亚华侨史丛书

65. 周去非著，杨武泉校注：《岭外代答校注》，北京：中华书局，1999年版。

66. 赵汝适著，冯承钧校注：《诸番志校注》，北京：中华书局，1956年版。

67. 徐松辑：《宋会要辑稿》，北京：中华书局，1957年版。

68. 朱彧：《萍洲可谈》，北京：中华书局，1985年版。

69. 汪大渊著，苏继庼校释：《岛夷志略校释》，北京：中华书局，1981年版。

70. 周致中著，陆峻岭校注：《异域志》，北京：中华书局，1981年版。

71. 罗日䌹著，余思黎点校：《咸宾录》，北京：中华书局，1983年版。

72. 钱古训撰，江应梁校注：《百夷传》，昆明：云南人民出版社，1980年版。

73. 王宗载：《四夷馆考》，1924年东方学会排印本。

74. 赵翼：《檐曝杂记》，北京：中华书局，1982年版。

75. 谢清高述，冯承钧注：《海录注》，北京：中华书局，1955年版。

76. 薛福成：《出使日记续刻》，长沙：岳麓书社，1985年版。

77. 薛福成：《出使英法义比四国日记》，长沙：岳麓书社，1985年版。

78. 薛福成：《庸庵海外文编》，上海：上海古籍出版社，1985年版。

79. 张之洞著，赵德馨主编，周秀鸾点校：《张之洞全集》，武汉：武汉出版社，2008年版。

80. 《中华人民共和国对外关系文件集（1949—1950）》（第一集），北京：世界知识出版社，1957年版。

81. 德宏州志编委办公室:《德宏史志资料》(第三集),内部发行,1985年版。

82. 方国瑜:《云南史料丛刊》(第八卷),昆明:云南大学出版社,2001年版。

83. 方激:《帝国的回忆——〈泰晤士报〉晚清改革观察记》,重庆:重庆出版社,2014年版。

84. 何凤娇:《东南亚华侨资料汇编》(一),台北:"国史馆",1999年版。

85. 全国政协文史资料研究委员会:《辛亥革命回忆录》(第四集),北京:文史资料出版社,1963年版。

86. 王铁崖:《中外旧约章汇编》(第一册),北京:三联书店,1957年版。

87. 谢培屏:《战后遣返华侨史料汇编1(缅甸篇)》,台北:"国史馆",2003年版。

88. 余定邦、黄重言:《中国古籍中有关缅甸资料汇编》(全三册),北京:中华书局,2002年版。

89. 浙江省中国国民党历史研究组:《抗日战争时期国民党战场史料选编》,1985年版。

90. 中共中央文献研究室:《毛泽东文集》(第六卷),北京:人民出版社,1999年版。

91. 中共中央文献研究室:《周恩来年谱1949—1976》(上卷),北京:中央文献出版社,1997年版。

92. 中国第二历史档案馆:《中华民国史档案资料汇编·第五辑·第三编·财政经济(二)》,北京:档案出版社,1994年版。

93. 中国第二历史档案馆:《中华民国史档案资料汇编·第五辑·第三编·政治(二)》,南京:江苏古籍出版社,1998年版。

东南亚华侨史丛书

94. 中国社会科学院近代史研究所《近代史资料》编译室：《华侨与辛亥革命》，北京：知识产权出版社，2013 年版。

95. 《华侨志》编纂委员会：《缅甸华侨志》，台北，1967 年版。

96. 巴素著，郭湘章译：《东南亚之华侨》，台北："国立编译馆"，1966 年版。

97. 滨下武志著，朱荫贵等译：《近代中国的国际契机：朝贡贸易体系与近代亚洲经济圈》，北京：中国社会科学出版社，1999 年版。

98. 蔡少卿：《中国近代会党史研究》，北京：中国人民大学出版社，2009 年版。

99. 陈嘉庚：《南侨回忆录》，上海：上海三联书店，2014 年版。

100. 陈文亨、卢伟林：《缅甸华侨教育》，台北：海外出版社，1959 年版。

101. 杜聿明、宋希濂等：《正面战场：远征印缅抗战》，北京：中国文史出版社，1990 年版。

102. 范宏伟：《和平共处与中立主义：冷战时期中国与缅甸和平共处的成就与经验》，北京：世界知识出版社，2012 年版。

103. 范宏伟：《战后缅华社会政治地位变迁研究》，厦门大学博士论文，2004 年版。

104. 方雄普：《朱波散记——缅甸华人社会掠影》，香港：南岛出版社，2000 年版。

105. 费正清、费维恺：《剑桥中华民国史（1912—1949 年下卷）》，北京：中国社会科学出版社，1993 年版。

106. 冯爱韦：《华侨报业史》，台北：台湾学生书局，1967 年版。

107. 冯励冬：《缅华百年史话》，香港：镜报文化企业有限公司、缅华互助会，2002 年版。

108. 龚古今：《中国抗日战争史稿》，武汉：湖北人民出版社，1983 年版。

109. 哈威著，姚梓良译：《缅甸史》，北京：商务印书馆，1973 年版。

110. 黄小坚：《海外侨胞与抗日战争》，北京：北京出版社，1995 年版。

111. 军事科学院军事历史研究部：《中国抗日战争史》（下），北京：解放军出版社，1991 年版。

112. 马士著，张汇文等译：《中华帝国对外关系史》（第二卷），上海：上海书店出版社，2000 年版。

113. 马维良：《云南回族历史与文化研究》，昆明：云南大学出版社，2000 年版。

114. 台湾《华侨革命史》编纂委员会：《华侨革命史》（下），台北：正中书局，1981 年版。

115. 肖彩雅：《19 世纪初至 20 世纪初缅甸华侨社会的变迁》，厦门大学硕士学位论文，2009 年版。

116. 肖泉：《缅甸滇籍华侨调查访问集》，暨南大学，未刊本，1983 年版。

117. 伊本·白图泰著，马金鹏译：《伊本·白图泰游记》，银川：宁夏人民出版社，1985 年版。

118. 尹文和：《云南和顺侨乡史概述》，昆明：云南美术出版社，2003 年版。

119. 余定邦：《中缅关系史》，北京：光明日报出版社，2000 年版。

120. 郑翔鹏：《黄绰卿诗文选》，北京：中国华侨出版公司，1990 年版。

121. 祝湘辉：《山区少数民族与现代缅甸联邦的建立》，广州：广东世界图书出版公司，2010年版。

122. 福布斯：《缅甸的滇籍穆斯林——潘泰人》，载《回族研究》，1992年第3期。

123. 陈克振：《陈嘉庚与华侨机工》，载《八桂侨刊》，2005年第3期。

124. 陈孺性：《江头城与牙篙鉴》，载《南洋问题研究》，1991年第4期。

125. 范宏伟：《二战后缅甸华侨"双重国籍"问题研究》，载《厦门大学学报（哲学社会科学版）》，2005年第4期。

126. 方福棋：《辛亥革命与缅甸华侨》，载《云南民族学院学报（哲学社会科学版）》，1993年第2期。

127. 何平：《移居缅甸的云南回族》，载《民族研究》，1997年第1期。

128. 李轶：《英印殖民时期的缅甸华人及其政治参与：从1923年仰光华社迎接英印总督访缅谈起》，载《华侨华人历史研究》，2015年第2期。

129. 林望中：《缅侨党组织建立的前后》，载《党史研究资料》，1993年第4期。

130. 龙岗：《千里滇缅公路抗战运输线上的南洋华侨机工》，载《上海档案》，2003年第2期。

131. 貌貌李：《缅甸华人穆斯林研究：曼德勒"潘泰"社群的形成》，载《南洋问题研究》，2007年第1期。

132. 孙来臣：《明清时期中缅贸易关系及其特点》，载《东南亚研究》，1989年第4期。

133. 田志馥：《1905—1911年东南亚华侨经济援助的地域变迁》，载《兰台世界（下旬）》，2012年第10期。

134. 汪爱平：《殖民地时期缅甸的印度齐智人社会研究》，

载《学术探索》，2014 年第 5 期。

135. 王介南：《缅甸华侨与辛亥革命》，载《东南亚之窗》，2011 年第 2 期。

136. 吴宏岐、于亚娟：《辛亥革命时期华侨经济援助的地域变迁及其原因》，载《华南师范大学学报（社会科学版）》，2011 年第 5 期。

137. 肖泉：《抗战前期缅甸华侨献金捐物运动》，载《东南亚研究》，1987 年第 3 期。

138. 肖泉：《缅甸华侨与辛亥革命》，载《世界历史》，1981 年第 5 期。

139. 萧永坚：《英国重占缅甸时期的政策与华侨（1945—1947）》，载《华侨华人历史研究》，1990 年第 3 期。

140. 徐四民：《我与新仰光报》，载《新闻研究资料》，1981 年第 3 期。

141. 杨煜达：《桂家事迹新考》，载《云南社会科学》，2003 年第 4 期。

142. 余定邦：《清朝政府在仰光设置领事的过程：兼论清廷所派领事与华侨的关系》，载《中山大学学报（哲学社会科学版）》，1990 年第 1 期。

143. 郑炳山：《缅甸泉籍华侨与辛亥革命》，载《泉州师范学院学报》，2012 年 5 月。

144. 朱振明：《抗日战争时期的滇缅公路》，载《云南社会科学》，1982 年第 4 期。

145. 朱仲玉：《回忆缅甸中华商报》，载《新闻研究资料》，1980 年第 4 期。

146. 《缅甸归侨曾冠英：虎口余生说春秋》，厦门市归国华侨联合会：侨界人物，2013 年 5 月 30 日，http：//www.xmqs.org/news‐look78.aspx。

147. 《缅印寻获天地会文物，大马建德堂重拾百年家规》，中国侨网，2014年8月5日，http://www.chinaqw.com/hqhr/2014/08-05/12703.shtml.

148. Documents from National Archives Department, Yangon, Myanmar（仰光缅甸国家档案局政府档案）.

149. Paul Preston and Michael Partridge, British Documents of Foreign Affairs: Reports and Papers from the Foreign Office Confidential Print. Part IV, from 1946 through 1950. Series E, Asia, 1950. Vol. 11. University Publications of America, 2003. (《英国海外事务文件集》)

150. United States Department of State, Foreign Relations of the United States, 1950. East Asia and the Pacific. Volume VI. Washington, D. C.: U. S. Government Printing Office, 1950. (《美国对外关系文件集》)

151. South China Morning Post（香港《南华早报》）.

152. Times of India（《印度时报》）.

153. The North China Herald（《北华捷报》）.

154. Henry Burney, The Journal of Henry Burney in the Capital of Burma, 1830–1832. The University of Auckland, New Zealand Asian Institute, 1995.

155. John Crawfurd, "Journal of the 1826–1827 Embassy", SOAS Bulletin of Burma Research, Vol. 3, No. 2, Autumn 2005.

156. John Crawfurd, Journal of an Embassy from the Governor-General of India to the Court of Ava, in the Year 1827, London, 1829.

157. Brian Hocking, Localizing Foreign Policy: Non-central Governments and Multilayered Diplomacy. London: The MacMillan Press Limited, 1993.

158. LI Yi, Chinese in Colonial Burma: A Migrant Community in A Multiethnic State. Palgrave Macmillan, 2017.

159. Maung Maung, Burma's Constitution. The Hague: Martinus Nijhoff, 1961.

160. Noriyuki Osada, Politics over Expulsion of Undesirable Chinese: Rangoon Town Police, Chinese Advisory Board and Deportees' Testimonies around the 1910s. International Burma Studies Conference, 2014.

161. Michael Symes, An Account of an Embassy to the Kingdom of Ava: Sent by the Governor – General of India, in the Year 1795. London: W. Bulmer & Co. , 1800.